文明的和谐

中国现代化的战略选择

颜旭　著

暨南大學出版社
JINAN UNIVERSITY PRESS

中国·广州

图书在版编目（CIP）数据

文明的和谐——中国现代化的战略选择／颜旭著．—广州：暨南大学出版社，2015.10

ISBN 978-7-5668-1503-3

Ⅰ.①文… Ⅱ.①颜… Ⅲ.①世界史—文化史—研究 Ⅳ.①K103

中国版本图书馆 CIP 数据核字（2015）第 146809 号

出版发行：暨南大学出版社

地　址：中国广州暨南大学
电　话：总编室（8620）85221601
营销部（8620）85225284　85228291　85228292（邮购）
传　真：（8620）85221583（办公室）　85223774（营销部）
邮　编：510630
网　址：http：//www.jnupress.com　http：//press.jnu.edu.cn

排　版：广州市天河星辰文化发展部照排中心
印　刷：佛山市浩文彩色印刷有限公司

开　本：787mm×960mm　1/16
印　张：12.75
字　数：207 千
版　次：2015 年 10 月第 1 版
印　次：2015 年 10 月第 1 次

定　价：29.80 元

（暨大版图书如有印装质量问题，请与出版社总编室联系调换）

序

长期以来，文明及其发展问题，一直是研究世界历史和现代化史的重大课题之一。从学理上看，对文明问题的最早意识与起始性研究始于19世纪，包括康德、赫尔德、黑格尔、歌德、席勒在内的众多思想家对文明给予了高度关注；20世纪20年代，包括斯宾格勒、汤因比在内的一些西方学者在目睹第一次世界大战给人类社会发展所造成的巨大历史性悲剧后，对现代文明主要是西方文明进行了深刻的哲学反思；20世纪70年代兴起于西方、漫延于全球的后现代理论思潮，几乎将这种批判反思推向白热化；至20世纪末发生的东欧剧变，“人类文明向何处去”已经蔚然成为全世界共同探讨的一个重大课题。

东欧剧变，在近代以来的人类发展史上是一道重要分水岭，它不仅意味着“二战”后所形成的美苏争霸格局的结束，也意味着一种思维方式的再次兴起。对于如何看待世界，如何看待世界未来的发展，人们不再局限于“意识形态”的视野，而是将视野再次投向更为广阔的“文明”领域。世界范围内的学术界围绕文明及其发展问题开始了激烈的争论，他们从世界战略格局、国家文化主权、制度意识形态和国际文明秩序等角度出发，分别阐述各自对文明问题的理解和主张。

在西方，影响最大的莫过于亨廷顿提出的“文明冲突论”。在亨廷顿看来，文化是分隔人类和引起冲突的主要根源，由于文化因素在全球秩序中变得越来越重要，整个世界将进入“文明冲突”的历史时期。在这个历史时期，文明之间的差异是最根本的差异，文明之间的断层是未来的战线；文化的差异加重了对经济的冲击，“文明的冲突”将主宰全球政治。为了在“文明的冲突”中维护和复兴独一无二的西方文明，亨廷顿还为美国制定了内含8条内容的文明发展战略，包括：加强美欧政治、经济、军事一体化；把中欧的西方国家纳入欧盟和北约；鼓励拉丁美洲“西方化”；抑制伊斯兰和华人国家军事力量的发展；延缓日本脱离西方而顺应中国；

承认俄罗斯是东正教的核心国家和一个区域大国；保持西方技术和军事力量相对于其他文明的优势；充分认识到西方对其他文明事物干涉的危险性。[①] 亨廷顿的“文明冲突论”及其为美国制定的文明发展战略将西方思想界、政界对文明和文明发展战略的研究提升到一个新的高度。

相对于西方成熟的文明理论和文明发展战略，很多发展中国家缺乏这方面的自觉。面对冷战结束后西方世界咄咄逼人的态势，很多发展中国家只能被动接受，它们的文化传统面临威胁，母语在流失，意识形态遭到西方的不断渗透。发展中国家的出路何在？对此，美国马克思主义思想家弗雷德里克·杰姆逊曾深刻地指出，面对西方后现代文化的侵蚀，找到摆脱这种困境的文明发展战略，是关键所在。[②] 那么，对于广大发展中国家来说，如何制定适应时代发展、符合自身实际的文明发展战略呢？从当今世界的发展状况看，有两个看似矛盾却又相互联系的主要发展趋势值得我们去关注和研究：一个是不断深入的全球化浪潮，另一个是日益凸显的民族化现象。全球化使得各国相互依存、相互影响的关系日益加深，任何民族国家要发展起来，闭关自守都是不可能的；但全球化的发展并不能消弭民族的特点，民族化反而在全球化的浪潮中愈加凸显。那种认为世界各民族必然逐步进入与西方相同的“现代”文明的认识是错误的，那种企图把西方文明全盘推销到各个发展中国家的做法也是根本行不通的。对于发展中国家来说，必须适应全球化和民族化这两股浪潮，在科学把握文明发展规律和世界文明交流、交融、交锋特点的基础上，找到全球化与民族化的平衡点，唯有如此才能提出自己对文明发展问题的系统看法，制定出一套既能积极推动自身发展，又能同外来文明相互作用、相互借鉴的文明发展战略。

我们党历来重视文明和文明发展问题。20 世纪五六十年代，面对“革命与战争”时代主题下西方国家的咄咄逼人，周恩来提出了“求同存异”的战略思想；20 世纪七八十年代，面对“和平与发展”的时代主题和喷涌而至的现代化浪潮，邓小平做出了“改革开放”战略决策；20 世纪 90 年

---

① ［美］塞缪尔·亨廷顿著，周琪、刘绯、张立平、王圆译：《文明的冲突与世界秩序的重建》，北京：新华出版社 2002 年版，第 360 页。

② ［美］弗雷德里克·杰姆逊著，唐小兵译：《后现代主义与文化理论》，北京：北京大学出版社 1997 年版，第 15 页。

代，面对东欧剧变所产生的巨大冲击，江泽民提出了“世界文明多样性”思想；21 世纪初，面对各种甚嚣尘上的“中国威胁论”，胡锦涛提出了“和谐世界”思想。这些思想和决策，虽因提出时代的不同而内涵特征和实践要求有所差异，但实现不同文明的和谐发展始终是其最高的道义追求。

进入 21 世纪第二个十年以后，世界迎来了“前所未有之大变局”，中华民族也迈入了伟大复兴的“快车道”，如何看待中华文明的崛起、崛起后的中华文明将如何看待世界逐渐成为世界关注的焦点。面对世界的疑问，习近平总书记给出了清晰的回答：“文明是多彩的，人类文明因多样才有交流互鉴的价值”；“文明是平等的，人类文明因平等才有交流互鉴的前提”；“文明是包容的，人类文明因包容才有交流互鉴的动力”；“我们应该推动不同文明相互尊重、和谐共处，让文明交流互鉴成为增进各国人民友谊的桥梁、推动人类社会进步的动力、维护世界和平的纽带”。[①] 这些观点既是对我们党一贯坚持的文明和谐发展战略思想的继承，又反映了新一代中央领导集体在中华民族逐渐走向世界舞台中心背景下的战略清醒。

相对于“历史终结论”和“文明冲突论”，和谐发展蕴含着一种不同的理念或思维方式，它提倡人们要从整体与部分、一般与特殊的关系去考察世界不同文明的关系，去把握和规划全球化浪潮中民族国家的发展路径。作为整体的世界有其自身的发展规律，它要求矢志现代化的民族国家绝不能隔绝而必须积极融入全球化的浪潮。当然，我们也必须看到，世界发展的整体性规律，虽然对个体的发展有制约作用，但它绝不等同于个体的发展规律，更不是个体发展规律的总和。这就要求我们在考察民族国家发展时，不仅要注意世界的整体性对民族国家的影响，还要充分考察民族国家自身发展过程中的独特个性。当代中国现代化建设中确立的经济、政治以及文化发展战略等都直接或间接地运用和谐发展理念所揭示的整体与部分相统一的方法论原则，即既坚持从整体的角度考察中国现代化与世界现代化的关系，又从中国现代化的实际去认识世界现代化。正是在这种方法论原则的指导下，中国的现代化建设才取得了举世瞩目的成就。

“文明的和谐——中国现代化的战略选择”是一个很大的话题，既包

---

① 习近平：《在联合国教科文组织总部的演讲》，《人民日报》，2014 年 3 月 28 日。

含着对我们党文明发展战略思想的深度解读，又包含着对“文明冲突论”和“历史终结论”等西方文明发展理论的反思批判。驾驭这样的问题，需要大视野、大思路。所幸的是，经过作者几年持续不断的研究和完善，本书的学术性和现实针对性不断增强，初步凸显了作者研究的能力和潜质。当然，作为一部既有现实性又有理论性的著作，本书对某些问题的研究还有提升的空间。相信作者在以后的工作和学习中，必将进一步加深和拓展对文明和文明发展战略问题的研究。从总体上看，这部专著凝聚了作者六年多的心血和付出，是作者长期潜心研究的结晶，是一部具有较强现实性、理论性、学术性、启迪性的专著，值得一读。

国防大学原教育长、少将、中国辩证唯物主义研究会副会长

夏兴有

2015 年 2 月

目 录

导 论 一个重要而现实的课题

全球化的深入发展和科学技术的日新月异极大地缩短了世界的时空距离，各种文明在日益频繁的交流和激荡中相互磨合、相互吸纳和相互交融。与此同时，南北差距拉大、宗教极端主义、恐怖主义等影响世界和平发展的问题日益增多，引起了国际社会的广泛关注。在这样的历史背景下，提倡文明的和谐发展，不仅具有重要的理论意义，也具有重大的实践意义。

一、对当代西方各种文明发展理论的积极回应

因为文明问题涉及民族、国家的认同，制约着世界格局和国际关系的变化，并影响着文化传统的继承和更新、人民大众的生活方式、价值观念和风俗习惯等，所以有关文明的问题历来是国内外学界和政界十分关注的问题。"'文明'好像一只无形的巨手，改造着社会，支撑着国家，牵动着、主宰着人类的历史，也影响着历史中的国际政治"，"千变万化的国际政治，无非是……人类文明进程的长江大河中激荡起来的浪花。"①近代以来，包括布罗代尔、斯宾格勒、汤因比等在内的大思想家都提出了各种理论来解释世界历史的发展和不同民族、国家、地区的历史命运。

冷战结束以后，随着美国学者塞缪尔·亨廷顿"文明冲突论"的问世，文明及其发展理论再度引起了人们的激烈辩论。目前，关于文明的争论似乎已经过了热议期，但这并不意味着其所蕴含的问题已经不重要。相反，随着全球化的深入发展以及发展中国家现代化的推进，各种文明的冲突与发展问题成为人们不可能忽视的国际现象。由于人们立场和观点的不

---

① 陈乐民：《拓宽国际政治研究的领域》，王缉思主编：《文明与国际政治——中国学者评亨廷顿的文明冲突论·代序言》，上海：上海人民出版社 1995 年版，第 2 页。

同，当代国际学术界提出了各种文明理论，除了亨廷顿的“文明冲突论”，还有福山的“历史终结论”、沃勒斯坦的“依附理论”、萨义德的“后殖民理论”等。这些理论的问世成为公众注意的焦点。

但我们必须指出的是，这些主要源自西方国家并在发展中国家产生极大影响的理论，有的带有强烈的资产阶级意识形态烙印，表现出浓厚的西方中心论视角；有的虽然对宣扬文化霸权的西方中心论有所批判和揭露，值得我们借鉴，然而其并不能对世界文明发展的规律和各种不同文明之间的关系作出科学的说明。因此，总的说来，当代西方各种文明理论都是不能令人满意的。用马克思主义的立场、观点和方法去全面系统地研究有关世界文明及文明发展问题，建立科学的文明理论体系，仍然是一项有待解决的迫切任务。

二、对“中国威胁论”的深度应对

所谓“中国威胁论”，一般是指有关中国的国际影响力日益壮大会对亚洲和世界的稳定格局形成挑战和威胁的观点。从内容上讲，“中国威胁论”几乎涵盖了中国社会发展的所有重要方面，如“中国军事威胁论”“中国经济威胁论”“中国意识形态威胁论”“中国文明威胁论”“中国生态威胁论”“中国人口威胁论”等。众多的威胁论在国际上对中国形象造成了很大的损害，给中国的改革开放和社会主义现代化建设事业制造了很大的障碍。

“中国威胁论”的鼓吹者大多是西方的学者和政客。他们以西方固有的思维方式探讨中国的崛起，并将西方文明“逢强必霸”的实践方式强加给中国。对外扩张是西方文明发展模式中不可缺少的组成部分，古希腊如此，古罗马如此，近代资本主义更是如此。这是西方发展的历史经验，也是重复上演的行为法则。用西方的历史与经验所抽象出来的模式，来分析中国这样一个拥有几千年厚重历史的文明大国的战略行为，其结果必然是偏颇的。如果中国对自己的存在方式及其最高价值没有信心，也没有意志力去肯定、捍卫自己，甚至没有能力在历史的改变和偶然性中不断地向中华文明回归，把它重新确立起来，我们就不可能形成一个真正有力量的主体概念。

习近平指出："提高国家文化软实力，要努力提高国际话语权。要加强国际传播能力建设，精心构建对外话语体系，发挥好新兴媒体作用，增强对外话语的创造力、感召力、公信力，讲好中国故事，传播好中国声音，阐释好中国特色。"① 所以，在西方话语霸占世界的背景下，我们既需要在抢占经济、军事、科技等硬实力因素制高点的竞争中占得更多先机，也需要以更大的决心和毅力去占领国际道义的制高点，并建构能够与世界进行对话的话语体系。这种话语体系必须以对西方霸权思维的解构为理论出发点，以全球化时代人类的共同利益为现实基础。

三、维护世界和平、促进共同发展的需要

英国历史学家阿诺德·汤因比曾在他的代表作《历史研究》中以诗性的语言对人类文明的过去与未来作了描述，他说："我们生活在一条思想的河流当中，我们在不断地记忆着过去，同时，又满怀着希望或恐惧的心情展望着未来。"② 在过去的500年里，全人类因为科学技术的迅猛发展而更加紧密地联系在了一起。然而，利益的争夺也愈加激烈。地球上两次惨烈的世界大战结束后，人类终于迎来了灿烂的和平曙光。但是，冷战对峙的阴影又将和平的阳光遮盖住了。冷战结束后，旧的格局在改变，但新的格局还没有形成。当今世界，和平与发展这两大课题一个都没有解决，天下仍不太平，全球范围内的恐怖主义有增无减。

在全球化促使世界各种文明不断超越自己的疆域界限走向世界的今天，确有一些别有用心的人怀着唯我独尊的心理，对其他文明表现出一种严重的轻蔑和歧视，以狂妄自大的、高人一等的、颐指气使的姿态，大肆宣扬民族中心论、种族优越论和文明中心论，并以错误的"非我族类，其心必异"的心理任意干涉别国内政，评判别国的社会制度，试图在全球推行他们的政治制度、价值观念、思维方式、行为方式、交往方式和生活方

---

① 习近平：《建设社会主义文化强国 着力提高国家文化软实力》，《人民日报》，2014年1月1日。

② ［英］阿诺德·汤因比著，刘北成、郭小凌译：《历史研究·序言》（插图修订本），上海：上海人民出版社2005年版，第1页。

式，强行将全球化主流的多样性扭转为同质性。这种无视全球文明多样性的存在，无视多样性文明推动社会进步，企图以本民族的单一文明改造世界的做法，势必给世界的和平与发展带来极大的挑战。面对这样的形势，我们必须树立新的文明发展理念，以消除文明霸权主义的威胁，并为实现世界文明的共同发展提供理论上的启示。

四、推动我国现代化建设深入进行的需要

作为社会主义国家，同其他发展中国家相比，我国现代化建设所面对的国际环境压力要大得多。如果处理不好，这些压力就极有可能变成我国现代化持续进行的阻力。西方社会对中国经济的快速发展持一种复杂的心态，既希望从中国的发展中得到实利，又担心中国的发展给资本主义制度和西方主导的现行国际规则带来冲击。西方国家对中国的发展真正感到担心的是，中国会努力把自己塑造成为一个世界的中国，在这样的一个中国，世界上各种文化成分都能够和谐相处。西方还担心，中国通过把自己变成未来人类生活的理想地，不断地扩大一种文化共生、共存、和平共处、相互融通的格局，从根本上威胁到西方国家在国际体系中的主导地位。发展中国家对于中国的发展也持一种复杂的心态：既希望借鉴中国发展模式，期待中国发挥更大的国际作用，又对中国能否坚持走和平发展道路心存疑虑。

在这样的背景下，作为一个迅速崛起并有着宏伟理想抱负的大国，中国在借鉴别国经验以及国际社会对“中国问题”的思考的同时，也应在借鉴人类文明精华的基础上用自己特有的价值理念和思维方式认真思考整个“世界问题”，就世界未来的发展目标、发展道路等问题提出自己的理想与主张。这本是“大国”一词的应有之意，也是我国维护、实现与进一步拓展国家利益的必经之路。当代中国在改革开放的历史进程中，始终强调在不同文明间求同存异、取长补短和共同发展的主张，体现了国家利益与世界利益相结合的愿望，反映了维护和平、促进发展、主持正义、尊重秩序的大国责任意识，占据了道义的制高点，具有强大的生命力。在总结中国改革开放实践的基础上，论证世界文明和谐发展的必要性、可能性等问题对于进一步深化改革开放，实现中华民族伟大复兴具有重要的实践意义。

第一章　何谓文明的和谐

在全球化深入发展的今天，人们是选择通过对话、交往、互鉴实现共同发展，还是继续强化冷战思维、单极思维、霸权思维从而相互猜疑、歧视、敌对，将决定世界的未来。面对复杂多变的现实世界，面对世界人民的共同心愿，我们必须顺应和平与发展的时代主题，站在维护全人类共同利益的高度，积极推动世界不同文明的和谐发展。

第一节　何谓文明

什么是文明？文明有哪些类型？对于这些问题，历来众说纷纭。在总结前人观点的基础上，着眼于研究的需要，笔者对文明的内涵与类型进行了梳理和归纳。

一、文明的内涵

“文明”一词源远流长，被古今中外的人们广泛使用。人们对文明的界定较为丰富，认识上也存在着较大的差异。

在中国的殷周社会，文明一般有以下几种用法：一是文德和教化的意思，如《革卦》所言：“文明以说，大亨以正，革而当。”唐代孔颖达将其注解为：“文明以说者……能思文明之德以说于人，所以革命而为民所信也。”[①] 二是人之中正行为的意思，如《同人卦》曰：“文明以健，中正而应，君子之正也。”三是人类所创造的整个文化成果的意思，如《尚书·舜典》曰：“浚哲文明。”孔颖达将其注解为：“经天纬地曰文，照耀四方

① 《周易正义》卷5。

曰明。”①

到了近代，随着中国社会的进步和中西文化交流的增多，人们对文明的含义有了更多理解，在原来将文明理解为说明事物、道德、教育以及人的行为的基础上，又赋予了文明以人脱离蒙昧状态而追求科学民主的内涵，如陈独秀在《法兰西人与近世文明》一文中指出：“文明云者，异于蒙昧未开化之称也。La civilisation，汉译为文明，开化，教化诸义。世界各国，无东西今古，但有教化之国，即不得谓之无文明。”“近代文明之特征，最足以变古之道，而使人心社会焕然一新者，厥有三事：一曰人权说，一曰生物进化论，一曰社会主义，是也。”②1922 年 7 月，中国共产党在《关于妇女运动的决议》中首次提及“文明”一词。《决议》指出：“几世纪以来，平等自由的原则，成为资本主义‘文明’国装饰门面的口头禅。”③

在西方，“文明”一词的英语、德语、法语、西班牙语都来自拉丁文“civis”，其原意是指公民的道德品质和社会生活规则。随着历史的发展，文明一词被赋予了更多的含义。1828 年，法国历史学家基佐在《欧洲文明史》中认为，随着市民阶层的崛起，“‘文明’这一概念便成了民族精神的体现，成了民族自我意识的表达”④。德国历史学家斯宾格勒将文明称为文化的有机的和逻辑的结果、完成和结尾，“是文化不可避免的归宿”，“是一种发展了的人类所能做到的最表面和最人为的状态”。⑤ 英国学者阿诺德·汤因比认为：“文明乃是整体，他们的局部彼此相依为命……在这个整体里，经济的、政治的和文化的因素都保持着一种非常美好的平衡关系。”⑥ 美国学者塞缪尔·亨廷顿认为，文明是最广泛的文化实体。“文明

---

① 《十三经注疏》。

② 陈独秀：《独秀文存》，合肥：安徽人民出版社 1987 年版，第 10 页。

③ 《中共中央文件选集》（1921—1925）（第 1 册），北京：中共中央党校出版社 1989 年版，第 87 页。

④ ［法］基佐著，程洪达、沅芷译：《欧洲文明史》，北京：商务印书馆 1998 年版，第 6 页。

⑤ ［德］奥斯瓦尔德·斯宾格勒著，齐世荣等译：《西方的没落》（上册），北京：商务印书馆 1991 年版，第 54 页。

⑥ ［英］阿诺德·汤因比著，曹未风等译：《历史研究》（下册），上海：上海人民出版社 1997 年版，第 463 页。

和文化都涉及一个民族全面的生活方式，文明是放大了的文化。”“文明是一个最广泛的文化实体。乡村、宗教、种族群体都在文化异质性的不同层次上具有独特的文化。”①

可以看出，不同的学术背景和研究目的使得西方思想家对文明的内涵有着不同的理解。虞崇胜先生在《政治文明论》一书中曾将国外关于文明含义的认识归纳为13种：文明是人类理性的发展以及征服自然能力的进步；文明是个人活动和社会活动的发展与进步；文明是人类智德的进步；文明是人类文化的僵死阶段和没落阶段；文明是社会的整体；文明是人类抵御自然和调节人际关系的成果；文明是一种进步的社会秩序；文明是都市化的文化；文明是一种先进文化；文明是物质的，文化是精神的，但两者是结合的；文明是语言、文字传播知识的过程；文明囊括了社会的一切事务；文明是最广泛的文化实体。② 虞崇胜先生的归纳基本涵盖了西方思想界对文明的界定。

马克思、恩格斯在继承和吸收摩尔根等思想家有关文明的思想的基础上，第一次从唯物主义历史观出发，将文明的发展同一定的生产方式以及由此产生的阶级关系联系起来进行考察，认为“文明是实践的事情，是一种社会品质”③。归纳起来，马克思、恩格斯主要是在三种意义上使用“文明”这一概念：一是指人类社会的进步状态，与其相对的是蒙昧和野蛮时期。“文明时代是社会发展的这样一个阶段，在这个阶段上，分工，由分工而产生的个人之间的交换，以及把这两者结合起来的商品生产，得到了充分的发展，完全改变了先前的整个社会。”④ 二是指人类创造的一切进步成果。马克思在《摩尔根〈古代社会〉一书摘要》中，不仅把文化的发展纳入文明的内涵，而且把技术的发展，海上贸易的扩大，农业、手工业的发展，劳动的分工与结合等，都看作是文明的应有之义。三是指特定的社会形态，既包括标志着人类刚刚摆脱蒙昧状态的奴隶社会，也包括“把一切民族甚至最野蛮的民族卷入文明中来”的资本主义社会，还包括人类社

---

① ［美］塞缪尔·亨廷顿著，周琪、刘绯、张立平、王圆译：《文明的冲突与世界秩序的重建》，北京：新华出版社2002年版，第25页。

② 虞崇胜：《政治文明论》，武汉：武汉大学出版社2003年版，第47～50页。

③ 《马克思恩格斯全集》第1卷，北京：人民出版社1956年版，第666页。

④ 《马克思恩格斯选集》第4卷，北京：人民出版社1995年版，第174页。

会发展的最高形态——共产主义社会。

通过以上的分析，并根据对当今学术界对“文明”的界定和使用状况，文明至少涵盖以下三个方面的特性：第一，文明是人类社会发展到一定阶段的产物，是人类告别野蛮愚昧后所表现出来的一种社会进步状态，如奴隶文明、封建文明、资本主义文明、社会主义文明等。第二，文明是人类所创造的伟大成果的凝结，如农业文明、工业文明、后工业文明或物质文明、精神文明、政治文明、社会文明、生态文明等。第三，文明是认同某一文化或某种最高价值观的人类群体。值得注意的是，自亨廷顿提出“文明冲突论”和2001年美国“9·11”事件以后，无论是学术界还是舆论界，人们对“文明”概念的使用正发生着越来越大的变化，人们越来越多地认同第三种意义上的文明概念。

正确界定和全面把握文明的概念，是研究文明相关问题不可忽视的环节。在继承、分析前人研究的基础上，按照马克思主义的文明观，结合本文研究的实际需要，笔者认为，所谓“文明”是指建立在文化认同基础之上，具有相同或相似价值观念、信仰形态、行为方式和生产方式的民族或国家群体。

作为由若干民族或国家构成的实体，一种文明的存在，必须拥有特定的人口、生存地域、文化价值观、行为方式，具有自身政治、经济、文化整合力。法国历史学家布罗代尔认为，文明首先体现在一个地理区域，包括空间、陆地及其轮廓、气候、植物、动物等自然条件。其次，文明等同于社会，文明与社会两者是永远不可分离的，只不过文明所隐含和包括的时段相比于任何特定的社会现象都要长得多。再次，文明还体现在经济上，每种文明都有它自己的人口数量和经济生活，人口的增减、经济和技术的兴衰等往往严重影响着文化和社会的结构。最后，文明也体现集体心态，包括共同的价值观、思维方式，以及由此主导的行为方式。① 所以，当亨廷顿讲文明的冲突时，他所讲的显然不是某些特定生活方式、风俗习惯和信仰形态之间的冲突，他所感兴趣的是秉持这些生活方式、风俗习惯和信仰形态的历史文化共同体和地缘利益共同体之间，正在发生或可能发

---

① ［法］费尔南·布罗代尔著，肖昶等译：《文明史纲》，桂林：广西师范大学出版社2003年版，第29～43页。

生的冲突。正是在此意义上，“文明”往往更多的只是一个文化实体而不是一个政治实体，“它们本身并不维持秩序，建立公正，征缴税收，进行战争，谈判条约，或者做政府所做的任何其他事情”①。

当然，强调文明的实体内涵及其在当代国际关系发展中的作用，并不意味着文明内部的国家关系和不同文明国家之间的关系将要消失，也不是要否定民族国家在国际关系中的作用。相反，在全球化进程中，国家之间的关系不仅不会消失，还会变得更加活跃。民族国家仍是国际关系的主体，文明之间的关系大都需要通过民族国家的关系体现出来。所以，当亨廷顿预言未来将发生“文明战争”时，他所指的不可能是别的，而只能是作为历史文化共同体的民族或超国家共同体之间的全球性战争。只是在这个过程中，文明因素将发挥越来越重要的作用。

二、文明的类型

自从文明进入人们的研究视野，成为历史学、政治学、文化学等学科的研究领域以来，有关文明类型的争论就如同文明的概念一样，从来没有统一过。不同的学者从自身的学术背景出发，根据不同的划分标准，对文明的类型进行了研究和分析。

尼·雅·丹尼列夫斯基（1822—1885）是俄国著名的文化思想家。他在代表作《俄国与欧洲》中指出，文明是一个“历史机体”，它是由“掌握某一种语言或几种相近语言的任何部落或民族的大家庭”组成的，它生来就具有自己的“风俗、习惯、服饰、生活方式、社会性娱乐和个人的娱乐”；文明是人的群体或整个人类的“宗教、社会、风俗、工业、政治、科学、艺术”等各个层面发展的结果，简而言之，就是“历史发展”的结果。由此，他把文化历史类型划分为四个等级：宗教、文化、政治和社会经济，共计10个类型：埃及、中国、巴比伦—腓尼基、印度、伊斯兰、犹太、希腊、罗马、新闪米特或阿拉伯、日耳曼—罗马或欧洲。这10种文明中的任何一种都不可能完全符合四个文化历史等级的基本条件。斯拉夫文

---

① ［美］塞缪尔·亨廷顿著，周琪、刘绯、张立平、王圆译：《文明的冲突与世界秩序的重建》，北京：新华出版社2002年版，第28页。

明则是第 11 种文化历史类型，也是历史上第一次实现了四种因素的完整文明。

奥斯瓦尔德·斯宾格勒（1880—1936）是德国著名的历史学家和历史哲学家。他在代表作《西方的没落》中认为，历史研究的对象不是孤立的政治和经济现象，而是无所不包的文化。以文化为划分标准，人类历史可以分为两个时代：第一个时代是原始文化的时代，这是一个只有口头语言而没有文字的时代；第二个时代是高级文化的时代，这是一个有文字的高级文化时代。在此基础上，斯宾格勒列举了世界历史上的 9 种高级文化（文明）：埃及文化、巴比伦文化、中国文化、印度文化、古典文化（古希腊罗马文化）、墨西哥文化、阿拉伯文化、（近现代）西方文化、俄罗斯文化。这些文化（文明）虽然都要经历有机体共同的诞生、成长、成熟和衰落的生命过程，但各自具有独特的原始象征、宗教观念、政治体制、经济活动、世界观念、艺术形式、心理特质、伦理道德、哲学和科学等，由此构成一幅多元文化的世界历史图景。

阿诺德·汤因比（1889—1975）是现当代英国杰出的历史学家和历史哲学家。他秉承英国经验主义的哲学传统，用历史经验的归纳方法，首次将历史学研究的对象总结为超越民族与国家、作为整体性研究单位的“文明”，将全部世界历史看作是在时空上相互关联与影响的 26 种文明的动态演化过程。这 26 种文明分别是：埃及、苏美尔、米诺斯、古代中国、安第斯、玛雅、赫梯、巴比伦、古代印度、希腊、伊朗、叙利亚、阿拉伯、中国、印度、朝鲜、西方、拜占庭、俄罗斯、墨西哥、育加丹（这 21 种为成熟的文明，其中，前 6 种是直接从原始社会诞生的第一代文明，后 15 种是从第一代文明派生出来的亲属文明）、波利尼西亚、爱斯基摩、游牧、斯巴达和奥斯曼（这 5 种为中途夭折停滞的文明）。随着研究的进展，汤因比又不断地充实世界文明的数目，他晚年时列出的文明一览表共有 36 种文明，分两大类：一类是“发展充分的文明”，包括 14 种独立的文明和 16 种卫星文明；另一类是被其他文明所取代的“失落的文明”，有 6 种。[①] 汤因比的文明形态理论破除了欧洲中心论，为人们提供了一幅世界多元文明

---

① ［英］阿诺德·汤因比著，刘北成、郭小凌译：《历史研究》（插图修订本），上海：上海人民出版社 2005 年版，第 52 ~ 53 页。

的图景。“正是因为他最早发动了对欧洲中心论的猛烈批评，因而具有解放的作用，这才是他名满天下的主要原因。”①

塞缪尔·亨廷顿认为：世界史上至少曾有过 12 个主要文明，其中 7 个文明（美索不达尼亚即苏美尔—巴比伦文明、埃及文明、克里特文明、古典文明即古希腊罗马的文明、拜占庭文明、中美洲文明、安第斯文明）已消失，5 个文明（中华文明、日本文明、印度文明、伊斯兰文明和西方文明）仍存在，再加上由拜占庭文明发展蜕变而来的东正教文明、拉丁美洲文明和非洲文明 3 个文明，当今世界主要由 8 个文明构成。②

国内学者对文明类型有如下论述：阮伟在其著作《地缘文明》中，以地缘为标准，将世界文明分为东亚文明（东亚共同体）、欧洲文明（亚非欧文明）、欧亚文明、南亚文明（南亚共同体）、美洲文明和非洲文明。其中，东亚文明涵盖中国、韩国、朝鲜、东南亚国家、日本以及蒙古等；欧洲文明涵盖中西部欧洲（以法国、德国、英国、意大利和西班牙为主体）、东南部欧洲、土耳其、以色列，以及北非和中东阿拉伯国家；欧亚文明涵盖以俄罗斯为中心的东正教文明与周边的伊斯兰国家；南亚文明涵盖印度、巴基斯坦、孟加拉、尼泊尔、斯里兰卡、不丹、马尔代夫等；美洲文明涵盖盎格鲁—撒克逊白人清教徒主导的北美洲文明与中美洲、南美洲和加勒比海地区诸岛国。③ 柳昌清则在其文章《文明类型论纲》中，按照主导性整合要素的不同，把世界现存的主要文明划分为宗教主导型文明（印度文明）、政治主导型文明（中华文明）、经济主导型文明（西方文明）、宗教/政治主导型文明（伊斯兰文明）、宗教/政治/经济主导型文明（日本文明）等类型。除了这五种比较成型的文明外，柳昌清还认为，在当今世界还存在着一些处于发展变化中的文明如拉美文明、俄罗斯文明和正在形成中的非洲文明。④

综合上述关于文明分类的研究，结合本文研究的实际需要，笔者认为

---

① 转引自［英］杰弗里·巴勒克拉夫著，杨豫译：《当代史学主要趋势》，上海：上海译文出版社 1987 年版，第 264 页。

② ［美］塞缪尔·亨廷顿著，周琪、刘绯、张立平、王圆译：《文明的冲突与世界秩序的重建》，北京：新华出版社 2002 年版，第 29 页。

③ 阮炜：《地缘文明》，上海：上海三联书店 2006 年版，第 17 ~ 21 页。

④ 柳昌清：《文明类型论纲》，《河南社会科学》，2009 年第 1 期。

当代世界文明从地域空间来划分，主要分为西方文明①、中华文明、日本文明、印度文明、阿拉伯文明、俄罗斯文明、拉丁美洲文明和非洲文明。至于各种文明的产生和历史发展，已经有很多学术著作进行了阐述，笔者就不赘述了。但需要特别指出的是，我们又常常根据现代化程度将世界文明分为西方文明和非西方文明。虽然这种划分有点武断，但在当今世界的话语环境下，这种划分还是在一定范围内得到了认可。

第二节　有关世界文明关系的理论阐释

近代以来，欧美一些思想家陆续提出了各种有关文明发展的理论，并用这些理论来解释世界不同文明的历史命运。20 世纪八九十年代，随着亨廷顿“文明冲突论”的提出，“文明学”逐渐成为学术界的显学。国内外不同政治立场、学术背景的学者对不同文明之间的关系以及文明的发展走向等一系列问题进行了阐释，并提出了自己的见解和看法。

一、文明冲突论

在西方提出的种种文明理论和文明发展战略中，影响最大的当属亨廷顿的“文明冲突论”。亨廷顿认为，文明是构成世界秩序的基本单位，人类社会秩序归根结底是一种文明秩序。“人类的历史是文明的历史。不可能用其他任何思路来思考人类的发展。”② 在此基础上，亨廷顿强调，随着以意识形态为基础的两大阵营的解体，从中分化出来的多种力量以文化为轴心进行重组，具有文化亲缘关系的国家彼此靠近，聚集成一个文明版块，与秉持异质文化的其他文明版块对峙、抗衡。冷战后的世界是由七个或八个主要文明构成的多文明世界。在后冷战时期，“最普遍、重要的和危险的冲突不是社会阶级之间、富人和穷人之间，或其他以经济来划分的

---

① 从某种意义上讲，西方文明并不是一个完全的地域概念，因为地理上并不属于西方的美国、澳大利亚等国都属于西方文明的范畴，西方文明更像是一个不断变化、内涵不断丰富的概念。

② ［美］塞缪尔·亨廷顿著，周琪、刘绯、张立平、王圆译：《文明的冲突与世界秩序的重建》，北京：新华出版社 2002 年版，第 23 页。

集团之间的冲突，而是属于不同文化实体的人民之间的冲突”[①]。要避免文明的冲突，亨廷顿认为，必须进行两方面的努力：一方面，在一种文明的内部，确立一个主体文化，清除其他异质文化，通过维持文化同一性获得稳定的文明内部秩序；另一方面，在不同文明之间，承认文明的多元性、平等性，杜绝普世主义文化观念，维持文明间的均势格局。[②] 亨廷顿最后得出结论：“在正在来临的时代，文明的冲突是对世界和平的最大威胁，而建立在多文明基础之上的国际秩序是防止世界战争的最可靠的保障。”[③] 亨廷顿的“文明冲突论”被看作是20世纪90年代最富争议的国际关系理论，它几乎刺激了所有文明的神经。进入新世纪，文明冲突论的影响并没有随着时间的流逝而淡化，反而随着“9·11”事件的发生和伊拉克战争、阿富汗战争的爆发愈发引人注意。

亨廷顿的“文明冲突论”利用后冷战时代人们对意识形态、国家利益、种族冲突等概念的疲劳，借用文明、文化形态史观的分析框架，从文明的角度解读国际政治关系，确实给人耳目一新的感觉。但就亨廷顿“文明冲突论”的观点而言，仍然保留着浓厚的冷战色彩。亨廷顿只看到了文化差异所带来的矛盾、冲突的一面，却对不同文化间共存、融合的一面视而不见，夸大了文化差异所带来的消极后果，并且对这种表象的冲突试图通过西方与非西方的对抗来解决。他在展现世界文化多样性的同时，对非西方文明的发展不抱以平和的心态，却为西方文明受到的挑战感到深深的忧虑。这恰恰反映了他西方中心主义的实质。正如有学者指出的那样，“亨氏的美国‘文明冲突论’不过是企图使美国重返‘盎格鲁—撒克逊’的‘核心文化’同一本源，重铸‘白人至上’的‘美国价值’同化‘熔炉’，唱响的是种族政治的挽歌”[④]。“文明冲突论”正是为维护和巩固西

---

① ［美］塞缪尔·亨廷顿著，周琪、刘绯、张立平、王圆译：《文明的冲突与世界秩序的重建》，北京：新华出版社2002年版，第5页。

② ［美］塞缪尔·亨廷顿著，周琪、刘绯、张立平、王圆译：《文明的冲突与世界秩序的重建》，北京：新华出版社2002年版，第368页。

③ ［美］塞缪尔·亨廷顿著，周琪、刘绯、张立平、王圆译：《文明的冲突与世界秩序的重建》，北京：新华出版社2002年版，第372页。

④ 郝时远：《民族认同危机还是民族主义宣示？——亨廷顿〈我们是谁〉一书的族际政治理论悖论》，《世界民族》，2005年第3期。

方文明在世界文明中的强势地位，提出以文化认同为基础的合作。这样就将不同文化、文明的差异性、多样性推向了冲突与斗争的前沿。

同时，亨廷顿的“文明冲突论”还具有浓厚的“文化决定论”色彩。我们不否认文明或文化在当今世界秩序重建中起到的重要作用，但正如福勒所指出的那样：“因权力、财富、影响分配不公以及大国不尊重小国引起的世界性冲突大大超过基督教、儒教与伊斯兰教之间的文明冲突。文化是表达冲突的载体，而非原因。”① 也许正是看到了自身理论存在的不足，亨廷顿才在《文明的冲突与世界秩序的重建》的前言中强调，“文明冲突论”算不上一种严格意义上的理论建构，只是“一个对于学者有意义的和对于决策者有用的看待全球政治的框架或范式”②。

二、历史终结论

20世纪80年代末90年代初，伴随着东欧剧变、苏联解体的发生，以美国为首的西方世界从与社会主义阵营紧张的对抗状态中骤然放松下来，并以冷战的胜利者自居，认为20世纪将以自由民主制度的胜利告终，随之而来的将是美国统治下世界和平的实现。在这种历史背景下，美国国务院顾问福山于1989年夏天在《国家利益》杂志上发表了《历史的终结》一文，不无得意地向世人宣告：大规模的国际冲突已经消失，自由民主可能形成“人类社会形态进步的终点”与“人类统治的最后形态”。几年后，福山在吸收并研究各种反馈意见和学术观念的基础上对前文进行了重新整理，并出版了《历史的终结及最后之人》一书。在书中，福山认为，冷战的结束标志着人类历史的终结，因为资本主义的自由民主制度将在冷战后一统天下，再也不会有诸如法西斯主义、共产主义等不同思想意识形态的生死斗争。人类未来面临的挑战将是经济、技术和环境问题，而这些问题都不会构成资本主义自由民主制度体系的“矛盾”。因此，如果资本主义

---

① 转引自潘忠岐：《〈文明的冲突与世界秩序的重建〉导读》，[美] 塞缪尔·亨廷顿著，周琪、刘绯、张立平、王圆译：《文明的冲突与世界秩序的重建》，北京：新华出版社2002年版，附录。

② [美] 塞缪尔·亨廷顿著，周琪、刘绯、张立平、王圆译：《文明的冲突与世界秩序的重建·前言》，北京：新华出版社2002年版，第2页。

的社会形态和政治结构“完全能在最根本的特征上满足人类的要求，那么历史就已经到了尽头”。尽管福山承认不可能消灭各种文化的基本差异而形成一种全球文化，但是他始终强调，随着社会现代化和全球化的发展，文化的一体化确实不可避免，只不过是一个长期发展的过程罢了。

福山的看法虽饱受批评，但在西方相当有市场。他的社会文化一体化的观点得到了詹姆斯·罗斯诺的支持。罗斯诺在《世界政治的动荡——变化和连续的理论》一书中提出了“全球文化”的观点，认为全球性相互依赖的发展正在塑造一种由国际机制治理全球性事务的“全球文化”。另外，还有一大批左派学者把大众文化批判与媒介帝国主义批判结合起来，认为美国大众文化跨国性、全球性的传播将导致全球文化的“美国化”。尽管福山、罗斯诺和左翼学者们在立场上存在很大差异，但对全球化时代文明或文化发展方向的判断是相近的，都认为全球化的结果将是不同的文化或者文明汇入同一条河流。

福山的“历史终结论”思想虽然在国际学术界获得了一些掌声，但更多的是批评的声音——除了社会主义国家的知识分子，他还遭到了来自西方学术界内部的批评。后现代主义代表德里达对福山理论的内在矛盾和抽象人性论进行了驳斥。他认为：“福山在这里将自由民主制度规定为一种实际存在的现实事物，而在那里则又将它规定为一种纯粹的理想。这一事件时而是现实，时而又是现实的预兆。”“福山狼狈不堪地在两种不可调和的话语之间犹豫不决，摇摆不定。”事情的真相是“无论美国还是欧洲共同体都没有达到普遍国家的完善或自由民主制度的完善，不仅没有达到，甚至它们离这个理想还差得很远呢”[①]。亨廷顿则从文明冲突的角度来批评福山的人类价值统一论。“9·11”事件之后，当亨廷顿被问及：“你是不是相信福山的结论‘西方文明将传布到全世界’是正确的?”他断然回答道：“我当然宁愿相信如此，但这不会发生。”亨廷顿的理由是：虽然美国仍将是当今世界最强大的国家，西方文明仍将是首要的文明，但世界其他强大的本土力量正在强化地方传统、价值和习俗，它们拒绝西方的傲慢和在其看来是文化帝国主义的东西；人类的本性并没有发生变化，所有物质

① ［法］雅克·德里达著，何一译：《马克思的幽灵》，北京：中国人民大学出版社 1999 年版，第 90 ~ 91 页。

福利方面的改善都没有改变文明之间的差异。总体来看，福山力图用一种制度来代替现存的所有政治制度，用一种文明来代替现存的所有文明，试图把西方文明变成具有全球意义的价值规范。这不仅是对全球化时代文明发展要求的背离，更是对人类文明发展规律的扭曲。

三、文明共存论

针对亨廷顿的“文明冲突论”，德国政治学家哈拉尔德·米勒在 1998 年专门出版了一本名为《文明的共存：对塞缪尔·亨廷顿“文明冲突论”的批判》的书，该书在对亨廷顿的“文明冲突论”进行批判的基础上，提出了“文明共存”的观念。米勒认为：“文明的冲突是用美国式的科学研究方法分析国际关系。”① 这样做的后果就是，虽然“世界政治的复杂性正在不断增长，然而这些情况在他们的理论和模式中，却没有得到充分的反映和体现，而是缩减得如此之多，以至于对世界历史起决定作用的变量和因素都脱离了我们的视野”②。尽管文化的纷争可能为恐怖主义活动提供了温床，不同文化背景的国家之间也许会产生国家和种族之间的冲突，但是，“文化因素绝对不是政治舞台上的活跃分子，它在国际政治方面不能直接发挥作用，所谓的文化冲突只不过是一个比喻罢了，它描述的并非是司空见惯的政治现实”③。文化因素的影响将取决于国家和政治对待文化因素的态度。在此基础上，米勒提出了“文明共存论”：不是文化的对抗，而是文化的共存与对话；国际社会必须更多地尝试进行合作，而不是简单地对抗；国际关系的复杂性、多样性不仅应该保持，而且应善加利用。只有对各种文化表现出宽容，全球的和平共存才可能得以实现。④ 他最后指

---

① ［德］哈拉尔德·米勒著，郦红、那滨译：《文明的共存：对亨廷顿“文明冲突论”的批判》，北京：新华出版社 2002 年版，第 15 页。

② ［德］哈拉尔德·米勒著，郦红、那滨译：《文明的共存：对亨廷顿“文明冲突论”的批判》，北京：新华出版社 2002 年版，第 16 页。

③ ［德］哈拉尔德·米勒著，郦红、那滨译：《文明的共存：对亨廷顿“文明冲突论”的批判》，北京：新华出版社 2002 年版，第 44 页。

④ ［德］哈拉尔德·米勒著，郦红、那滨译：《文明的共存：对亨廷顿“文明冲突论”的批判》，北京：新华出版社 2002 年版，第 305 页。

出："主宰我们时代的政治、经济和社会的强大推动力将会给人类带来巨大的危险，但同时它也创造了难得的机会，使人类各民族之间的危险敌对性有可能得以调和。文明的冲突现象并非自然之力的结果，而是人为引起的，因此，人类完全可以依靠自身的力量来逾越这个障碍。"[①]

作为一名西方学者，哈拉尔德·米勒所提倡的"文明共存论"反映了时代发展的要求，符合人类文明发展的要求，对于推动世界文明的共同发展有着积极的理论意义。也正是因为如此，"文明共存论"在中国也获得了理论上的响应。在理论界，汤一介教授在批判亨廷顿"文明冲突论"的基础上，也对"文明共存"问题作了深入的阐释。他认为："在人类文明进入 21 世纪之时，是用'文明冲突'的理论来处理各民族、各国家之间的问题，还是用'文明共存'的理论来引导人类社会走向和平共处，这是我们当前必须认真考虑和慎重选择的问题。反对'文明冲突'论，倡导'文明共存'论，这无疑是人类社会的福祉。"[②] 同时，汤一介教授还认为，历史悠久、内涵丰富的中国传统文化，特别是儒家的"仁学"和道家的"道论"，能够为"文明的共存"提供重要的思想资源。

四、文明对话论

"文明对话论"是由以杜维明、成中英、刘述先、蔡仁厚等为代表的新儒家在 20 世纪七八十年代提出的，他们既强调儒学与非儒学的交流，也强调儒学与世界各大文明的对话。1990 年，杜维明在担任夏威夷大学东西文化中心任文化与传播研究所所长时，曾明确表示夏威夷东西文化中心的研究和发展的重点将是文明对话，并为此举办了一系列以加强世界文明对话为主旨的国际学术会议。与福山"历史终结论"的乐观态度和亨廷顿"文明冲突论"的悲观态度都有所不同，杜维明从国际政治和文化发展的角度出发，对文明对话作了详细的论说。在他看来，冷战结束后，"我们

---

① ［德］哈拉尔德·米勒著，郦红、那滨译：《文明的共存：对亨廷顿"文明冲突论"的批判》，北京：新华出版社 2002 年版，第 308 页。

② 汤一介：《"文明的冲突"与"文明的共存"》，《北京大学学报》（哲学社会科学版），2004 年第 6 期。

所目睹的正是全球历史的真正起点，而不是历史的终结。从比较文化的角度看，这个新的起点必须以不同文明的对话为出发点。我们意识到植根于种族、语言、领土和宗教差别的文明冲突的危险，这使得对话的必要特别紧迫”。因此，“沟通本身是一个双赢政治，不是单向的零和游戏”①。杜维明教授不仅在理论上强调文明对话，而且还亲自践行文明对话。自20世纪80年代中期以来，他一直致力于世界各大文明之间的对话，如儒教与伊斯兰教之间的对话，儒教与基督教之间的对话，儒教与佛教之间的对话等。

“文明对话论”最有影响的倡导者是伊朗前总统哈塔米。哈塔米认为，20世纪“最有价值的成就”是“接受对话的必要性和重要性，并拒绝武力”；人类文明的提升，不论在国家层次还是在国际层面，“都是以不同社会间和不同文明间对话为条件的”；应“全力以赴使对话制度化，以对话和理解代替敌视和对抗”，“团结起来，共同致力于以开放、对话和伙伴关系的精神，为我们的人民创造和平、稳定和繁荣的未来”。不对冷战思维进行严肃的修正，是不能获得信任与和平的。“和平文化的发展是以承认国家的建设性作用和避免支配、单边主义、对抗及排斥为条件的。”哈塔米从国际关系的角度倡导的“文明对话”“为国际关系提出了一种替代范式”，即“文化间和文明间对话的新范式”②。

杜维明、哈塔米倡导的“文明对话论”引起了世界各国学者、思想家和政治家的普遍关注，世界各地纷纷召开与文明对话相关的地区和国际性会议，对文明对话进行了广泛而深入的研究。1994年10月，由20多个国际知名人士组成的全球治理委员会通过了《天涯若比邻》报告，呼吁“建立一种新的文明对话”。1995年10月，当时的德国总统赫尔佐克发表了题为“以文化对话代替全球文化战争”的讲话。1997年12月，第八届伊斯兰国家首脑会聚于伊朗首都德黑兰，他们针对文化霸权主义和文化极端主义的危害，共商文明对话大计，会议最后发表了《德黑兰宣言》。该宣言提出“强调不同文明、宗教间积极互动、对话和理解的必要性，拒绝各种

---

① ［美］杜维明：《对话与创新》，桂林：广西师范大学出版社2005年版，第40页。

② Speech by President Khatami at the "Dialogue among Civilizations" Conference at the United Nations, 5 September 2000, Addressed by Seyyed Mohammad Khatami at the Millennium Assembly of the United Nations, 6 September 2000. *The Iranian Journal of International Affairs*, Fall 2000, p. 520.

滋生相互不信任和削弱国家间和平交往基础的冲突理论”。2001 年 11 月，第 56 届联合国大会以协商一致的方式通过决议，重申尊重《联合国宪章》的宗旨和原则，努力促进不同文化间对话，为增进各文明间的了解和沟通、维护世界和平、促进全球发展奠定了良好的基础。

倡导文明对话的理论和观点也得到了中国政府的认可和践行。实际上，早在 20 世纪 80 年代，中国领导人就明确主张以对话代替对抗。冷战结束后，中国更是主张通过对话方式解决国际争端，主张以人权对话代替人权对抗，以战略对话缓和战略竞争，并开展了全方位的对话外交，积极参与了多领域、多层次、多形式的对话。“我们应该承认各国文化传统、社会制度、价值观念的差异，尊重各国自主选择发展道路的权利。积极促进和保障人权，加强对话，消除隔阂。”① “要加强文明对话和文化交流，不仅‘各美其美’，而且‘美人之美，美美与共’。”②

通过以上对各种文明发展理论的分析，我们不难得出一个基本的结论：“历史终结论”和“文明冲突论”因其有着明显的冷战思维和强烈的西方中心主义色彩，是我们必须加以反对和驳斥的；而“文明对话论”和“文明共存论”的提出对于增进各文明之间的相互理解与和睦相处有着积极的理论与实践意义。但必须指出的是，无论是“文明对话论”，还是“文明共存论”都有一定的视野局限。“文明共存论”仅仅从静态的角度分析了多元文明共存背景下世界文明的应然状态，缺乏应有的问题意识，它对于当代世界文明发展过程中所遇到的问题和挑战，以及在这些挑战面前世界文明应何去何从没有给予足够的重视；而“文明对话论”则具有明显的问题意识，其所强调的“对话原则”也具有很强的针对性，但这都是在默认现有政治、经济和文明秩序的前提下所作出的构想，缺乏应有的批判和重构意识。

---

① 胡锦涛：《同舟共济　共创未来——在第 64 届联大一般性辩论时的讲话》，《人民日报》，2009 年 9 月 24 日。

② 习近平：《促进共同发展　共创美好未来——在墨西哥参议院的演讲》，《人民日报》，2013 年 6 月 6 日。

第三节 文明和谐的内涵

文明的和谐，是在和平与发展的时代主题背景下，提出的一个用来处理不同文明关系和发展模式的新理念，它提倡不同文明间应相互尊重、平等交往、包容差异、真诚互助、和谐相处，以实现共赢。

一、尊重世界文明多样性

辩证唯物主义认为，世界是物质的，物质是多样的，客观世界是物质多样性的统一。“当我们说到存在，并且仅仅说到存在的时候，统一性只能在于：我们所说的一切对象是存在的，实有的。它们被包含在这种存在的统一性中，而不在任何别的统一性中；一般地断言，它们都是存在的，这不仅不能赋予它们其他共同的或非共同的特性，而且暂时排除了对所有这些特性的考虑。只要我们离开存在的是所有这些事物的共同点这一简单的基本事实，哪怕离开一毫米，这些事物的差别就开始出现在我们眼前。”① 不仅客观世界具有多样性，人类社会文化和文明也是多种多样的。

在人类漫长的历史发展过程中，每个民族、每个国家都在创造着自己的文明。由于地域、历史、传统的不同，以及种种现实因素的影响，不同地域、不同时期、不同传统的人类社会共同体，总是在社会的生产方式、生活方式和思想方式，以及相应的语言、哲学、科学、文学、艺术、伦理、宗教、公共机构、国家、政治、法律、技术等文化体系方面，表现出不同程度的独特性。“世界是多样性的。在我们这个星球上，由上千个民族所组成的近200个国家，不仅存在着自然环境的差异，而且经历了不同的社会历史发展过程，这就形成了各种社会制度、价值观念、生活方式、宗教信仰和文化传统。”② “文明具有多样性，就如同自然界物种具有多样性一样。当今世界，有200多个国家和地区，2 500多个民族，6 000多种语言。正是这些不同民族、不同肤色、不同历史文化背景的人们，共同创

---

① 《马克思恩格斯选集》第3卷，北京：人民出版社1972年版，第82～83页。
② 江泽民：《国际形势和中日关系》，《人民日报》，1992年4月8日。

造了丰富多彩的世界，就如同有了七音八调的差异，才能演奏出美妙动听的音乐。不同文明之间的对话、交流、融合，汇成了人类文明奔流不息的长河。”①

在迄今为止数千年的世界文明历史中，各国、各民族文明的多样性始终是一个不争之实。公元前3000年左右，尼罗河流域出现了古埃及文明，两河（幼发拉底河与底格里斯河）流域出现了苏美尔—巴比伦文明，古印度也在公元前2000—公元前3000年露出了文明的曙光，发源于黄河流域的华夏文明也于公元前3000多年的夏代形成。由于地理、交通等多方面的原因，以上四大文明在开始时，互相之间并没有交流，它们独具特色、各显风采。俄国的尼·雅·丹尼列夫斯在其代表作《俄国与欧洲》中将文明分为10种类型。德国的奥斯瓦尔德·斯宾格勒在其代表作《西方的没落》中列举了世界历史上9种高级文化（文明）；英国历史学家阿诺德·汤因比在其著作《历史研究》中，把人类文明划分为36种；就连主张当今世界政治、意识形态的冲突将让位于“文明的冲突”的亨廷顿也承认世界历史上文明的多样性，把冷战后的世界分为8个文明区域。虽然他们的分类和阐释不能说完全科学，但毋庸置疑地肯定了世界各国文明的多样性并非仅是文明形成之初的偶然现象，而是贯穿于整个文明史的人类社会的基本特征。

在世界历史发展的现阶段，经济全球化绝不会消除各个民族、各个国家和各个地区在文化上的差异。在经济全球化的过程中，物质文明有可能逐步走向同质化，但制度文明、精神文明必然是多样性的。正如布罗代尔所指出的那样，文明的基本结构“都是历史悠久、长期存在的，而且它们总是各具特色、与众不同的”。“所有文明都把它们视为不可替代的价值。”②“即使假定世界上所有文明或早或晚终将采纳相同的技术，即使人们的生活方式因此也部分趋同，我们在长期内仍将面对事实上非常不同的各种文明。”③

---

① 温家宝：《尊重文明的多样性——温家宝总理在开罗阿拉伯国家联盟总部的演讲》，《人民日报》，2009年11月8日。

② ［法］费尔南·布罗代尔著，肖昶等译：《文明史纲》，桂林：广西师范大学出版社2003年版，第48页。

③ ［法］费尔南·布罗代尔著，肖昶等译：《文明史纲》，桂林：广西师范大学出版社2003年版，第28页。

人类文明多样性在另一个层面上的表现形式是，在某一个大的文明范围内，又存在着许多的次级文明。例如，西方文明包括欧洲文明、美国文明等次级文明；次级文明如欧洲文明又包括法国文明、英国文明、德国文明等第三等级文明；第三级次的文明又包括第四级次的文明，如英国文明又包括苏格兰文明、爱尔兰文明。[①] 虽然这样也不足以描述文明的复杂性，但从另一方面体现了人类文明的多样性。

文明多样性既是一个事实判断，也是一个价值判断。正如萨义德所言，现在“没有谁能否认民族和文化差异在人类交往过程中所起的积极作用”[②]。事实也确是如此，多样性文明的共存、相互竞争、相互交流、相互借鉴和融合，推动着人类文明由低级向高级、由简单向丰富的方向发展。作为人类智慧的结晶，每一种文明都具有自己独特的内涵和特征，也具有独特的内在价值，在理论和实践上都有可以被别的文明所借鉴和整合的内容。多样文明的存在和发展使得人类文明呈现“百花齐放，百家争鸣”的局面，使得世界的发展获得了源源不断的动力和活力。在多样性的文明形态中，不同的文明虽然存在着历史长短、发展阶段之别，但是并没有高低优劣的区分，所有国家的人民都为人类总体文明的发展作出了应有的贡献。正如胡锦涛所言：“在人类历史上，各种文明都以自己的方式为人类文明进步作出了积极贡献。存在差异，各种文明才能相互借鉴、共同提高；强求一律，只会导致人类文明失去动力、僵化衰落。”[③]也正如习近平所言：“人类文明没有高低优劣之分，因为平等交流而变得丰富多彩，正所谓‘五色交辉，相得益彰；八音合奏，终和且平’。”[④]

当然，强调世界文明的多样性，并不是否认世界文明之间存在着统一性。多样性和统一性本身就是一对哲学概念，世界既有多样性，也有统一性。正如黑格尔所言，辩证法“教人不要自安于单纯的差异，而要认识一

---

① 阮伟：《文明的表现》，北京：北京大学出版社2001年版，第58页。

② ［美］爱德华·W. 萨义德著，王宇根译：《东方学》，北京：生活·读书·新知三联书店1999年版，第451页。

③ 胡锦涛：《努力建设持久和平、共同繁荣的和谐世界——在联合国成立60周年首脑会议上的讲话》，《人民日报》，2005年9月16日。

④ 习近平：《弘扬丝路精神　深化中阿合作——在中阿合作论坛第六届部长级会议开幕式上的讲话》，《人民日报》，2014年6月6日。

切特定存在着的事物之间的内在统一性”[①]。我们必须运用唯物辩证法的基本观点和基本方法，正确地把握文明统一性和多样性之间的辩证关系。如果过分扩大文明的民族性差异，将其绝对化，那么就容易导致相对主义。例如，1918年斯宾格勒出版了轰动一时的名著《西方的没落》。他在书中提出，每一种文明都是一个自我封闭的体系，它有完全不同于其他文明的内在本质和外在象征。他认为，“不同的文明，有不同的现象，讲不同的语言；不同的人类，有不同的真理”。每一种文明，“在其本质最深处，它们是各不相同，各有生存期限，各自独立的”[②]。斯宾格勒完全排除了各种文明之间相互影响、相互融合的可能。在他看来，每一种文明都是密闭的个体，即使有外来文明的冲击和干扰，也不能改变这一文明的历史进程。其实，斯宾格勒所理解的那种“纯而又纯”的文明实际上是不存在的。文明之间的交流、融合是其发展的关键，不吸收外来文明的养料，文明就很难发展。文明相对主义的结果就是文明的自我禁锢和生机活力的丢失。

二、坚持社会发展模式的多样化

客观世界的多样性与人类社会文化和文明的多样性，从客观和主观方面决定了不同社会共同体的社会制度和发展模式具有多样性。社会制度和发展道路是一个国家文化、文明的核心和本质所在，尊重一个国家的文化、文明，首先必须尊重其自主选择的基本社会制度和发展道路。“历史条件的多样性，决定了各国选择发展道路的多样性。人类历史上，没有一个民族、没有一个国家可以通过依赖外部力量，跟在他人后面亦步亦趋实现强大和振兴。那样做的结果，不是必然遭遇失败，就是必然成为他人的附庸。”[③]

不同的国家由于具体国情、历史背景和文化传统的不同，其发展道路

① ［德］黑格尔著，贺麟译：《小逻辑》，北京：商务印书馆1980年版，第254页。

② ［德］奥斯瓦尔德·斯宾格勒著，齐世荣等译：《西方的没落》，北京：商务印书馆1993年版，第39页。

③ 习近平：《在纪念毛泽东同志诞辰120周年座谈会上的讲话》，《人民日报》，2013年12月27日。

和发展模式千差万别。在发达资本主义国家，按照经济学家普遍的分类解释，主要有三种发展模式：一是美国模式，也称“盎格鲁—撒克逊”模式。这种模式起源于英国，在美国得到发展和完善。美国模式的主要特点包括：提倡小政府、大社会，主张减少政府的干预；实行自由企业制度；遵循平等竞争原则；市场体系发达、完善和高度国际化。二是德国模式，又称莱茵模式，主要是指以德国发展模式为核心的欧盟模式。德国模式是一种社会市场经济模式，它的基本内涵是强调效率与公平的有机统一，竞争与秩序的有机结合以及互助合作观念。这种模式的资源配置方式是以市场为主体，国家的主要作用是通过立法为市场经济建立秩序，扮演公平竞争的仲裁者，同时通过积极的市场经济政策对经济进行有效干预，谋求自由和公平之间的平衡。三是日本模式。第二次世界大战以后，日本由战前号称的世界六大强国之一沦为自称为“二流半”的国家。在战争失败造成的巨大危机面前，日本奋发图强，打破常规，吸收世界发展中的有益经验，从本国的国情和世界形势出发，在国际上追随美国，在国内坚持科教强国之路，坚持国家计划干预下的市场经济，奉行贸易立国与出口主导战略。美国模式、德国模式和日本模式都属于资本主义发展模式，但在具体细节上有着很大的不同。

广大发展中国家的发展道路和发展模式更是多种多样。伴随着发展中国家的现代化推进，先后形成了东亚模式、拉美模式、印度模式等发展模式，尽管这些模式同为资本主义性质的外源型现代化模式，但它们各有其内容和特点。东亚模式主要是指战后亚洲“四小龙”（中国台湾、中国香港、新加坡和韩国），以及泰国、马来西亚、印度尼西亚等国家和地区所经历的经济持续增长及其运作模式，其基本要素包括实行市场经济、推行进口替代——出口导向型贸易战略，鼓励自由贸易，实行政府主导下的管制等；拉美模式主要是指阿根廷、墨西哥、巴西、智利等拉美新兴市场国家的发展模式，其特点是经济依附发展，全面融入资本主义经济体系，坚持进口替代的贸易发展战略等；印度模式，就是在大力加强基础设施建设、构筑完整的国民经济体系、塑造企业家精神的同时，加快其优势领域——信息技术产业的前进步伐，进而带动其他产业发展。我们若把视野进一步放宽，可以看到几乎每一个国家的发展都呈现出自身的特点。

随着中国改革开放的成功推进，有关“中国模式”的讨论也日趋增多。2004年5月7日，美国《时代》周刊高级编辑、清华大学教授乔舒亚·库伯·雷默（Joshua Cooper Ramo）在伦敦《金融时报》上首次提出了“北京共识”。5月11日，英国著名思想库伦敦外交政策中心发表了题为《北京共识》的论文。该文对中国改革开放以来所取得的成就作了全面的思考与分析，指出中国通过艰苦努力、主动创新和大胆实践，摸索出了一个适合本国国情的发展模式。他把这种发展模式称为“北京共识”。他认为，“北京共识”不同于新自由主义的“华盛顿共识”，其核心价值（创新、可持续、平等发展）正在全世界产生涟漪效应，并将给世界特别是广大发展中国家带来希望。《北京共识》的发表拉开了世界对“中国模式”高度关注的序幕。

美国著名社会学家约翰·奈斯比特曾经高度评价过亚洲的兴起。他在《亚洲大趋势》一书中认为，“亚洲的经济、政治和文化的现代化堪称当今世界的头等大事”。“近150年间，当西方人享用他们创造的进步和富庶时，大多数亚洲人还生活在贫困之中。现在，亚洲踏上了富强发展之路，经济的复苏使得东方人有机会重新审视传统文明的价值。”他一再强调，“亚洲的现代化不能被看作是它的西方化过程，而应是它自己的‘亚洲方式’的现代化”。亚洲在现代化中保留了自己的传统价值。亚洲以“亚洲方式”实现现代化，在进入21世纪时给西方既带来挑战，又带来机遇。[①]杜维明则明确指出：“虽然现代化起源于西方，但东亚的现代化已具有大大不同于西欧和北美的文化形式。”因此，我们也“没有理由怀疑拉丁美洲、中亚、非洲以及世界各地固有的传统都有转变的潜力，发展出自己的不同于西方的现代性”[②]。可以说，存在多少个国家，可能就存在多少种发展模式。全球化时代就是一个多种模式竞争的时代。但不管属于何种模式，从众多的国家实践来看，凡是从本国国情出发、立足本国实际、顺应时代发展潮流的发展模式，都是正确的发展模式，都会带来经济的持续发展和综合国力的快速提升。

社会发展模式的多样化是一种客观事实，无论是发达国家还是发展中

---

① ［美］约翰·奈斯比特著，林蔭庭译：《亚洲大趋势》，北京：外文出版社1996年版，第10、264、275页。

② ［美］塞缪尔·亨廷顿、劳伦斯·哈里森著，程克雄译：《文化的重要作用——价值观如何影响人类进步》，北京：新华出版社2002年版，第382～383页。

国家都应持尊重态度。“一个国家发展道路合不合适，只有这个国家的人民才最有发言权。正像我们不能要求所有花朵都变成紫罗兰这一种花，我们也不能要求有着不同文化传统、历史遭遇、现实国情的国家都采用同一种发展模式。否则，这个世界就太单调了。”① 尊重国际社会的多样性，承认发展模式多样化，允许各种文明、体制和发展道路的和平共处、平等竞争，让各国人民对其作出选择，是人类文明发展的客观需要。如果把各种社会制度、发展模式、价值观念和文明模式加以绝对化，将其强加给其他国家和社会，这就完全违背了多样化的客观规律和文明化的客观要求，产生的结果只能是不同民族、国家间无穷无尽的纷争、矛盾、对立甚至激烈的冲突。在现代化的过程中，西方资本主义国家走在了世界的前头，形成了独特的西方文明发展模式。不可否认，西方文明发展模式适应了西方的社会文化土壤，极大地推动了西方社会的发展进程。但伴随着现代化的实现，在西方国家中也逐渐产生了一种强烈的普遍主义情结，希望整个世界的发展都能按照西方的模式进行。在霸权主义和强权政治的强行推动下，西方的发展模式在世界各地产生了极大的影响，并成为一些发展中国家的效仿对象。但不同的社会历史文化背景，使得西方发展模式在非西方世界的表现并不是“如鱼得水”，反而到处表现出“水土不服”。“全盘西化”不仅没有给非西方文明带来像西方那样的繁荣，反而带来了不尽的政治冲突和经济发展的跌宕起伏。非洲的贫穷、拉丁美洲经济发展的停滞，就是最好的佐证。

三、坚持共同发展的价值取向

坚持什么样的价值取向，将直接影响到文明体的价值判断和行为选择。世界文明和谐发展理念强调，无论是西方文明还是其他文明，和平共处、包容共存、交往共进和合作共赢都应当是基本的取向。

第一，和平共处。对于整个人类来说，世界和平是人类共同追求的目标，也是人类社会发展和进步的首要条件。人类只有生活在和平的环境

① 习近平：《弘扬丝路精神　深化中阿合作——在中阿合作论坛第六届部长级会议开幕式上的讲话》，《人民日报》，2014 年 6 月 6 日。

里，才能实现经济社会的发展，才能享受幸福生活、创造灿烂文明。没有和平，就没有和谐。胡锦涛在联合国成立 60 周年首脑会议上的讲话中强调："和平是人类社会实现发展目标的根本前提。没有和平，不仅新的建设无以推进，而且以往的发展成果也会因战乱而毁灭。无论对于小国弱国还是大国强国，战争和冲突都是灾难。"[①] 然而，历史的发展并不总遂人愿。人类五千年文明史中记录在案的大型战争就有 1 万 4 千多次，平均每年近 3 次。在 20 世纪，战争硝烟四起，两次世界大战祸及全球。尤其是第二次世界大战，是人类社会规模空前的历史灾难，全世界 80% 的人口和 84 个国家及地区卷入了战争，世界上每个领域和各个角落都感受到了它的影响。世界和平力量的增长，使得人们逐渐摆脱战争的阴影，和平也成为当今时代的一大主题。和平并不意味着没有矛盾和分歧，而是意味着不用战争或暴力的手段去解决矛盾和分歧，强调的是用对话、谈判和协商等和平的方式去解决矛盾和分歧。历史的发展已经反复证明，使用战争或暴力并不能真正实现预期的目标，并不能保障自身的基本稳定的利益。"从道德上讲，不同文明对话范式要求我们放弃权力意志，要求我们具有心灵沟通（empathy）的愿望，具有怜悯之心，还要懂得在当今世界上追求单一的秩序是没有希望的"，"我们今天的任务是改变国际关系的逻辑，使其远离权力的逻辑"。[②] 所以，追求世界文明和谐发展，就必须放弃冷战思维、军备竞赛以及传统的强权政治，应以和平的方式而不是战争的手段解决对话过程中可能出现的分歧和矛盾，更不能用"'全球文化战争'的假设来代替冷战时期的意识形态对抗"[③]。

第二，包容共存。任何事物的发生都是由不同的要素相互作用而成的，如果只有同质性，而无差异性，则难以持续存在。"夫和实生物，同

---

① 胡锦涛：《在联合国成立 60 周年首脑会议上的讲话》，《人民日报》，2005 年 9 月 16 日。

② Speech by President Khatami at the "Dialogue among Civilizations" Conference at the United Nations, 5 September 2000, Addressed by Seyyed Mohammad Khatami at the Millennium Assembly of the United Nations, 6 September 2000, *The Iranian Journal of International Affairs*, Fall 2000, p. 515.

③ Roman Herzog, Amitai Etzioni, Henrik Schmiegelow. *Preventing the Clash of Civilizations*. New York: St. Martin's Press, 1999, p. 70.

则不继。以他平他谓之和，故能丰长而物归之。若以同裨同，尽乃弃矣。"[①] 和谐，并不是回避矛盾、抹杀差异，也不是推崇单一、强求一律。承认多样、差别和不同，是和谐的基本特征。世界文明丰富多彩，彼此间存在差异，是历史现象，也是自然现象。文明多样、文化差异并不必然导致冲突，需要解决的是如何对待"差异"和"多样"的观念与实践的问题。事实上，人类对自身文明多样性的认识一直处于非文明的状态。在漫长的人类社会历史进程中，"消除差异"的观念可谓延续长久，"排拒多样"的观念也是根深蒂固，其付诸实践的例证亦比比皆是。冷战结束后，美国试图用其"民主模式"和价值观念影响世界，但遭到的抵制也前所未有，以至于福山抛出了"历史终结论"来混淆人类统一性和文化多样性的辩证关系，以确立"不同文化的大主体之间理所当然是不和睦关系"的逻辑。虽然福山"历史终结论"的唯一作用可能就是"创造出了敌人的形象，产生了对行动的刺激，使军事和经济的机构合法化，用结构上威胁和总体上不和睦的跨越式观点激活政治行动的资源"[②]。但在现实政治实践中，美国却根据这种逻辑发动了所谓"改造伊斯兰世界"的伊拉克战争。其结果不过是重蹈越战的覆辙，深陷其中而不能自拔。

在全球化日益向纵深发展的今天，尊重文明的多样性，包容文明的差异性，无论从文明多样、文化差异的角度讲，还是从社会制度、意识形态、发展模式多样化的角度看，都是一种新的文明观。"文明是包容的，人类文明因包容才有交流互鉴的动力。一切文明成果都值得尊重，一切文明成果都值得珍惜。只有交流互鉴，一种文明才能充满生命力。只要秉持包容精神，就不存在什么'文明冲突'，就可以实现文明和谐。"[③] 中国特色社会主义道路的成功，论证了社会主义与资本主义在一定历史阶段内是可以和谐共存的，说明了不同社会制度与意识形态之间并非只有对抗与斗争，也可以共存和共同发展。"为了持有一种公允的、平衡的全球观点，我们必须抛弃自己的幻觉，即某个特定的国家、文明和宗教，因恰好属于

---

① 《国语·郑语》。

② ［德］约恩·吕森著，綦甲福、来炯译：《历史思考的新途径》，上海：上海人民出版社2005年版，第125页。

③ 习近平：《在联合国教科文组织总部的演讲》，《人民日报》，2014年3月28日。

我们自身，便把它当作中心并以为它比其他文明要优越。”①

第三，交往共进。和谐不是和而不动，不是僵化的单一和静寂，不是主张回到鸡犬之声相闻、老死不相往来的小国寡民的社会。“生生谓之易”②，和谐是一种“动”的过程，一种动态的、开放的平衡状态，封闭、僵死恰恰是与和谐相对立的。文明间的交往是人类跨入文明门槛之后的基本实践活动，人类交往发展的历史是文明和进步的历史，它展现为原始群的扩大、部落的形成、图腾的综合，以及区域性发展、世界整体发展的“交往圈”不断扩大的过程。交往是相对于封闭而言的，它是对不同文明之间跨越时空限制而相互接触、相互作用的客观描述。历史上的诸文明并不是封闭的，而是开放的系统，文明之间不断地进行着交往。不同文明间交往目的或许相去甚远，但交往的本身加速了人类文明的积累，成为历史发展的重要驱动力。著名人类学家博厄斯曾指出：“人类的历史证明，一个社会集团，其文化的进步往往取决于它是否有机会吸取临近社会集团的经验。一个社会集团所有的种种发现可以传递给其他社会集团；彼此之间的交流愈多样化，相互学习的机会也就愈多。”③

在当代，开放的世界极大地增强了各种文明的共生性，它使得任何一种文明都可以在开放和交往中最大限度地利用世界上的一切先进成果获得自身的迅速崛起；反之，没有任何一种文明可以在孤立的状态下，完全依靠自身的力量来实现现代化。因此，面对先进的外来文明，理性的选择是主动接受先进文明，积极面对先进文明带来的邪恶，并在涵化基线上加以整合。但就和谐发展的本质而言，仅仅强调文明间的交往是不够的，还必须强调交往的平等性。在资本主义发展的早、中期，西方文明与非西方文明之间的交往是建立在炮舰政策基础上的不平等交往，这种不平等交往给弱者带来的不仅不是跨越式发展，反而是无尽的屈辱和剥削。所以，实现文明的和谐发展，始终要求跨文明交往必须建立平等交往意识和机制，尊重文明与发展模式的差异性和多样性，创造性地平衡传统性与现代性、民

---

① ［英］阿诺德·汤因比著，刘北成、郭小凌译：《历史研究·序言》（插图修订本），上海：上海人民出版社 2005 年版，第 1 页。

② 《易传·系辞上传》。

③ ［美］弗朗兹·博厄斯著，刘莎、谭晓勤、张卓宏译：《人类学与现代生活》，北京：华夏出版社 1999 年版，第 75 页。

族性与全球性之间的关系。

第四，合作共赢。全球化时代是“一个相互依赖的时代”，在这样的时代中，国家间的共同利益日趋增多，但国家间的共同利益只有通过合作才能实现。哈耶克在《致命的自负：社会主义的荒谬》中也指出：“我们的文明，不管是它的起源还是它的维持，都取决于这样一件事情……就是在人类合作中不断扩展的秩序。”① 从某种意义上，合作可以被看作是人类文明进化的一种最基本方式，没有合作就几乎没有人类文明的产生和发展，一部文明史就是一部合作进化史。尤其是近现代社会中普遍化、规范化、制度化的合作，更是人类近现代文明发展的巨大成就。当我们面对日益紧迫的生态环境危机，不同文明、国家、民族和地区之间的矛盾乃至冲突、战争等问题时，一切具有道德责任感的政治家和知识分子甚至一切现代文明人都应当共同承担起责任，促进不同民族、国家、文明、宗教能够突破现代社会普遍存在的“囚徒困境”，实现互利互惠的共赢效应。虽然在当前的世界中，因为国家利益、意识形态的差异而产生的分歧和矛盾仍然大量存在，但合作是绝对必要的。否认合作，任何世界性的重大问题都无法解决，退出合作也将意味着发展目标的缺失。“对话包含合作，这是对话的最高目标，但对话的意义比合作更广，因为它不仅展示了进行合作的途径，而且还将探寻互利合作的原则和具体办法。于是，合作便成了对话的目的和圆满的结果。”②

在日益全球化的时代，和谐世界可以说是一个建立在发达的社会化基础上的合作社会。只有以合作的精神来处理不同文明的关系，以合作的精神来推动区域的和平、稳定与发展，以合作的精神来积极参与国际事务和多边领域的活动，以合作的精神来追求人类千年的发展目标，世界才会有和谐。当前推动各种形式的对话，无论是旨在推动世界经济均衡发展的南北合作，还是旨在推动全球进步的多边对话，其目标都是要建立全社会的合作网络。因此，合作是人类在全球化时代构建高度文明的和谐世界的一个最重要的途径，也是进行文明对话必须追求的目标。

---

① ［英］哈耶克著，冯克利等译：《致命的自负》，北京：中国社会科学出版社 2000 年版，第 1 页。

② ［保］亚历山大·利洛夫著，马细谱等译：《文明的对话：世界地缘政治大趋势》，北京：社会科学文献出版社 2007 年版，第 87 页。

第二章 文明和谐何以可能之一：时代的回应

理论之树，只有根植实践沃土才能硕果累累；真理之光，只有穿越时空隧道才能光耀天下。文明和谐发展的新理念之所以具有现实性，根本原因就在于它围绕和平与发展的时代主题，积极回应了全球化时代发展的实践要求。

第一节 不断深化的经济全球化为文明的和谐提供了物质基础

所谓经济全球化，一般是指世界经济的各个组成部分（包括各个国家、各个地区、各个经济部门和经济环节甚至各个公司、企业）相互联系越来越紧密、相互依存度越来越高的历史进程，它包括生产全球化、贸易全球化、投资全球化、金融全球化以及消费全球化等。经济全球化是人类生产力发展到一定阶段的客观要求与必然结果。从广义上讲，经济全球化进程始于近代资本主义生产方式的确立。“资产阶级，由于开拓了世界市场，使一切国家的生产和消费都成为世界性的了。……物质的生产是如此，精神的生产也是如此。……过去那种地方的和民族的自给自足和闭关自守状态，被各个民族的各方面的互相往来和各方面的互相依赖所代替。”① 伴随着资本主义生产方式的兴起和世界市场的形成，人类世界逐渐走向了经济全球化的时代，民族历史也跨越时空的限制而逐渐变成“世界的历史”。

“二战”结束以后，特别是 20 世纪 70 年代以来，伴随着科技革命与世界生产力的进步，经济全球化进入一个崭新的发展阶段，经济全球化影响日益深入。其一，它使各国、各地区之间的经济和贸易活动的联系不断

---

① 《马克思恩格斯选集》第 1 卷，北京：人民出版社 1995 年版，第 276 页。

增加，推动了新知识和高科技的交流和广泛应用，促进了各国、各地区经济要素在全球范围内的合理配置。社会化意义上的经济全球化给世界各国、各地区带来了新的难得的发展机遇，也为世界不同文明的交流创造了有利条件。任何国家、地区和民族都不应该置身于经济全球化之外。置身其外，是闭关锁国；被置身其外，是被边缘化。其二，经济全球化为社会主义发展提供了相对宽松和有利的外部环境。经济全球化使军事、政治上的冷战对峙已经完全不适应时代的潮流，和平与发展成为当今的时代主题，可以为处于复苏中的社会主义的发展争取宝贵的时间和有利的环境。其三，经济全球化使整个世界不得不共同面对由经济全球化所引发的一系列政治、社会、经济、资源、安全和环境等问题。1997 年的东南亚金融危机，迅速从发展中国家波及发达国家，进而引发了发达国家的经济衰退；2001 年，受“9·11”事件的影响，世界经济的增长速度减缓，世界贸易出现负增长；2005 年，亚欧一些地区禽流感疫情蔓延，其他大洲也拉响了警报；2008 年，由美国次贷危机引发的世界金融风暴，更是把世界经济拉到了一个低谷。这些问题作用的范围和后果都是跨边界、超国界的，它们的形成也不仅仅是某种社会制度或意识形态能够解释的。尽管经济全球化所带来的影响是复杂的，但从根本上讲，经济全球化关乎世界人民的共同利益和整个人类的前途和命运，体现了一种历史发展趋势。它使和平与发展越来越成为不可移易的时代主题，使得交流与合作越来越成为不可逆转的时代选择，使文明与进步越来越成为不可阻挡的时代潮流。

列宁曾经说过，只有“首先考虑到各个‘时代’的不同的基本特征（而不是个别国家的个别历史事件），我们才能够正确地制定自己的策略；只有了解了某一时代的基本特征，才能在这一基础上去考虑这个国家或那个国家更具体的特点”①。经济全球化及其带来的社会大变动，为文明的和谐发展奠定了物质基础。一方面，经济全球化与整个世界的大开放在本质上是相通的，它为各民族国家立足本国改革开放实践，在顺应世界大势中建构和谐文明发展观，提供着丰富而又宝贵的时代信息资源。另一方面，经济全球化的快速发展使得不同国家的利益交融点越来越多，一国所面临的困难和挑战越来越具有世界性，这就在某种程度上以国际性挑战和考验

---

① 《列宁全集》第 26 卷，北京：人民出版社 1959 年版，第 143 页。

的方式，促使各国以更宽广的视野观察世界，把本国的发展放在世界格局中来思考，从本国与当代世界的密切互动中，从本国人民利益与世界人民利益的有机联系中，深入探索人类社会发展规律。

第二节　曲折发展的多极化趋势为文明的和谐提供了政治条件

世界多极化是一个在国际政治领域或范畴内使用的概念，它是世界格局的一种表现形态。当前表现出来的多极化趋势，是在和平与发展的时代潮流下，在世界相互依存不断加深的条件下发生发展的，它是国际力量此消彼长、全球治理体系结构发生深刻变动的必然产物。

国际力量对比趋于平衡。国际力量消长变化是国际形势演变的基本动力。进入21世纪以后，世界在多极化发展轨道上快速前进，国际力量对比正朝着均衡化的方向发展。主要表现在"一降一升"，即以美国为首的西方国家整体实力地位相对下降，新兴市场国家和发展中大国实力地位相对上升。美国以"反恐"之名先后发动了阿富汗战争和伊拉克战争。从军事的角度看，美国无疑是两场战争的最后胜利者，但从政治、经济的角度看，这两场战争又被西方媒体称为"代价高昂的失败"。根据美国"9·11"调查委员会的报告，由"9·11"事件引发的两场战争耗资4万亿美元，这使得原本财大气粗的美国也不堪重负。而国际金融危机更是使美国陷入重重危机、捉襟见肘，甚至一度发生政府停摆的现象。今天的伊拉克内乱、叙利亚内战、"伊斯兰国"极端组织兴起、南亚恐怖主义猖獗等地区动荡和冲突，从某种意义上说就是美国发动两场战争的恶果。美国是赢了战争，输了战略，"搬起石头砸了自己的脚"。欧洲地区则深受欧债危机影响，失业率高企，多国债务包袱沉重、缩减赤字艰难前行。而日本经济发展则继续乏力，国家债务不断攀高。伴随着软硬实力的双双受损，以美国为首的西方国家对国际事务的操控能力明显下降。

全球治理体系结构发生深刻变动。所谓"全球治理体系"指的是国际社会通过一定制度和规则来共同应对全球性问题的组织或体系。带着"二战"的胜利成果和自身强大的软硬实力，以美国为首的西方国家设计并主导了战后全球治理体系结构，建立了联合国、北约、G7集团、世界银行、世界货币基金组织等政治、经济、安全机制以及以美元为核心的世界金融体系。在这种体系下，大多数发展中国家处于服从和受制状态。但在当前西方国家实力相对下降的背景下，以西方国家为主导的全球治理体系已经难以有效应对各种危机，显现出力不从心的窘境。虽然经过10年反恐并击毙了基地组织头目本·拉登，但全球范围内恐怖组织的泛滥，特别是“伊斯兰国”极端组织的突现，意味着西方国家主导的反恐体系逐渐失灵；2008年国际金融危机的爆发及蔓延，意味着西方国家主导的国际金融体系逐渐失灵；乌克兰危机、中东乱局的出现，意味着西方国家主导的国际安全体系逐渐失灵。正如美国总统奥巴马所言，“感觉这世界好像转得太快，快到没人能管住它了”。可以说，伴随着西方国家提供公共产品能力的下降，全球治理领域正面临着重新洗牌的局面。

对于全球治理体系结构的变动，西方国家的失落与忧虑是显而易见的，但其并不会就此罢休。一方面，它们指责其他国家利用国际游戏规则中的漏洞搭便车，进行不公平竞争，导致世界经济失衡，以此强调其所主导的全球治理体系结构的合理性与道义性。另一方面，在政治上继续强调价值观外交；在军事上则继续强化北约的作用，以增加西方国家之间的凝聚力；在经济上则欲通过在亚太地区推进跨太平洋战略经济伙伴关系协定（TPP）谈判，与欧洲启动跨大西洋贸易与投资伙伴关系协定（TTIP）谈判，在世贸组织之外另起炉灶，以迂回方式应对新兴市场国家和发展中大国的挑战、促使国际游戏规则向对其有利的方向发展。为应对发达国家的压力，新兴市场国家和发展中大国在国际治理上也在加强相互协调与合作，进一步拓展和深化相互合作的领域和空间，以改变西方单边垄断、操纵的旧体系、旧制度。近几年来，新兴市场国家和发展中大国不断加强协作与合作的力度和深度，上合组织合作不断拓展加深，金砖五国举行多次峰会，金砖国家开发银行、应急储备库等项目相继启动筹建，中俄在叙利亚危机等政治问题上一致发声。在国际货币体系改革、多哈回合贸易谈判、气候变化谈判、网络空间规则制定等重大地区和全球问题上，也协调发声。可以说，在全球治理问题上，西方发达国家与发展中大国之间的竞争将是一场拉锯战、持久战。但无论如何，传统的单边型治理模式已经过时，由发达国家、新兴国家、广大发展中国家共同参与、合作、竞争的新型治理体系与制度的雏形日趋显现。

与西方国家经济增长乏力相比，以“金砖国家”为代表的新兴市场国家和发展中大国则保持了较强劲的发展势头，整体实力和国际影响力不断增强。在过去的十余年间，“金砖国家”平均经济增长率达到6%，其GDP总量占世界的份额由2008年的15%上升到2013年的21%。同时，“金砖国家”已经成为拉动世界经济增长的重要火车头，其对世界经济增长贡献率在2010年已经超过60%。总之，随着在国际经济体系中地位和影响的持续上升，西方发达经济体在国际经济体系中的地位和影响的持续下降，今后一个时期，国际力量对比将继续呈现“北降南升”的态势。但我们也要看到，国际力量的消长变化将是复杂和漫长的，在未来相当长的一段时期，美国仍将保持唯一超级大国地位，美国的衰落将是一个渐进、缓慢的曲折过程。

应该特别指出的是，关于世界多极化趋势的观点不仅得到了世界上大多数学者的支持，也得到了包括中国、俄罗斯、法国、巴西、印度等大国的赞同和支持。2001年7月，法、俄两国元首在联合声明中提出建立多极世界格局的主张，2003年5月，胡锦涛和普京签署的《联合声明》也强调世界多极化乃大势所趋，建立多极世界格局已成为国际社会广泛认同的政治主张。2014年7月，习近平在接受拉美四国联合采访时指出：“在当前，国际形势正在发生深刻复杂变化，世界多极化深入发展，多个发展中心在世界各地区逐渐形成，新兴市场国家和发展中国家整体实力增强，国际力量对比朝着有利于维护世界和平方向发展。”①

两极格局的终结，世界多极化的深入发展为不同文明的和谐相处提供了政治条件。一方面，它促使人们必须从新的视角重新审视时代发展的主题，重新界定大国强国与小国弱国、西方文明与非西方文明、社会主义与资本主义、发达国家与发展中国家的关系，并结合时代发展和实践的需要重新得出一些创造性的结论，如和平、发展与合作将成为不可逆转的历史潮流；社会主义与资本主义之间是一种既对立又可以合作的关系，“一球两制”将长期共存，借鉴和利用资本主义文明成果是社会主义获得胜利的重要条件；利用发达国家的资本、技术、管理经验是发挥“后发效应”，实现“跨越式”发展的重要条件；西方发展模式并不是世界模板，它不能

---

① 《习近平接受拉美四国媒体联合采访》，《人民日报》，2014年7月15日。

代表人类文明未来发展的走向。另一方面，随着经济的快速发展，包括中国在内的广大发展中国家已经成为多极世界格局中的重要一极，这就不仅要求发达国家要学会用更加全面的视角看待发展，促进共同繁荣，用更加宽广深邃的战略眼光把握时代脉搏，用互利共赢的时代思维审视和处理不同文明之间的关系，也要求广大发展中国家不仅要被动地适应世界的变化，更要主动地关注世界的可能走向，努力维护和平与发展的时代主题，推动世界朝着健康、和谐的方向发展。

第三节　愈益凸显的文化多样化为文明的和谐提供了直接动力

全球化首先发轫于经济领域，但其影响范围绝不仅限于经济领域。美国学者阿里夫·德里克曾经说过："全球化也具有意识形态性，因为它试图根据一种比任何东西都更有效地服务于一些利益的新的全球想象来重新建构世界。"① 因此，在承认经济全球化的同时，还应该跳出经济的视域，考察全球化对人类文明等意识形态领域的影响。经济、政治与文化三者的关联性和不可分割性是当今时代的一个重要特征。全球化使世界不同民族和国家借助先进的交通工具和通信手段，不断地超越自身活动的空间范围和既定的制度、文化等社会障碍，在全球范围内实现充分的交流、对话、协调和沟通，并在此基础上形成一种全球性的文化认同趋势。全球化绝不是世界文化的西方化、美国化或同质化。事实上，目前还没有哪一种文化的力量能够同化整个世界。全球化展示的恰恰是各民族、国家在经济、政治、文化等方面的互动、沟通、融合、提升和共进的绚丽多姿的局面。"全球性强化了对不同文化的表达方式，对不同音调、不同风格和不同乐调间的种种关系的精心探测和利用，这些关系一直在'并列''融合'和'求同存异'等状态之间摇摆。这些状态是一些比喻性的说法。它们比喻的是生活在一个多元文化世界中的情形，同时它表明：在一个总是力图体现和平的必要性并力图为实现和平再造条件的框架中，人的经验范围能有

---

① ［美］王宁、薛晓源主编：《全球化与后殖民批评》，北京：中央编译出版社1998年版，第3页。

多大。”[①] “是世界的多重化（multiplication）和多样化（diversification），而不是同质化或杂交化更好地表现了在全球化条件下占主导地位的文化关系形式。”[②]

在全球化的推动下，世界文化的多样性特征更加明显，不同文化之间愈益呈现出相互激荡的局面，这为文明的和谐发展提供了直接动力。正如《世界文化多样性宣言》中所说那样，“文化在不同的时代和不同的地方具有各种不同的形式”，就像生物多样性对维持生态平衡是必不可少一样，文化多样性对于维持人类的“生态平衡”也是不可或缺的，它是“人类的共同财产，应当从当代人和子孙后代的利益考虑予以承认和肯定”[③]。正是通过不同文化之间的碰撞、交流和学习，各种文明才能创造出各具特色的新文化，从而使整个世界形成彼此竞争的进步状态，并使世界的文化花园成为绚丽多彩的大花园，而不是单调乏味的花圃。“文化的歧义多端是一项极其重要的人类资源。一旦失去了文化差异，出现了一个一致的世界文化——虽然若干政治整合的问题得以解决——就可能会剥夺了人类一切智慧和理想的源泉，以及充满分歧与选择的各种可能性。演化性适应的重要秘诀之一就是多样性……去除了人类的多样性可能到最后会付出持续的意想不到的代价。”[④] 可以说，无论从价值的多元性还是从审美情趣的多样性来看，文化的本性都在于多样性。每种文化都有其存在的价值，而且文化只有在多样性中才能发展。的确，多样性是进步的酵母，消灭了文化的多样性，也就堵塞了人类文明进步的道路，熄灭了人类文化繁荣的希望，世界文明的和谐发展也就无从谈起。

---

① ［英］马丁·阿尔布劳著，高湘泽、冯玲译：《全球时代：超越现代性之外的国家和社会》，北京：商务印书馆 2001 年版，第 233 页。

② ［英］马丁·阿尔布劳著，高湘泽、冯玲译：《全球时代：超越现代性之外的国家和社会》，北京：商务印书馆 2001 年版，第 236 页。

③ http：//oedu：org/modules. phf? op = modlord&name = News&file = article& said = 66.

④ 向维凌、黄晓京：《当代文化人类学概要》，杭州：浙江人民出版社 1996 年版，第 283 页。

第四节　加速推进的科技现代化为文明的和谐提供了有力支撑

英国古典经济学家亚当·斯密曾经说过："要尽可能地使这种生产物又丰盈又有价值，必须使它获得尽可能广泛的市场。要做到这样，必须使国内各地方的交通既极自由，又极方便，极便宜。而维持这种交通状态，唯有兴筑最好的通航水道与最好的道路。"① 马克思也曾对交通工具在资本扩张和世界交往中的作用有过一个精辟的理论概括。他说："资本按其本性来说，力求超越一切空间限制。因此，创造交换的物质条件——交通运输工具——对资本来说是极其必要的，用时间去消灭空间。"② 在构成世界交往活动的基本要素中，手段可以说是最活跃的因素，应用科学技术革命的最新成果来实现交往手段的变革是关键性因素。

科技现代化所蕴含的通信、交通的迅速发展，在改变全球政治、经济、文化交往速度和方式的同时，也为跨文明交流提供了巨大的技术支持。人类交往的速度、模式与规模始终与交通和通信有着密切的联系。世界上有数以千计的民族和种族，更有难以计数的特质文化。同时，地球表面有70%的面积为海洋所覆盖，其余30%除了部分平原外，也多为高山、森林和峡谷。在交通工具不发达的古代社会，不同文明之间交往的广度、强度都较弱，各民族主要是在孤立的地点上独立地发展着。唐朝的玄奘从627年西出玉门关，到643年返回大唐，虽沟通了大唐和西域各国的交往，对文化交流发挥了极其重要的作用，但其中的艰苦和曲折，也是人所共知的。1492年哥伦布发现了美洲新大陆，而英国王室在半年后才得到消息。1865年美国总统林肯遭遇暗杀的事，12周后英国才获知。欧洲近代工业革命推动了社会生产力的极大发展，蒸汽机的问世充分显现了大机器工业的优势：火车的出现，使各地的交通大为便利；大功率的轮船能够抵达世界各个港口。印刷、通信工具的改善使世界各地民众能充分了解各地政治、

---

① ［英］亚当·斯密著，郭大力、王亚南译：《国民财富的性质和原因的研究》（下卷），北京：商务印书馆1974年版，第292页。

② 《马克思恩格斯全集》第46卷（下），北京：人民出版社1980年版，第16页。

文化、经济的发展状况。正是这种交流，使法国、美国、德国等相继进入了工业革命时代，出现了欧美经济、文化发展的黄金时节。20 世纪六七十年代以来，随着第三次科技革命的异军突起，交通和通信技术发生了根本性的变革，特别是通信卫星、探测卫星、电子计算机网络、高技术传播媒体、航空航天技术等现代化的通信和交通手段打破了空间限制，为国际交往提供了前所未有的高效率信息载体和运输载体。科学技术的突飞猛进大大缩短了世界的距离。古代传说中的魔毯飞车、千里眼、顺风耳已经以飞机、轮船、电视、电脑、传真的形式问世了，万里之程朝发夕至，越洋对话如在耳边，东西孔道大开，互通有无，贸易繁荣；文化交流、教育交换、政治协商使国与国的沟通、人与人的接触日趋频繁。地球俨然变成了一个村落，不同文明之间的交往变得快捷而方便，可以挣脱空间的限制而交流，遨游于更为广阔的世界。

加速推进的科技现代化不仅使全球范围的生产力发生了质的飞跃，而且使整个世界的联系更为紧密。美国著名国际政治学家多伊奇认为："尽管人与人之间、民族与民族之间存在着不可弥补的差异，但他们之间又有着不可避免的相互依存关系，而且，在某些方面，这种相互依存关系在今天这个由于技术的发达而日益缩小的地球上变得更加密切了。"① 冷战结束以后，以信息技术、生物工程技术、新材料技术、新能源技术等新技术群为代表的技术革命蓬勃兴起，极大地推动了世界产业结构的升级和国际分工的发展，同时也促进了世界市场上各种资源的流动。特别是作为国际分工、跨国生产、资源国际流动主体力量的跨国公司，在当代有了迅猛发展，形成了庞大的全球生产和销售体系。"从远古时代的战争交往、契约交往和血缘交往一直发展到当今的物质交往、精神交往、政治交往、科学交往等，形成了交往的'系统值'，并产生了规模更宏大的世界市场、国际联合体以及全球循环的物质流、资金流、技术流、信息流。"② 世界经济的开放性不断巩固和发展，经济资源愈益跨越国界在全球范围内自由、全面、大量地流动，各国经济与外部世界的关系愈益相互影响和制约。

---

① ［美］卡尔·多伊奇著，周启明、郑启荣、李坚强译：《国际关系分析》，北京：世界知识出版社 1992 年版，第 6 页。

② 杨耕：《东方的崛起：关于中国式现代化的哲学反思》，北京：北京师范大学出版社 2009 年版，第 96 页。

科技现代化所带来的世界关系的愈加紧密化，这对文明和谐发展理念的形成，不仅发出了时代的呼唤，而且提供了有利条件。一方面，它把或封闭或开放状态下的文明在发展过程中未曾遇到的重大崭新课题推到世人面前，迫切需要立足“当今世界是开放的世界”这个客观事实作出理论性、系统性和创造性的回答，这就对建构文明和谐发展理念提出了客观要求。另一方面，它极大地激发了各个民族的思想活力，拓宽了各个民族的视野，使得各个民族国家都自觉参与对自身未来发展与世界关系的理性思考中来，这就为建构世界文明和谐发展理念提供了最广泛的民众认同基础。

第三章　文明和谐何以可能之二：历史的反思

历史给人启示，历史也让人反思。正是在不断的历史反思中，人类前进的步伐才愈加稳健。恩格斯指出："每一个时代的理论思维，包括我们时代的理论思维，都是一种历史的产物，它在不同的时代具有完全不同的形式，同时具有完全不同的内容。"① 在今天这样一个多元文明共存的背景下，我们之所以认为拥有不同文化价值取向的文明之间可以和谐共处、共同发展，一个重要的理由就是源于人类对历史的反思。

第一节　泛道德主义：对中华传统文明观的历史反思

诞生于农耕经济基础上的中华传统文明，以其强烈的文化自信心、宽大的文化胸怀以及对"协和万邦"世界和谐秩序的追求有效地维系了自身的发展及其与其他文明的关系。然而，中国传统文明观所蕴含的泛道德主义倾向也严重阻碍了中国的现代化进程。当17、18世纪近代科学昌盛于西方，世界历史逐渐由分散走向整合的关键时刻，古老的中国却关上了大门，中止了与世界的对话。当我们今天以科学的精神反思中华传统文明观时，一种科学的适应时代发展要求的文明观——和谐文明观顺势而生。

一、农耕文明与中华传统文明观历史主题的形成

马克思曾经说过："人们按照自己的物质生产建立相应的社会关系，正是这些人又按照自己的社会关系创造了相应的原理、观念和范畴。"② 与一切观念形态的东西一样，一个民族的文明观既非造物主的恩赐，也非绝

① 《马克思恩格斯选集》第4卷，北京：人民出版社1995年版，第284页。
② 《马克思恩格斯选集》第1卷，北京：人民出版社1995年版，第142页。

对理念的先验产物，而是该民族在特定的地理环境中经过长期的社会实践而创造、积淀形成的。我们批判形形色色“地理环境决定论”的偏见，但也不能完全否定地理环境的重要性。毕竟，一个民族、一个国家的社会文化以及由此形成的文明观都是在一定地理环境下孕育、产生和衍变的。

得益于特殊的地理环境，中华文明形成了较为发达的农耕文明。源远流长的中华文明，独据东亚大陆之地理优势：东南口衔沧海，北接大漠草原，西南横亘青藏高原，四面屏障；其地理位置处于亚热带、暖温带，三面封闭、气候温暖、雨量充足、土地肥沃。这样的地理环境特别适合农业的发展。在距今七八千年前的黄河与长江中下游地区，先民们在长期的实践中就培育了半干旱性的粟和水稻，开始进入以种植业为基本方式的农耕时代，随之而来的动物驯养为人类提供了可靠的食物来源和财富的积累，为文明的诞生奠定了基础。夏、商、周时代，农业逐渐成为社会生产的主要方式，以家庭为单位推崇男耕女织的传统农业模式得以确立。秦汉以后，小农经济进一步发展。无论是汉族地主阶级建立的政权，还是五胡十六国分裂时期少数民族建立的小王朝，还是如元朝、清朝建立的大一统帝国，都把农业立国作为国策。正是得益于特殊的地理环境和统治者几千年的“重农抑商”政策，农耕经济在中国获得了极大的发展。

“在中国占主导地位的传统文化，无论是物质的，还是精神的，都是建立在农业生产的基础上的，它们形成于农业区，也随着农业区的扩大而传播。”① 以家庭为单位，以村寨自然群落为依托，以家族血缘关系为纽带的自给自足的农耕经济，在相当大的程度上影响了古代中国人的世界观和价值观，形成了独具中华民族特色的“天下观”。早在商代甲骨文中，就可以看到“天”字的出现，产生了所谓“天圆地方”“天似苍穹”之类的世界本原想象。中国人对“天”与世界的直观认识，不仅形成了天下万物都来源于并且要服从于“天”的意志的主观认识，同时也形成了世界上只有一个“天下”的客观结论。在“天下”的思想中，中国居于中央，与中国相对的四夷则处于四周，共同组成了天下，这就是中国早期的世界观。这种“天下”观在中国古代许多文献中都有记载。《尚书·大禹谟》记有

---

① 张岱年、方可立：《中国文化概论》，北京：北京师范大学出版社 1994 年版，第 26 页。

尧“皇天眷命，奄有四海，为天下君”；《中庸》中有“尊为天子，富有四海之内”；而《诗经·小雅·北山》则更明确地提出了著名的“普天之下，莫非王土；率土之滨，莫非王臣”的观念。融世界观、政治观和文化观于一体的“天下观”，不仅影响着中国人对世界秩序的根本看法，也决定了他们对世界秩序的价值追求。

在“天下观”的指导下，中国在对外关系中逐渐形成了所谓的“华夷秩序”。由不同民族融合而成的华夏民族是最早进入文明社会的民族之一，他们自称“诸夏”，而称周边相对落后的民族为“蛮”“夷”或“狄”“戎”。随着汉族活动范围的扩大，朝鲜、日本、越南等周边国家也被列入“夷”的范围。华夏人自称“中国”，不仅是对地理位置而言，而且有世界文化中心的意思。随着华夏族（汉族）地域的扩大，许多过去的蛮夷之地也并入了中国的版图，“中国人”“天朝上邦”的意识也就更加强烈。东汉时期，“华夷秩序”开始被引入中华帝国的对外关系中，并逐渐发展起一种古代类型的国际关系体系，即所谓的“华夷”制度。“华夷”制度到唐朝时发展到了成熟阶段。

在“华夷秩序”中，“华”和“夷”之间并不是平等的关系。“凡天子者，天下之首也。何也？上也。蛮夷者，天下之足也。何也？下也。”① 这种华夷等级秩序观以华夏为中心，东夷、南蛮、西戎和北狄环绕其中，中华影响从中心逐渐向外围扩展。因此“天下一家”的理念并不是指“对全人类的认同……人与人是同等的、没有区别的，也没有民族之分”②，而是“一家”之内分尊卑。王夫之对此曾有评论：“天下之大防二：中国、夷狄也；君子、小人也”，“夷、夏分以其疆，君子、小人殊以其类，防之不可不严也”。③“中国”和“夷狄”，同“君子”和“小人”一样，绝不能混同一处。古代中国这种既讲求“一家”“一体”，又主张“一家”之中也存在尊卑，最终形成一个由内到外、由中心向边缘的一元性等级观念及制度。“王者受命创始建国，立都必居中土，所以控天下之和，据阴阳之正，均统四方，以制万国者也。”④ 中国的“天子”凌驾于全世界其他统

① 《贾谊集·解悬》。

② 盛洪：《为万世开太平》，北京：北京大学出版社 1999 年版，第 77 页。

③ 王夫之：《读通鉴论》卷 14，北京：中华书局 1975 年版，第 342 页。

④ 《太平御览》卷 156。

治者之上，并向其中一些国家“颁正朔，易服色”，因而具有无与伦比的地位。外国的君主则以向中国天子进贡并且行叩头之礼作为臣服的标志。现代学者将这一系列相互关联的对外观念和对外实践的体系命名为“朝贡体制”“册封体制”或“宗藩体制”。正如费正清阐述的，这一体制确定了从中华文明初现曙光之时直到公元19世纪与西方对抗之际，中国在对外关系上的基本态度与实践。

但是我们也必须看到，“一种秩序能否实现不仅仅在于文化观念的规范和指导，还需要一定的政治、经济以及军事实力作为后盾”①。文化上的自信、经济上的富强以及军事上的强大是维护朝贡体系实施、实现“协和万邦”的前提和保证。因为只有在充分自信、强大的前提下，中原王朝才能够以宽广的胸怀和豁达的气度对待少数民族，才能相信中华文化的优越性和同化蛮夷的强大能力。一旦中华民族失去了自身的实力，就会倾向于采取闭关自守的政策，不再自觉履行维护天下秩序的责任。在积贫积弱的宋末和明末，汉族知识分子普遍滋生的是文化民族主义情绪，特别强调夷夏大防。这种文化上的偏执和自大，实质上是实力失衡后在文化自信上寻求的一种精神发泄。

二、泛道德主义：中华传统文明观的理想化性格

中华传统文明观的内容非常丰富，其特征也是非常复杂的。在这种情况下，抽象出一个一以贯之的、占主导地位的特征对于我们加深理解中华传统文明观就显得很重要。黄仁宇曾经说过，道德是中国传统文化的“精神上的支柱”，“从细枝末节的局部问题，转化为道德问题，是中国人常用之手段”。② 韦政通也认为：“中国过去因为道德意识太强，它弥漫于传统文化的各方面，也笼罩了其他的文化领域，使各方面的思想，始终处于道德奴役的地位，缺乏健全的发展。”③ 在中国这样一种伦理化的文化中，其

① 杜永吉：《“天下观”视野中的中国战略文化传统》，《淮阴师范学院学报》（哲学社会科学版），2006年第1期。

② 黄仁宇：《万历十五年》，北京：中华书局1986年版，第59～60页。

③ 韦政通：《儒家与现代中国》，上海：上海人民出版社1990年版，第88页。

他形态的文化价值取向往往也都是以道德价值取向为核心，以伦理化为发展的主线。中华传统文明观亦是如此。将道德评判介入对文明性质、不同文明之间关系的认识，不可避免地将中华传统文明观打上深刻的泛道德主义烙印。所谓泛道德主义，用台湾学者文崇一的话就是："任何行动或言论都很容易受到道德价值的牵制，而不用理性去解决问题，最明显的为经济上的济贫、救荒政策，政治上的德治教条，社会上的尊老敬贤，文学上的文以载道，宗教上的孝思观念，都强调以道德标准来衡量事物或行动的好坏，而且为人民所接受。道德价值的影响力几乎扩及所有的价值活动。"[①] 从本质上讲，一个民族或国家文明观的思考、设计和筹划的出发点应该是道德判断、利益评估和实力分析的综合。然而古代中国在处理中华文明与其他文明、中华民族与其他民族关系时，正统儒家更多强调的是"道德"的判断而不是"利害"的判断，是"是非"的逻辑而不是"强弱"的逻辑。

抛开复杂的现象和枝节性因素，我们可以发现，古代中国自儒家成为国家主导思想以后，其所提倡的以道德理性为核心的价值理想就逐渐成为统治者设计和建构中华文明观的基本准则。儒家自孔子始，道德价值已被推崇到最高地位，并始终处于优先的地位。自汉以后，统治者"独尊儒术"。宋明以后，儒学的地位更加突出。这样，把道德作为人高出于物的根据，把道德价值作为人应追求的最高价值，甚至是唯一价值，就成为传统文化的基本价值观念。更为值得注意的是，儒家并不仅仅把道德作为调节人伦关系的规范，而且把道德看作是世界的本质，是宇宙的普遍法则。这就使道德尺度普遍化、绝对化。道德原则也从社会规范走到国际规范乃至宇宙法则，导致严重的泛道德主义倾向。

"朝贡体系"的建立和运作就是最好的注解。在朝贡体系外交中，中国封建的士大夫们按照儒家关于社会秩序的思想，把"仁"（天下一体意识）和"礼"（宗法伦理秩序）作为处理对外关系的指导思想，把"以诚待人""以理服人""以德怀柔远人"作为基本准则，把"协和万邦"作

---

① 刘志琴：《文化危机与展望》（下），北京：中国青年出版社 1989 年版，第 13 页。

为其理想目标。“远人不服，则修文德以来之”①，“陶冶万物，化正天下”②。作为天下秩序担当者的“天子”要承“天”之德，推行德治仁政，用礼仪规范来维护天下秩序。“天子”不仅有责任用“德”的精神和“礼”的准则来维护本民族内部的和谐，处理好民族间的关系，还应当把德治主义推向天下，追求天下的和谐。在帝国和周边国家的关系上，以中华文明的无比优越性和道德上的优越感来感化周边地区，它们在帝国形成后转变为文化帝国主义，以扩张文化为其重要使命，而不以掠人土地、占人国土为目的。用华夏文明德化天下，是中国建立世界秩序的理想模式。③台湾学者王尔敏也曾有论述：“由文化而泯除种界的区别，是自先秦以来政治理想的传统。王道中心以中国皇帝为代表，对四裔的关系，并不专靠征服，而是多靠同化。代表接受同化的形式，不是设重兵置总督，而只是奉行中国的一册正朔就可以。至于对待临边的番邦，其间道义关系，多少仍保存着春秋时代的精神。制度形式虽然演变得复杂，而维持这种形式的，却一直为礼部所主持。虽然没有发展出外交部，却也没有转变为殖民部。”④

在价值理性无限张扬、道德主义盛行的古代中国，作为处理不同民族国家关系的最后有效手段——战争不可避免地被儒家赋予了更多的道德色彩。对道德和德化的力量充满信心的儒家而言，战争在其价值观中只能处于边缘性地位，被抑制在适可而止的防御性目的上。然而，就历史的现实而言，中国历代王朝往往是通过暴力的手段建立起来的。这个事实是儒家无法改变的，这也是儒家思想家们不断进行“王霸之辨”“德力之辨”的历史原因。辩论结果之一就是，任何暴力行为都需要文化价值上的合法性，也只有符合文化价值的暴力行为才是合法的。道义介入暴力，就形成了古代中国极力提倡的“义战”。按照儒家的理解，所谓“义战”，就是能够救民于水火之中，吊民伐罪，为实施仁政开辟道路的战争。因为“义战”顺乎天理而应乎民心，所以必定所向披靡，即“国王好仁，天下

---

① 《论语·季氏》。

② 《汉书·贡禹传》。

③ 何新华：《试析古代中国的天下观》，《东南亚研究》，2006年第1期。

④ 王尔敏：《中国近代思想史论》，香港：华世出版社1977年版，第210页。

无敌焉”[1]。

儒家在政治话语中的主导地位，使作为现实主义代表的法家、兵家、纵横家只能作为儒家道德主义之外的必要补充，任何一位军事家都不敢放弃“义战”这面大旗。“不战而屈人之兵”就成了实现战争目的的最佳途径，“仁义道德”也成了克敌制胜的最好武器。“诚以仁义为阻，道德为塞，贤人为兵，圣人为守，则莫能入。”[2] 理想手段能够实施并达到预期的目的，需要一个预期的实现环境，但现实与理想之间总是存在着反差，当人们不能认识到这种反差时，那么剩下的只能是主观的臆造。鸦片战争时，以顽固派为代表的封建官僚仍然认为“国之存在在德不在强”，主观认为在有大批外敌入侵时，不应以暴抗暴，而应以仁爱之心化解敌意，以道德作为御敌于国门之外的武器，始终认为中国人最大的优势是道德礼义，西方的军事技术只是“奇淫技巧”。即使像李鸿章、郭嵩焘、王韬、郑观应等洋务派或早期改良派的代表人物，他们强调的也是要以孔子的“忠信笃敬”四字为基本精神来处理与西方列强之间的关系。郑观应表示“惟愿我师彼（指西方）法，必须守经固本；彼师我道，亦知王者法天、彼此洞识阴阳造化之己，形上形下之旨，无分畛域，永息兵戈”[3]，仍然希望通过“师我道”等道德教化手段实现和平共处的目的。

应该说，中华传统文明观所表现出的泛道德主义倾向，符合中国传统文化一贯重“德”的基本精神，表现了古人希望以“德”来消除冲突、建构和谐世界的心愿，这对塑造中华民族精神，培养中华民族的道德情操有着积极的意义。但是我们必须看到，在西方列强“论势不论理”文明观的侵逼下，张扬道德力量的中华传统文明观只是一种不切实际的幻想。其结果只能是以妥协换来暂时的安宁。而在古代西方，我们既找不到“不战而屈人之兵”的倡导者，也很难找到“仁义之兵”的自觉实践者。正因为如此，我们才不得不对中华传统文明观进行深刻的历史反思，以期从中找出为今人所警醒的经验。

---

① 《孟子·尽心下》。

② 《盐铁论·险固》。

③ 郑观应：《盛世危言·道器论》。

三、"丢失现实"：中华传统文明观的近代困境

中华传统文明观所提倡的非暴力、非扩张的道德理性价值追求，充分反映了中华民族爱好和平的民族精神。但是，我们必须看到，当道德的判断完全取代现实分析的时候，它就必然会走向蒙昧主义。仅仅从道德的角度理解现实问题，用林同济先生的话就是犯了"两种逻辑上的错误"，第一是"把主观的价值，引申到纯客观的事实里"；第二是"把主观的价值，即当作客观的存在"。前者导致的结果就是"错解真相"，后者导致的结果就是"丢失现实"。因此，"道德头脑，太注重了主观的价值，势必要向'反现实'的路径上走的"①。马克斯·韦伯的宗教伦理学也提出了相近的观点："出于对主观预定价值的追求有时也会歪曲事实。"② 无论是"丢失现实"，还是"歪曲事实"，都告诉我们这样一个基本事实：强调德化、充满理想色彩的中国传统文明观存在着很大的缺陷：重视主观的设计，而缺乏现实的分析，错把主观当客观，误把理想当现实，其结果只能是主观与客观的分崩，理想与现实的离析。

基辛格曾经说过："道德价值是绝对的，但应用道德的环境却天生并不完美。"③ 把"德化"的原则运用于处理不同文明之间关系上，其实质就是要凭借文化优势，依托国内的政治原则和道德理念去建立国际道德与价值准则，建构国际体系，谋求长期安定的国际环境。不可否认，这是颇具远见的做法，如果无法建立获得广泛认同的国际道德和价值准则，国际体系及其领导者都无法稳定。完全建立在实力基础上的国际关系，必然是动荡不安的，一旦实力间的平衡被打破，便是动乱与战争。但是，我们也必须看到，一种秩序能否实现不仅仅在于文化观念的规范和指导，还需要一定的政治、经济以及军事实力作为后盾。文化上的自信、经济上的富强以

---

① 温儒敏：《时代之波：战国策派文化论著辑要》，北京：中国广播电视出版社1995年版，第182～183页。

② ［德］马克斯·韦伯著，林荣远译：《经济与社会》（上卷），北京：商务印书馆1997年版，第56页。

③ ［美］亨利·基辛格著，顾淑馨、林添贵译：《大外交》，海口：海南出版社1998年版，第7页。

及军事上的强大是古代中国建构和谐世界、实现“协和万邦”的前提和保证。因为只有在充分自信、强大的前提下，中原王朝才能以宽广的胸怀和豁达的气度对待少数民族，才能相信中华文化的优越性和同化蛮夷的强大能力。一旦中华民族失去了自身的实力，在对外关系上就会倾向于采取闭关自守政策，在文化上就会盛行保守主义。

在积贫积弱的中国封建社会后期，西方社会迎来了文艺复兴，爆发了工业革命，全球经济、政治格局逐渐向西方倾斜。而在当时的中国，农耕文明所固有的保守观念和“天朝上邦”的心理却得到了放大，封建统治者逐渐放弃了盛唐时期所拥有的宽广胸怀，采取了逆时代大潮的闭关锁国政策。明朝政府为了维护官方海外贸易的安全和打击倭寇的侵扰，在东南沿海一带实行严厉的海禁，规定“片板不许下海”。清政府继续实行“片板不准下海，片帆不准入口”[①] 的海禁政策。1792 年，当英国政府派遣以马戛尔尼为首的使团来中国，希望通过谈判“取得以往各国所未能用计谋或武力获致的商务利益与外交权利”[②] 时，乾隆却坚决拒绝了英国使团的外交和通商要求，还专门训诫英人：“天朝物产丰盈，无所不有，原不借外夷货物以通有无”；至于“天朝尺土，俱归版籍”，僻地经商，更不能行。不明时事的清朝统治者，依然固守“天朝”体制，自奉为四夷之共主，在近代国际交往中，既不考虑交往的平等性，拘泥于三跪九叩之类礼仪末节，也不考虑经济利益，视国际贸易为旧时的朝贡。无知的偏见、狂妄的傲慢，就这样斩断了刚刚接触到的通往世界市场的途径，将中国与世界其他国家的物质技术文化交流隔离起来，使近代中国社会停滞不前，造成了近代中国社会的落后局面。西方列强的炮声不仅轰开了中国的大门，也惊醒了以“天朝上邦”自居的华夏中心主义。而这也恰恰印证了费正清曾经作出的判断：“幅员辽阔、自给自足、统治阶级的麻木不仁和漠不关心，所有这一切使清帝国在与西方国家接触时毫无应变的准备。更确切地说，当这种接触在近代成为事实时，导致中国衰落的一个原因恰恰就是中国文

---

① 史仲文、胡晓林：《中国全史》第 17 卷，北京：人民出版社 1994 年版，第 84 页。

② ［英］爱尼斯·安德逊著，费振东译：《英使访华录》，北京：商务印书馆 1963 年版，第 92 页。

明在近代以前取得的成就本身。”①

伴随着明清时期封建社会内部矛盾的加深，国力衰弱的加快，儒学日趋保守、落后，对外国文化，尤其是较为先进的西方文化的疑虑日趋加深。从皇帝到知识分子都盲目自大，自我陶醉，恪守祖训，思想僵化，自我封闭。在知识分子中间普遍滋生的是文化保守主义。如乾隆时期著名的学者俞正燮就荒谬地认为，西方科学技术不过是“鬼工”而已，把“翻夷书，刺夷情”说成“坐以通番”。而政府方面则通过政策的制定和严厉的惩罚措施限制中外文化的交流，直至交流中止。当时的政府不但禁止国内人民以及各种物资出境，而且限定外国贡使的入境道路，规定“贡使、夷商不得收买史书一统志地理图”等。明代万历以及清代康熙、雍正、乾嘉时期，一度厉行禁教，将西方传教士驱往澳门等地，掐断了中西文化仅有的一点微弱联系。中国被紧密地封锁着，知识界不了解中国以外的情况，更不可能向外国学习。当鸦片战争爆发时，面对西方的坚船利炮，坚决反对学习西方技术，斥西方技术为“奇淫技巧”，提倡“国之存亡在德不在险”，幻想以道德教化天下实现和谐相处的晚清政府，只能签下丧权辱国的城下之约。

对于大清帝国的衰落，马克思这样评价道：“一个人口几乎占人类三分之一的大帝国，不顾时势，安于现状，人为地隔绝于世并因此竭力以天朝尽善尽美的幻想自欺。这样一个帝国注定最后要在一场殊死的决斗中被打垮：在这场决斗中，陈腐世界的代表是激于道义，而最现代的社会的代表却是为了获得贱买贵卖的特权——这真是任何诗人想也不敢想的一种奇异的对联式悲歌。”② 生产力的巨大发展把西方社会迅速地推到一个更高的历史发展阶段，相比之下，中国则在封建主义的泥沼中继续蹒跚。落日虽然辉煌，随之而来的却是无眠长夜。在全球化日益深入发展的今天，反省我们民族的这段历史，反思我们民族曾经的文明观，最要紧的是获得一份警醒、一份自觉：面对大发展、大变革、大调整时代的到来，我们必须以宽广的胸怀，大胆吸收人类的优秀文明成果来发展自己、繁荣世界。

---

① ［美］费正清著，中国社会科学院历史研究所编译室译：《剑桥中国晚清史》（上卷），北京：中国社会科学出版社 1993 年版，第 7 页。

② 《马克思恩格斯选集》第 1 卷，北京：人民出版社 1995 年版，第 176 页。

第二节　价值理性缺失：对西方文明观的历史反思

诞生于商业文明基础之上的西方文明，天生就具有向外扩张性。随着西方资本主义的形成和发展，这种扩张性得到了毫无抑制的张扬，逐渐演化为充满侵略性的霸权主义，最终导致世界范围内的价值冲突。自身的理论缺陷、全球化发展的现实需要以及人类社会健康发展的客观诉求，使得西方文明观渐陷入困境。作为一种崭新的理念，文明的和谐的凸显正是源于占据主导地位的西方文明观的衰弱和困境。

一、商业文明与西方文明观历史主题的形成

同中华文明所诞生的黄河、长江流域相比，西方文明的发源地希腊半岛是一个地少山多、海岸曲折、岛屿密布的贫瘠地区；与东亚的季风气候相比，希腊气候的基本特征是冬季温和多雨，夏季炎热干燥。这样的地理环境和气候显然不利于农业的发展。贫瘠的土地提供不了足够的食物，使得希腊各城邦之间为了生存不时展开激烈的争夺。生死存亡的竞争非常普遍，恃强凌弱成为基本的生存逻辑。而与此同时，希腊绵延曲折的海岸线和众多的天然良港，在陆路由于为山脉所阻隔而难以联系世界的情况下，为希腊扩大生存空间提供了便利通道，促进了希腊早期的对外殖民和后来的海外贸易。从公元前8世纪开始，随着人口的快速增长，希腊人开始了大规模向外移民和建立殖民地的浪潮。“渴望土地的农民不得不到海上去当海盗、商人或殖民者，或者如时常发生的那样，三者兼而有之。到公元前5世纪时，包括黑海在内的整个地中海地区环布繁茂的希腊殖民地。”①在环境资源匮乏和海洋文化的推动下，希腊选择了商业、掠夺、殖民三位一体的生存发展模式，形成以海上扩张和海外贸易为主体的商业文明。

商业文明与农耕文明的不同在于后者进行着纯粹的农业生产，在自然经济条件下，农业生产效率低下，周期缓慢，而商业则通过频繁的商品交

① ［美］斯塔夫里阿诺斯著，董书慧、王昶、徐正源译：《全球通史：从史前史到21世纪》（上卷），北京：北京大学出版社2005年版，第102页。

换显现出效率高、见效快的特点。这样的特点使东西方民族在面对“天”与“人”、“义”与“利”这些在不同文明早期就具有同等思辨地位的核心概念时，作出了不同的判断和选择。东方注重“天人合一”，热衷于追求伦理道德；西方更注重“天人相分”，更乐于探索自然规律；东方人重义轻利，西方人重利轻义。东方的重义与西方的重利，东方的抑商与西方的重商逐渐使东西方文明产生了封闭与保守、开放与进步的分野。尽管同样受到封建主义的压迫，但西方不受拘束、自由盛行的商品经济显然比自给自足的农耕经济更易突破封建社会的硬壳而获得质变的机会。因此，尽管西方有漫长的中世纪，而一旦商业精神得到合适的生存土壤就会以惊人的速度飞跃发展。

15世纪末以后，西方人的大规模探险已显示出商业文明的固有扩张性。到了近代，随着资本主义的发展，利益逐渐被提到至高无上的地位。人们不再像中世纪的卫道士那样羞于言利，而是大胆地谈论利益和追求利益。爱尔维修认为：“无论在道德问题或认识问题上，都是利益宰制着我们的判断。”① 18世纪政论家兰盖在《民法论或社会的基本原则》中指出：“贪婪和暴力抓住了整个地球……所以，占有在今天就建立在最骇人听闻的侵占上。”而财产所有权的精神，一旦“抓住了人的灵魂……就将他们紧紧抓住，可以说把他们变成了物质。几乎对他们封闭了任何动机，唯自私自利除外”②。资本主义商业精神完全颠覆了中世纪蔑视物质财富、仅注重精神宗教信仰的思想观念，物质财富成为资产阶级乃至整个国家极力追逐的东西，利益成为行为的动机和目标，统治了人们的生活。对此，马克思曾作过科学的评价：“利益被提升为人的统治者”，“人与人之间的一切关系，都被归结为商业关系，或者换句话说，财产、物成了世界的统治者”③。资本主义以其强大的力量瓦解了传统的自然经济，颠覆了传统的道德准则，以全新的面貌塑造着欧洲文明的形态，资本所刺激起来的欧洲人的贪欲及与之相伴的暴力正是近代西方文明发展的核心。

资本追逐利润的特性决定了其绝不会满足于狭小有限的欧洲市场，必

---

① 葛力：《十八世纪法国哲学》，北京：社会科学文献出版社1991年版，第457页。

② ［法］米歇尔·博德著，吴艾美等译：《资本主义史1500—1980》，北京：东方出版社1986年版，第62页。

③ 《马克思恩格斯全集》第1卷，北京：人民出版社1956年版，第647页。

然要将逐利的魔爪伸向更广袤的海外市场。正如亨廷顿所叙述的那样："15 世纪结束时摩尔人最终重新征服了伊比利亚半岛，葡萄牙人开始了对亚洲的渗透，西班牙人开始了对美洲的渗透。在其后的 250 年间，整个西半球和亚洲的重要部分都被置于欧洲的统治和控制之下。"① 到 19 世纪中后期，西方文明最终确立了其在世界政治经济格局中的主导地位。当然，"西方赢得世界，并不是通过其思想、价值或宗教的优势（其他文明中几乎没有多少人皈依它们），而是通过它运用有组织的暴力方面的优势"②。这是任何曾经遭到西方势力侵略的美洲、亚洲和非洲各民族的共同感受和认识。马克思、恩格斯对此有过精辟的论述："资产阶级，由于一切生产工具的迅速改进，由于交通的极其便利，把一切民族甚至最野蛮的民族都卷入到文明中来。它的商品的低廉价格，是它用来摧毁一切万里长城、征服野蛮人最顽强的仇外心理的重炮。它迫使一切民族——如果它们不想灭亡的话——采用资产阶级的生产方式；它迫使它们在自己那里推行所谓的文明，即变成资产者。一句话，它按照自己的面貌为自己创造出一个世界。"③

可以说，东西方的不同历史造就了各自不同的文化，西方的暴力强权与东方的"王道谦和"形成了鲜明对照。西方资本主义以摧枯拉朽之势瓦解着苟延残喘的东方自然经济体系，并将暴力强权的价值观念带到世界各地，深刻地影响了世界局势。现代社会的冲突、流血、杀戮大都可以从西方文明的扩张中找到最初的源头。正是在这个意义上，我们说"冲突和暴力是西方世界体系的常态；多元政治实体——希腊罗马时代的城邦国家、中世纪的封建国家、近代的民族国家——之间的竞争和冲突，是西方历史的主题；而暴力和冲突意识，则构成西方世界秩序观念的核心"④。

---

① ［美］塞缪尔·亨廷顿著，周琪、刘绯、张立平、王圆译：《文明的冲突与世界秩序的重建》，北京：新华出版社 2002 年版，第 36 页。

② ［美］塞缪尔·亨廷顿著，周琪、刘绯、张立平、王圆译：《文明的冲突与世界秩序的重建》，北京：新华出版社 2002 年版，第 27 页。

③ 《马克思恩格斯选集》第 1 卷，北京：人民出版社 1995 年版，第 276 页。

④ 宫玉振：《中国战略文化解析》，北京：军事科学出版社 2002 年版，第 39 页。

二、价值理性缺失：冲突常态下西方文明观的思维缺陷

德国社会学家马克斯·韦伯在他的宗教社会学研究中认为，人是理性的存在物，理性作为人类所特有的一种把握世界的方式，是手段和目的的统一，是工具理性和价值理性的统一。所谓价值理性就是“通过有意识地对一个特定的行为——伦理的、美学的、宗教的或作任何其他阐释的——无条件的固有价值的纯粹信仰，不管是否取得成就”[①]。也就是说，人们只赋予选定的行为以“绝对价值”，而不管它们是为了伦理的、美学的、宗教的，或者出于责任感、荣誉和忠诚等方面的目的。在韦伯看来，价值理性主要是关注主观的内在需要，看重的是行为本身的价值，甚至不计较行动的后果。由此可知，价值理性实际上也就是人们在生活实践中逐渐形成的价值智慧、价值良知。所谓工具理性就是“通过对外界事物的情况和其他人的举止的期待，并利用这种期待作为‘条件’或者作为‘手段’，以期实现自己合乎理性所争取和考虑的作为成果的目的”[②]。也就是说，人们为达到精心选择的目的，会考虑各种可能的手段及其所带来的后果，以选择最有效的行动手段。工具理性关注的是目的、手段和后果的综合。在韦伯看来，价值理性和工具理性应该是一种互相补充、互相制约的关系。韦伯的研究对于我们理解西方文明观在思维方式上的深层特征，应该说是非常有帮助的。从本质上讲，文明观作为人们对文明性质、不同文明之间关系以及未来文明发展模式的总体认识，应该是价值理性和工具理性的统一，即既要强调手段的合理性，也要强调动机的合理性。如果说中华传统文明观因为过分强调道德的价值而表现出工具理性缺失的思维缺陷，那么，西方文明观则因为过分的强权意识而表现出价值理性缺失的思维缺陷。

西方文明观价值理性的缺失首先表现在对“权力”的尊崇和运用上。

---

① ［德］马克斯·韦伯著，林荣远译：《经济与社会》（上卷），北京：商务印书馆1997年版，第56页。

② ［德］马克斯·韦伯著，林荣远译：《经济与社会》（上卷），北京：商务印书馆1997年版，第56页。

商业文明的本质使得西方社会对“利益”有着天生的好感。利益本无好坏之分，但利益获得的手段则直接影响到人们对利益的价值判断。在西方的主导文明观中，利用“权力”获得“利益”具有天然的“合理性”。纵览西方文明发展史，我们不难发现，权力手段的介入使得西方文明温情脉脉的面纱下面沾染了太多的鲜血，特别是资本主义文明的诞生，更是建立在对亚洲、非洲、美洲血腥掠夺基础上的。虽然在西方文化中，也曾经出现过理想主义的光芒，但总体而言，“自我利益优先于任何道德原则，权力优先于正义”的“权力—利益”思维模式一直是西方处理处理不同文明之间关系的基本准则。被人称为“现实主义之父”的古希腊哲学家修昔底德，在其著作《伯罗奔尼撒战争史》中，通过对古希腊城邦雅典和斯巴达之间战争的描述，揭示了“正义的标准是以同等的强迫力量为基础，强者能够做他们有权力做的一切，弱者只能接受他们必须接受的一切”[①] 的西方式生存法则，即使要获得和平，也“只有力量强大，……使敌人料想不到他们能够提出那样温和的条件来的时候，持久的协定才可能成立”[②]。

从意大利哲学家马基雅维里的“君主论”和霍布斯的“自然状态论”中，我们更能体会西方社会真实的生存状态，从中领悟西方文明关注的中心及其本质。马基雅维里在《君主论》中，首次提出国家间关系“自然状态”的论点，他认为“谁是促使他人强大的原因，谁就自取灭亡”[③]，因而国际社会不同于国内社会。人性是恶的，君主为了确保国家的生存，可以不择手段。霍布斯在《利维坦》中把“自然状态论”和“权力论”结合成一种完整的理论。他认为“自然状态中的国际关系是一种所有人反对所有人的战争状态。国际关系是一个每个国家都在其中依据零和博弈规则反对所有国家的竞技场”[④] “国家间关系和国王间关系处于‘纯粹的自然状

---

① ［古希腊］修昔底德著，谢德风译：《伯罗奔尼撒战争史》，北京：商务印书馆1985年版，第414页。

② ［古希腊］修昔底德著，谢德风译：《伯罗奔尼撒战争史》，北京：商务印书馆1985年版，第277页。

③ ［意］尼科洛·马基雅维里著，潘汉典译：《君主论》，北京：商务印书馆1985年版，第17页。

④ ［美］熊玠著，余逊达、张铁军译：《无政府状态与世界秩序》，杭州：浙江人民出版社2001年版，第214页。

态’中……即国际政治尤其表现出国家追求权力是一个普遍而持久的倾向”[①]。作为现实主义的集大成者，汉斯·摩根索在他1948年出版的《国家间政治：争取权力与和平的斗争》中，系统地提出了国际政治就是权力之争，国家利益只有通过权力才能得以实现，并首次提出以“权力界定利益论”为核心的“政治现实主义六项原则”[②]，把权力升华为现实主义理论的核心范式。显然，无论是马基雅维里的“君主论”、霍布斯的“自然状态论”，还是汉斯·摩根索的“权力界定利益论”，实际上都表达了西方文明对“权力”的崇拜。也正是在此意义上，成中英认为“西方历史，尤其是16世纪以来的西方历史，处处是血迹斑斑的征服战争，完全是一部赤裸裸的权力意志冲动肆虐的写照”。西方的文化“是以权力和意志为动力、以宰制和驾驭为目标的文化，也就是以维护冲突、制造冲突或发现冲突为文化的主旨”[③]。

在“权力”崇拜意识的影响下，战争在西方文明的发展中也具有了一种天然的“合理性”，成为西方文明维护和拓展自身利益边界最有效和最常用的手段。马基雅维里认为：“与人争雄，世间有两种方法：一种用法律，另一种凭暴力……不过第一种方法会时常觉得不足的，必须借助于第二种。”“绝不能为了避免战争而犯下错误，因为战争是不可避免的。一味拖延只会将自己置身于不利之地。”[④] 德国军事战略思想家克劳塞维茨则强调战争是维护和拓展利益的唯一有效方式，他认为，利益的冲突是人类的本性使然；因而“战争是人的社会存在的一部分。战争是重大利益之间的冲突，它在流血中获得解决——这是唯一有效的方式”。“加入血腥的杀戮是一种可怕的情景，人们就应当为此而更加恭敬地对待战争，而不应当为此而允许仁慈之情削弱我们的斗志，使手中的兵器日益钝锈。”[⑤] 克劳塞维

---

① ［美］肯尼思·W. 汤普森著，谢峰译：《国际思想之父：政治理论的遗产》，北京：北京大学出版社2003年版，第93页。

② ［美］汉斯·摩根索著，徐昕、郝望、李保平译：《国家间政治：权力斗争与和平》（第七版），北京：北京大学出版社2006年版，第28～42页。

③ ［美］成中英：《西方文化对中国文化之需要》，《新华文摘》，2005年第3期。

④ ［意］尼科洛·马基雅维里著，惠泉译：《君主论》，海口：海南出版社2001年版，第100、23页。

⑤ 转引自王逸舟：《西方国际政治学：理论与历史》，上海：上海人民出版社2006年版，第41页。

茨因此被一些国际政治学者视为“好战主义派别”的代表人物之一。

类似鼓吹战争价值、赞扬军事力量、强调实力地位的“好战主义”思想，在欧洲18世纪末法国大革命以后，尤其是拿破仑军事胜利后的很长一段时期，还有一些思想家、战略家和哲学家作过相关论述，比较有名的如黑格尔、俾斯麦以及尼采等。在黑格尔看来，“通过战争，各国民族的伦理健康就由于他们打破各种有限规定的凝固而得到保持，这好比风的吹动防止水腐臭一样；持续的平静会使湖水发生相反的结果，正如持续的甚至是永久和平会使民族堕落”①。鼓吹权力意志的尼采则直言：“生活本身本质上就是侵占，就是侵犯，就是对外人和弱者的征服，就是弹压，就是严酷，就是强人从我，就是兼并他人，而往最轻处说，最缓和处说，也是剥削。”所以，尼采劝诫人们：“不要工作，要去作战”，“不要和平，而要胜利”，“因为只有战争才能将一切事业变得神圣”。② 对于尼采的观念，斯宾格勒在其名著《西方的没落》评价道：“他的种种观念，诸如：腐化轮回、军国主义、价值转换、权力意志，皆深植于西方文明的本质之中，且对于分析西方文明，有着决定性的重要意义。”③ 这句话道破了西方文明观的本质。尽管主权平等是源于近代西方的政治理念，康德从普遍道德和世界律令的准则以及民族群体间的平等、和睦出发，反对大多数甚至是一切形式的殖民半殖民入侵和征服，然而在西方的国际政治实践中，平等只是强者之间的平等，而弱国特别是西方之外的国家与民族，根本不配谈平等。正是因为如此，康德式的和平主义思想，在西方文明发展史中，也就不可能占据主导地位，因为它并不符合西方文明的“本质”。相反，克劳塞维茨、尼采的“好战主义”才是西方文明观的主流。也正是因为如此，西方的文明观才发展成一种为西方发动战争、对外无情掠夺进行辩护的帝国主义价值观。

---

① ［德］黑格尔著，范扬、张企泰译：《法哲学原理》，北京：商务印书馆1961年版，第340～341页。

② ［德］弗里德里希·尼采著，黄明嘉译：《查拉图斯特拉如是说》，桂林：漓江出版社2000年版，第44页。

③ ［德］奥·斯宾格勒著，陈晓林译：《西方的没落》，哈尔滨：黑龙江教育出版社1988年版，第22页。

三、普遍的价值冲突：西方文明观的实践困境

对于西方文明而言，价值理性的缺失所产生的影响是复杂的。一方面，它使西方文明的发展不会像中华文明那样背负着沉重的道德十字架前行。这也是西方文明之所以能够最早走出封建主义泥沼、进行工业革命的重要原因；另一方面，价值理性的缺失，打破了工具理性和价值理性的平衡，使西方文明观缺乏最基本的道义意识。“强权即正义”成为被西方社会普遍认可的生存法则，战争和暴力被认为是最有效的利益工具。无节制的对外扩张和无原则的暴力运用必然带来世界范围内的价值冲突。

普遍的价值冲突首先表现在“中心”与“边缘”的冲突上。历史地看，由于受制于科学技术特别是交通技术，人类文明的发展在很长一段时期内，基本上是在相对封闭的几个系统中独立进行的。这时的世界是多中心的，历史也是属于“民族历史”的。但资产阶级的出现和科学技术的发展改变了历史发展的进程和轨迹。资产阶级凭借其先进的生产工具和交通技术，在世界各地到处扩张，进行血腥的殖民掠夺，在推动世界由民族历史向世界历史转变的过程中，也迅速改变了原来世界的“多中心”状态，使西方文明成为世界文明的“中心”。与此同时，被西方国家殖民掠夺的非西方国家则沦为“从属”的地位，成了世界的“边缘”。“它使未开化和半开化的国家从属于文明的国家，使农民的民族从属于资产阶级的民族，使东方从属于西方。”① 在全球化的早期，由于“中心”国家所展现出来的先进性和吸引力，“中心”与“边缘”在一定程度上表现出一致的价值倾向。但随着卷入冲突的国家、民族的增多和民族自觉性的增强，人们越来越意识到一种不平等的存在，从而使价值一致转化为价值差异，由价值认同进入普遍的价值冲突阶段。“由于资本主义世界体系本质上要使积累的资本包括人力资本（赢利率高于未经训练的劳动力）获得报偿，这些职能性技能在地理上的不均衡分布必然具有某种很强的自我维持之势。市场的力量更多的是强化而不是削弱这些不平衡。而且，在世界经济体中缺

---

① 《马克思恩格斯选集》第1卷，北京：人民出版社1995年版，第277页。

乏一个中央政治机构就很难给受益不均强行加进一些反作用力。”① 伴随着全球化的发展，西方国家在世界体系中的“中心”地位不仅没有被弱化，反而更加稳固，而非西方国家则更被“边缘化”，西方和非西方之间的“落差”也越来越大。萨米尔·阿明曾经说过：“资本主义的全球化的后果是两极分化，全球范围内的不公正。……资本主义的全球化就是创造了一个第三世界的全球化。”② 联合国《人类发展报告》也承认：“迄今为止的全球化是不平衡的，它加深了穷国与富国、穷人与富人的鸿沟。”③

特别值得注意的是，当下发达国家与发展中国家的贫富差距已不完全由传统意义上的剥削与被剥削产生，大规模金融资本的全球流动很容易使得发展中国家辛苦积累的财富一夜间化为乌有。乔治·索罗斯认为：“国际资本游动很容易出现中断，结果是边缘地区比中心地区更难以留住资本。边缘国家的资本家大都倾向于将自己的资本转移到国外积累，有时资本输出超过资本输入、这种不平等会积累起来，对作为全球资本主义体系成员的边缘国家变得弊大于利。”④ 因此，如果说在 20 世纪以前，西方资本主义与资产阶级所面对的主要是本国无产阶级，那么，在当下及未来可预期的全球化背景下，西方统治集团将面临越来越多边缘国家充满敌对意识的反抗。而一旦边缘国家的反抗力超越中心国家的控制力时，中心也将遭到解体。因此，“这个世纪的外部地区常会变成下一个世纪的边缘地区——或半边缘地区。另一个中心国家也会变成半边缘国家，半边缘国家变成边缘国家”⑤。

普遍价值冲突突出表现在西方国家与非西方国家在文化价值观念的冲突上。从本质上讲，不同的文化产生于特定的历史现实和不同的群体中，不可避免地体现为不同的特色和取向，从而在交流和开放的过程中也必然

---

① ［美］伊曼纽尔·沃勒斯坦著，尤来寅等译：《现代世界体系》第 1 卷，北京：高等教育出版社 1998 年版，第 464 页。

② 王逸舟：《全球化背景下的第三世界——萨米尔·阿明访谈录》，《世界经济与政治》，2001 年第 2 期。

③ 转引自张伯里：《经济全球化是一把双刃剑》，《人民日报》，2000 年 5 月 30 日。

④ ［美］乔治·索罗斯著，王宇译：《开放社会：改革全球资本主义》，北京：商务印书馆 2001 年版，第 186 页。

⑤ ［美］伊曼纽尔·沃勒斯坦著，王宇译：《现代世界体系》第 1 卷，北京：高等教育出版社 1998 年版，第 464 页。

会产生误解、分歧、矛盾和冲突。不同文化基于自身的特点和发展的需要，以开放的姿态形成和促进彼此的沟通、了解和融合，同时也会导致不同文化形态和观念的较量、矛盾和冲突。文化价值的冲突主要分为两种形式：一种是空间维度上的“内与外”冲突；一种是时间维度上的“前与后”冲突。

就空间维度而言，文化价值的冲突表现在全球文化与本土文化之间的冲突。随着现代工业文明的成长，一种新的全球化——文化全球化正在逼近，其突出特点就是使不同的文化脉系相互理解、交流甚至融合，形成一种人类的共同文化。但在其背后，也潜存着各民族不同文化传统之间的对立与冲突，如“文化殖民主义”“文化帝国主义”“文化趋同论”就是明证。与军事征服相比，文化同化的侵略性更具深远影响力。因经济实力的强弱分野，文化领域也出现了强势文化与弱势文化之别。正是这种强弱之分使西方国家在文化的交流和传播中始终能够掌握文化的话语权。美国人对此毫不忌讳地称道：“美国流行文化的传播是长久以来人们为实现统一而作出的一连串努力中最近的一次行动。它代替了罗马帝国和基督教徒们推行的拉丁语以及（共产党政府推行的）马克思主义。”① 民族认同是立国之根本，对民族文化的坚持和自信是民族认同的基础。西方国家的文化扩张和文化控制，动摇了非西方民族国家的存在之根，必然会引起强烈的反抗和反击。

就时间维度而言，文化的价值冲突主要体现为前后相继的文明间的矛盾关系。亨廷顿的“文明冲突论”使我们看到了当今世界不同文明之间在价值观念上的不同和冲突。与亨廷顿从共时态分析文明冲突不同，托夫勒从历时态的角度分析了文明的冲突。他认为：“我们现在面临的冲突，绝不是像亨廷顿所宣称的那样，是伊斯兰和西方文明之间的冲突，或者是非西方世界反对西方的冲突。……所有最深刻的经济和战略变化，来源于我们的文明已分化成三个独特的、不同的和潜在的冲突的文明，而这种现象是不能用寻常定义来表达的。”② 这三种文明便是农业文明、工业文明与正

---

① 李慎明：《全球化与第三世界》，《中国社会科学》，2000 年第 3 期。

② ［美］阿尔温·托夫勒、海蒂·托夫勒著，陈峰译：《创造一个新的文明》，上海：上海三联书店 1996 年版，第 19 页。

在到来的后工业文明。按照托夫勒的分析，工业文明与后工业文明之间的冲突占据主导地位，二者之间的冲突从根本上说也是两种价值的冲突，它“反映了两种完全不同的文明截然不同的需要”①。在全球化进程中，西方国家已经实现了工业文明的建构，并正在走向后工业文明。当西方国家以成熟的工业文明或后工业文明标准要求尚处在从农业文明迈向工业文明的发展中国家时，或者当西方国家以自己的发展模式作为普遍的发展模式去衡量和要求后发展国家时，矛盾和冲突将不可避免地发生。

普遍的价值冲突集中表现在社会主义与资本主义之间的意识形态冲突上。意识形态的冲突是制度化与普遍化了的价值观念体系的碰撞，它是价值冲突的一种集中体现，而一旦形成，又会固化人们以往的价值冲突。以资本主义“颠覆者”身份出现的社会主义，自其产生之日起就引起了资本主义世界的恐慌，成为资本主义所要“围剿”和“扼杀”的首要对象。当19世纪马克思主义刚刚诞生时，“旧欧洲的一切势力”就把共产主义视为“幽灵”。对此，马克思、恩格斯作了形象的描述：“一个幽灵，共产主义的幽灵，在欧洲游荡。为了对这个幽灵进行神圣的围剿，旧欧洲的一切势力，教皇和沙皇、梅特捏和基佐、法国的激进派和德国的警察，都联合起来了。”② 从1848年革命到巴黎公社革命的失败，从十月革命到一系列社会主义国家的建立，西方资本主义国家“像防止瘟疫一样”③ 限制共产主义的发展和壮大，不断掀起“反共主义”的狂潮。“遏制”战略、“解放”战略以及“和平演变”战略等，都是资本主义和社会主义意识形态领域斗争的表现。

20世纪80年代末90年代初，美苏挑起的冷战随着苏联的解体而宣告结束。有关社会主义“历史终结”、共产主义“大失败”的言论甚嚣尘上。罗伯特·海尔布伦断言：“资本主义与社会主义两种体制的竞争，在其正式开始后不到75年的时间内已经结束，资本主义获得了最终胜利。”④ 弗

---

① ［美］阿尔温·托夫勒、海蒂·托夫勒著，陈峰译：《创造一个新的文明》，上海：上海三联书店1996年版，第19页。

② 《马克思恩格斯选集》第1卷，北京：人民出版社1995年版，第271页。

③ 《列宁全集》第35卷，北京：人民出版社1985年版，第102页。

④ Robert Heibroner. *Reflections*: *The Triumph of Capitalism.* New York: The NewYorker, 1989, p. 213.

朗西斯·福山则认为："自由民主制度也许是'人类意识形态发展的终点'和'人类最后一种统治形式'，并因此成为'历史的终结'。"① 而亨廷顿则宣扬，随着苏联的解体，意识形态的冲突将被文明的冲突所取代。但事实远非如此，一些资本主义国家固守冷战思维，没有放弃"西化"和"分化"社会主义的政治图谋。只要资本主义存在，社会主义运动就不会完结，两者之间的意识形态冲突就不会终结，甚至有时会出现白热化。只是随着冷战的结束和全球化的发展，两种意识形态的冲突表现出了新的形式和内容。如果说冷战时期两者之间的冲突是一种整体性、结构性冲突，那么现在两者之间的冲突则是局部性和功能性冲突，即从冷战时期的尖锐对立转向以"和平斗争"的方式进行。而这恰恰是社会主义国家更应该注意的。

第三节　非世界历史性：对传统社会主义文明观的历史反思

传统社会主义，一般是指苏联在斯大林领导时期形成和发展起来的，以完全的公有制、高度集中的计划经济和严格的行政命令制为特点的社会主义模式。虽然斯大林以后的历届苏联领导人都对斯大林模式进行了调整甚至批判，但历史地看，直至苏联解体，斯大林模式仍然是传统社会主义模式的基础和核心。与此同时，斯大林模式以其强大的吸附和示范效应，成为包括中国在内的绝大多数社会主义国家纷纷效仿和学习的对象。虽然其他社会主义国家在自身的建设中或多或少地发现斯大林模式的弊端并进行了改革和修正，但大都没有突破斯大林模式的影响和束缚。所以，研究传统社会主义文明观，即斯大林时期社会主义所形成的文明观，占有非常重要的地位。

---

① ［美］弗朗西斯·福山著，黄胜强、许铭原译：《历史的终结和最后的人》，北京：中国社会科学出版社 2003 年版，第 1 页。

一、遏制性环境与传统社会主义文明观的形成

自从马克思主义诞生以来，特别是社会主义作为新社会制度出现以后，资本主义就把社会主义视为“洪水猛兽”，不断对社会主义国家进行“围剿”和攻击。十月革命后，苏俄的建设和发展始终面临着恶劣国际环境的影响。1917 年 11 月 30 日，英法等协约国在巴黎召开会议专门讨论如何对待苏维埃俄国问题。1918 年 2 月，美国驻俄大使弗兰西斯在给美国政府的一份报告中，认为苏维埃俄国正面临重重困难，西方国家应当利用这一机会进行武装干涉。第一次世界大战结束以后，西方资本主义国家对苏维埃俄国的武装干涉进入高潮。时任英国陆军大臣的丘吉尔将布尔什维克党描绘成“很快就会把俄国拖回到动物形态的野蛮时期”的“残暴的大猩猩”，为了推行扼杀苏维埃俄国的方针，甚至提出保留德国军队以便“将布尔什维克掐死在摇篮里”。[①] 后来，西方国家出于自身利益考虑先后承认了苏联并且在一定程度上开展经贸往来，但是，它们并没有也不可能消除对苏联的敌视。它们想方设法在政治上孤立、经济上封锁、军事上消灭苏联。1925 年 2 月，英国外交大臣张伯伦在一个秘密报告中提出了英国的欧洲政策，主张建立一个包括德国的反对苏联的统一战线和欧洲安全体系。他认为，第一次世界大战之后，欧洲出现了战胜国、战败国和俄国三类国家。安全问题在前两类国家之间是可以解决的，在这两类国家与俄国之间却是不可能解决的，因为俄国是欧洲的不稳定因素，欧洲正是因为俄国才变得不安全起来。[②] 1927 年 6 月，英国发起美、法、德、意、日六国外长会议，提出“和共产国际作斗争”的口号。于是在 1927 年 12 月的党的第 15 次代表大会政治报告中，斯大林指出，资本主义国家孤立苏联、包围苏联，并且准备条件来进行一场对付苏联的战争，是目前形势的基本因素之一。可以说，十月革命胜利后，战争的阴影一直笼罩着苏联的每个角落。

---

① ［苏联］B. 特鲁汉诺夫著，张德广、杨家荣等译：《丘吉尔的一生》，北京：北京出版社 1982 年版，第 174 ~ 176 页。

② ［苏联］基里林主编，刑书纲等译：《国际关系和苏联对外政策（1917—1945）》，北京：中国社会科学出版社 1990 年版，第 143 ~ 145 页。

“二战”期间，为了共同抗击法西斯，美、英主动与苏联结成联盟，然而，随着第二次世界大战的结束和战后一批社会主义国家的成立，美、英出于自身国际战略利益考虑和社会制度、意识形态之争，又把防范和削弱以苏联为首的社会主义国家放在首位。1946 年 3 月，已经下野的英国前首相丘吉尔在富尔敦发表了著名的《和平砥柱》演说，他呼吁英美两国结成同盟，运用各种力量和手段，对付以苏联为代表的共产主义“对基督教文明的日益严重的挑衅和威胁”①。1947 年 3 月 12 日，杜鲁门在国会两院联席会议上发表了国情咨文，其中的观点后来被称为“杜鲁门主义”，吹响了全面“冷战”的号角。1947 年 6 月，美国国务卿马歇尔正式抛出“复兴欧洲”计划。“马歇尔对欧洲的经济援助计划是美国遏制政策的经济上的手段，其主要功能是配合杜鲁门主义全方位地抵御苏联和共产主义。”②美国在加强经济渗透的同时，还积极谋求政治和军事上的遏制。1949 年 4 月，美、加、英、法、意等 12 国外长在华盛顿签署《北大西洋公约》，从而形成以遏制苏联和共产主义运动为目的的军事集团。

面对西方资本主义集团咄咄逼人的反共浪潮，斯大林改变了他曾经希望同资本主义“和平与合作”的看法。他认为丘吉尔的富尔敦演说和美国一些鼓吹“冷战”的人是“新战争的挑拨者”③，因而在战争乌云密布的情况下，主张各国人民的斗争任务就是揭露他们，保卫世界和平。随着“冷战”进一步发展和社会主义阵营的不断巩固，斯大林更加强调帝国主义战争的不可避免性和两种制度对立与斗争的不可调和性。在“对立与斗争”思想的指导下，苏联采取了针锋相对的措施：在政治上，支持各国社会主义革命和民族解放运动，并推动东欧社会主义国家建立由共产党绝对领导的政府；经济上，否定了两种制度国家发展经贸关系的必要性，基本上中断了同西方国家的经济联系，同时通过加强社会主义国家内部的经济贸易往来，力求苏联和东欧经济的一体化；军事上，通过签订《华沙条约》，增加在东欧国家的驻军，以遏制西方集团的军事威胁；文化上，动

① 法学教材编辑部《国际关系史资料选编》编选组：《国际关系史资料选编》（下册），武汉：武汉大学出版社 1983 年版，第 85 页。

② 黄宗良、孔寒冰：《社会主义与资本主义的关系：理论、历史和评价》，北京：北京大学出版社 2002 年版，第 188 页。

③ 《斯大林文选》，北京：人民出版社 1962 年版，第 479 页。

用各种舆论工具，对资本主义文化加以批判和拒绝。在此基础上，苏联领导的社会主义阵营同以美国为首的资本主义阵营展开了全方位的对抗。

二、非世界历史性：传统社会主义文明观的缺陷

非世界历史性是相对于世界历史性而言的。在马克思、恩格斯的视野中，世界历史时代的社会主义应该是世界历史性事业，只有世界历史性社会主义才是科学社会主义。“无产阶级只有在世界历史意义上才能存在，就像它的事业——共产主义一般只有作为‘世界历史性的’存在才有可能实现一样。”① 而作为世界历史性的事业是建立在生产力和世界交往这两个“普遍发展”的物质基础之上的，“交往的任何扩大都会消灭地域性的共产主义。共产主义只有作为占统治地位的各民族‘立即’同时发生的行动才可能是经验的，而这是以生产力的普遍发展和与此有关的世界交往的普遍发展为前提的。”② “建立共产主义实质上具有经济的性质，这就是为这种联合创造各种物质条件，把现存的条件变成联合的条件。”③ 所以，从实践的角度看，社会主义的世界历史性强调的是社会主义建设应建立在世界性普遍联系和交往的基础之上，而任何拒绝普遍联系和普遍交往的理念，试图在孤立、封闭状态下建设社会主义的观念都不符合世界历史发展的基本规律，是非世界历史性的。

传统社会主义文明观的非世界历史性集中体现在传统社会主义的封闭性上。十月革命胜利之后，如何在一个经济文化比较落后的社会里建设社会主义的问题摆在布尔什维克党的面前。深谙苏联国情的列宁，反复强调要在经济文化比较落后的苏联建设社会主义，就必须加强与其他资本主义国家的联系和交往，“社会主义共和国不同世界发生联系是不能生存下去的，在目前情况下应当把自己的生存同资本主义的关系联系起来”④。列宁的判断是科学的，既符合当时苏联的具体国情，也符合世界历史发展的基

① 《马克思恩格斯全集》第 3 卷，北京：人民出版社 1960 年版，第 39 页。
② 《马克思恩格斯全集》第 3 卷，北京：人民出版社 1960 年版，第 39 页。
③ 《马克思恩格斯选集》第 1 卷，北京：人民出版社 1995 年版，第 122 页。
④ 《列宁全集》第 41 卷，北京：人民出版社 1986 年版，第 167 页。

本要求。斯大林在领导社会主义的最初过程中，接受了马克思、恩格斯特别是列宁关于社会主义与资本主义关系的基本观念，并以此来指导苏联建设的实践，也取得了巨大成效。但是20世纪20年代以后，为了与资本主义竞争，斯大林逐渐抛弃了列宁的正确思想，提出了建立社会主义世界体系的论断。斯大林在1927年接见美国一个工人代表团时指出："在国际革命进一步发展的过程中将形成两个世界规模的中心：一个是把那些趋向于社会主义的国家集结在自己周围的社会主义中心，一个是把那些趋向于资本主义的国家集结在自己周围的资本主义中心。这两个阵营的斗争将决定全世界资本主义和社会主义的命运。"① 第二次世界大战之后，斯大林认为"中国和欧洲各人民民主国家脱离了资本主义体系，和苏联一起形成了统一的强大的社会主义阵营，而与资本主义阵营相对立。两个对立阵营的存在所造成的经济结果，就是统一的无所不包的世界市场瓦解了，因而现在就有了两个平行的也是相互对立的世界市场。"② 在两个平行的世界市场理论的指导下，苏联一方面拒绝同西方国家建立深层次的经济联系，同时也禁止其他社会主义国家同西方国家建立联系，竭力将"社会主义世界市场"建成一个自我孤立、虚幻的封闭体系。

传统社会主义文明观的非世界历史性还体现在对自身发展认识的非历史性上。20世纪的社会主义运动主要面临两大问题：一是夺取政权；二是进行社会主义建设。这两大问题既相互联系，又有着重大区别：夺取政权是进行社会主义建设的前提；但通过革命的方式获得政权并不意味着社会主义建设的成功。尽管列宁论证了经济文化落后的一国可以首先取得无产阶级革命的胜利，但是他始终认为这个国家是不能建成完全的社会主义的，从"经济文化落后的一国社会主义革命首先胜利"到"建成社会主义"需要一个发展物质文化基础的过程。"既然建立社会主义需要有一定的文化水平……我们为什么不能首先用革命手段取得达到这个一定水平的前提，然后在工农政权和苏维埃制度的基础上赶上别国人民呢？"特别是在经济文化比较落后的苏联更不能单独建成社会主义。"我们直到今天还没有摆脱半亚洲式的不文明状态。"在这样的历史条件下，苏联是否可以

---

① 《斯大林全集》第10卷，北京：人民出版社1954年版，第118页。

② 《斯大林选集》(下卷)，北京：人民出版社1980年版，第561页。

推行共产主义呢？“不能这样做。应当从建立城乡间的交往开始，决不给自己提出农村推行共产主义这种事先定下的目标。这不但无益，反而有害。”[①] 应该说，斯大林在这一问题上的看法起初与列宁是一致的。但不久以后，斯大林就修正了自己的观点，认为“被资本家包围的无产阶级专政国家不但能够用自身的力量解决内部的矛盾，即无产阶级和农民的矛盾，而且还能够、还必须建成社会主义”[②]。斯大林的“一国建成社会主义”思想对后来社会主义的发展产生了重大的消极影响，使社会主义国家不能科学看待自身的发展现状，而陷入盲目自大的境地。斯大林在“一五”计划完成后，就宣称苏联“实现了马克思主义者又称为共产主义第一阶段或低级阶段的制度”[③]。1939 年，斯大林在联共（布）十八次代表大会上进一步认为，苏联在第三个五年计划中进入新发展阶段，即已经完成社会主义建设，并进入“从社会主义逐步过渡到共产主义阶段”。第二次世界大战的胜利和战后社会主义阵营的出现等一系列因素，使斯大林进一步觉得苏联的社会主义已经在文明方面完全超过了资本主义，而资本主义的危机却在不断加深，崩溃在即。[④] 客观地说，产生于特定历史时代的“一国建成社会主义”思想具有一定的合理性，它在一定程度上鼓舞了苏联人民建设社会主义的信心和热情。但其缺陷也是明显的，“把现实社会主义与理想社会主义相混淆，误解了理想社会主义是世界历史性社会主义的本质内涵”[⑤]，在理论上，违背了马克思和恩格斯提出的、列宁加以继承的社会主义是世界历史性事业的本来含义，导致人们对“一国建成社会主义”的错误认识；在实践上，对经济文化相对落后国家建设社会主义的长期性、复杂性、艰巨性认识不足，过高估计社会发展程度，导致人们在社会主义建设中盲目乐观，急于求成，提出现阶段无法实现的任务。

---

① 《列宁选集》第 4 卷，北京：人民出版社 1995 年版，第 763 ~ 765 页。

② 《斯大林选集》（上卷），北京：人民出版社 1979 年版，第 339 页。

③ 《斯大林选集》（下卷），北京：人民出版社 1980 年版，第 399 页。

④ 参见斯大林：《苏联社会主义经济问题》第 5、6 节，《斯大林文集》（下卷），北京：人民出版社 1979 年版。

⑤ 张爱武：《世界历史性社会主义研究》，北京：社会科学文献出版社 2005 年版，第 236 ~ 237 页。

三、机遇的丢失：传统社会主义文明观的消极影响

客观地讲，传统社会主义文明观是特定历史时代的产物，其产生和发展具有一定的历史合理性，在社会主义建设实践中也发挥了一定的作用。但社会主义社会“不是一种一成不变的东西”，而是一个“经常改革和变化的社会”。20 世纪 50 年代以后，国际局势出现了有利于社会主义国家加快生产力发展的环境，苏东国家本应实行改革，同时扩大开放，吸收世界先进的科学技术和管理经验。但苏东国家非但未能抓住机遇，反而在 30 多年中不断强化特定历史时期形成的文明观，这对社会主义的发展产生了极大的负面影响。

第一，阻碍了传统社会主义融入世界经济体系，使社会主义与西方资本主义的经济发展水平差距逐渐拉大。第二次世界大战以后，发达资本主义国家在总结 30 年代经济大萧条历史经验的基础上，充分认识到联合起来实现对世界经济宏观管理的必要。在布雷顿森林协议的基础上，关贸总协定、国际货币基金组织和国际复兴开发银行等经济一体化国际组织先后创建。这些组织的出现规范了世界贸易，大大推动了世界贸易的发展。而世界贸易的发展，又为开放的世界性市场的形成奠定了基础。据统计，世界出口贸易总额在 1950 年为 597. 2 亿美元，1970 年上升为 2 847. 5 亿美元，1990 年则跃升为 33 320 亿美元。并且世界贸易增长速度大大超过世界生产增长速度，世界商品出口额年增长率在 20 世纪 70 年代为 5. 5%，80 年代为 4. 5%；而同期世界生产总值年均增长率分别为 3. 5% 和 3%。① 世界出口值占世界生产总值的比重越来越大。世界贸易的迅速发展不但加强了世界各国经济间的相互联系和相互依存度，而且对本国的经济发展起到了极大的推动作用。然而，在“资本主义市场体系”和“社会主义市场体系”内，国际贸易和国际投资的发展形成了巨大差距。在“资本主义世界市场”范围内，出口增长超过生产增长的速度不断提升：20 世纪 50 年代超

---

① 世界经济年鉴编辑委员会：《世界经济年鉴 1999—2000》，北京：经济科学出版社 2001 年版，第 401 页。

过 8.6%，60 年代超过 25%，70 年代则达到 29%。[①] 世界贸易的发展大大推动了资本主义经济的发展，使资本主义迎来了战后发展的黄金二十年。

相比之下，以苏联为首的社会主义阵营在利用世界市场方面则表现出明显不足，这严重制约了社会主义国家经济的发展速度和发展质量，拉大了同发达资本主义国家之间的差距。受制于“两个平行的世界市场”理论的制约，苏东社会主义国家始终将本国的贸易立足点置于“经互会”范围内。1946 年，苏联同资本主义世界的贸易占其总贸易额的比重高达 45%，1948 年减为 13%，1955 年为 15.5%，1960 年为 19%；到 20 世纪 70 年代，情况有所扭转，1970—1983 年，这一比重从 21.2% 增至 30.1%。[②] 苏东国家将对外贸易限制在“经互会”范围内，十分不利于苏东社会主义国家整个经济技术和产业结构水平的提升。同时，虽然苏东国家在成立伊始就提出了“尊重主权”“完全平等”“自愿、互利”等原则，但在实际执行中却大为变样。这突出表现在苏联的大党主义、大国主义和民族利己主义十分严重，总是利用自己的独特地位，经常将质量差的劣质工业品推销给成员国，并利用差价掠夺别国的产品和资源，并阻止成员国同资本主义国家进行贸易往来。这不仅严重制约了苏东国家经济的发展，而且极大地削弱了社会主义阵营内部的团结和统一。

第二，阻碍了社会主义改革的步伐，使传统社会主义逐渐失去了生机与活力。马克思主义认为：生产力是最活跃最革命的因素，是社会发展的最终决定力量，它始终呈现出一种向前发展的趋势。无论什么样的生产关系和上层建筑，都要随着生产力的发展而不断调整。社会生产力的发展没有止境，改革也没有止境。“二战”以后，世界发生了以原子能、电子计算机和空间技术发明与应用为标志的第三次科技革命。科技革命的迅猛发展使科学技术日益成为社会生产力发展的主导因素，它极大地改变了整个世界的社会经济面貌，从而也必然要求每一个国家对不适应生产力发展要求和落后于时代步伐的经济政治体制进行改革。引领第三次科技革命的西方资本主义国家展现了较强的自我调整能力。资本主义国家通过公共财政

---

① 宋则行、樊亢：《世界经济史》（下卷），北京：经济科学出版社 1993 年版，第 240～241 页。

② 宋则行、樊亢：《世界经济史》（下卷），北京：经济科学出版社 1993 年版，第 150～151、260 页。

政策、货币政策、社会福利政策等政策措施实现了资本主义制度的改革和完善，资本主义制度获得了自我调节、缓解矛盾、平衡各种利益的能力。依靠制度创新，资本主义在战后仍然显示出了强大的活力。而反观苏东社会主义国家，“人们对社会主义已经形成了一种形而上学的观念，认为社会主义制度一旦建立，就已经完美无缺，不可能有任何弊病，因此，也不需要有任何改革，一讲改革，就认为是背离社会主义，给社会主义抹黑，是否定社会主义的优越性”①。虽然苏东社会主义国家为了消除经济、政治体制中的弊端，尝试了不同程度的改革，力图探索和建立与本国实际相结合的社会主义模式，但由于缺乏自觉性、协调性和科学的理论指导，改革只能停留在头疼医头、脚疼医脚，浅尝辄止的水平。到 20 世纪 80 年代，苏东国家同西方国家在科技、经济领域的差距进一步拉大，社会危机重重。在这一背景下，戈尔巴乔夫在“新思维”的口号下，提出了加快以体制改革为内容的“加速战略”，却在推行“根本的经济改革”中葬送了社会主义。

第三，阻碍了社会主义对资本主义优秀文明成果的吸收，使传统社会主义发展中出现了明显的“温室效应”。自十月革命胜利以后，社会主义制度与资本主义制度之间的斗争就没有停息过，只是随着力量对比的变化，斗争的形式和内容有所不同而已。受非世界历史性文明观的影响，长期以来，传统社会主义在处理与资本主义关系的问题上，存在着一种明显的偏颇，即只看到两种制度之间的对立和斗争，而看不到两者之间相互吸收、相互借鉴和在一定条件下合作的可能性，把资本主义社会里的一切文明成果都看成是姓“资”的，看成是同社会主义不相容的“糟粕”。这样认识的直接后果，是使经济文化相对落后的社会主义国家无法吸收发达资本主义已有的生产力成果，将本来属于人类共有的文明成果赋予资本主义性质而加以排斥。比如市场经济问题，苏联经济体制和经济运行的病根子，就是始终未能处理好市场和计划的关系，机械地把社会主义等同于计划经济，把市场经济等同于资本主义。虽然苏联对市场与计划关系的认识几起几落，但一个不争的事实是，直到 20 世纪 80 年代初，苏联有 95% 左

---

① 中国人民大学马列主义发展史研究所：《马克思主义史》第 4 卷，北京：人民出版社 1996 年版，第 106 页。

右的物资仍由国家统拨，这就大大限制了社会主义建设的生机与活力。在文化领域，苏联动用各种舆论工具，对资本主义思想文化，无论是精华还是糟粕，一概地加以拒绝和批判。由于同外界的隔绝，苏东国家很难了解西方资本主义的新科技革命和思想革命对社会生产力的巨大推动作用，使苏东社会主义的发展出现了明显的“温室效应”。而闭关自守的条件一旦不存在了，随之而来的必然是社会解体的过程，其情形就如温室内的鲜花一旦遭遇冰霜就会枯萎一样。随着戈尔巴乔夫进行的所谓“公开化”“自由化”改革的实施，随着“西风欧雨”来袭，长期处于封闭、与世隔绝中的苏东社会主义立即呈现出瓦解之势。

第四章　文明和谐何以可能之三：思想的延续

文明和谐理念，“同任何新的学说一样，必须首先从已有的思想材料出发”①。马克思、恩格斯、列宁等马克思主义经典作家在对世界文明性质及其未来走向问题的思考过程中，提出了内涵丰富、意义深远的文明和谐发展思想，这些思想构成了文明和谐理念的理论基础。源远流长、博大精深的中国传统和合文化构成了世界文明和谐发展理念的文化本原。万物和谐、世界和谐也是西方文明客观存在的文化追求和秩序追求，西方文化中的文明和谐思想是文明和谐理念形成的有益借鉴。

第一节　马克思主义的文明和谐思想

马克思、恩格斯、列宁等马克思主义经典作家在对世界文明性质及其未来走向问题的思考过程中，提出了内涵丰富、意义深远的文明和谐思想，这些思想构成了文明和谐理念的理论基础。

一、马克思、恩格斯的文明和谐思想

马克思和恩格斯毕生致力于立足国际社会的大背景、世界历史的大框架来构建他们的理论体系和指导无产阶级的革命事业，所以他们的学说中有不少内容直接涉及“世界文明”的内容。

第一，揭示“世界历史”的实质，强调交往是世界文明发展的重要推动力。马克思曾经指出：“各民族的原始封闭状态由于日益完善的生产方式、交往以及因交往而自然形成的不同民族之间的分工消灭得越是彻底，

---

① 《马克思恩格斯选集》第3卷，北京：人民出版社1995年版，第719页。

历史也就越是成为世界历史。”[①] 马克思的这段话表明，所谓的“世界历史”实质就是在经济、政治条件下超越地域和国家民族界限而建立起来的普遍联系。如果说，在传统社会，一个民族的发展主要是本民族自己经验与创造成果的缓慢积累，那么，在进入世界历史的条件下，民族的发展就不仅仅是一个民族内部的纵向积累，同时也是一个由不同民族间普遍交往而形成的横向积累。“各民族之间的相互关系取决于每一个民族的生产力、分工和内部交往的发展程度。这个原理是公认的。然而不仅一个民族与其他民族的关系，而且这个民族本身的整个内部结构也取决于自己的生产以及自己内部和外部的交往的发展程度。”[②]

文明横向积累的重要意义不仅仅在于为民族文明的发展开辟了一条新的渠道，更在于使民族文明的积累有可能实现跳跃式的发展。马克思曾经指出：“在历史发展的最初阶段，每天都在重新发明，而且每个地域都是独立进行的。”[③] 在这样的历史条件下，发明随时都有失传的危险。因此，“某一地域创造出来的生产力，特别是发明，在往后的发展中是否会失传，完全取决于交往扩展的情况。当交往只限于毗邻地区的时候，每一种发明在每一个地域都必须单另进行……只有当交往成为世界交往并且以大工业为基础的时候，只有当一切民族都卷入竞争斗争的时候，保持自己创造出来的生产力才有了保障”[④]。事实正是这样：封闭的文明发展带来的是文明创造的重复性，而多元文明并存下的普遍交往则打破了这种重复性。各民族分享相同的社会经历，获得共同的社会信息，彼此的民族成员相互交往、通婚，这一切都使得原有的民族基础发生了巨大的变化。“各民族的精神产品成了公共的财产。民族的片面性和局限性日益成为不可能，于是由许多种民族的和地方的文学形成了一种世界的文学。”[⑤] 落后文明通过与先进文明的交流，可以与先进文明共享最新成果，避免了“一切从头开始”、重复劳动时间的消耗以及失败的消极后果，从而能以人类已经取得的文明成果为其发展起点，不断创造更新的东西，实现自身的“跨越式”

---

① 《马克思恩格斯选集》第 1 卷，北京：人民出版社 1995 年版，第 88 页。
② 《马克思恩格斯选集》第 1 卷，北京：人民出版社 1995 年版，第 68 页。
③ 《马克思恩格斯选集》第 1 卷，北京：人民出版社 1995 年版，第 107 ~ 108 页。
④ 《马克思恩格斯选集》第 1 卷，北京：人民出版社 1995 年版，第 108 页。
⑤ 《马克思恩格斯选集》第 1 卷，北京：人民出版社 1995 年版，第 276 页。

发展。

第二，严厉谴责西方文明的侵略行径，主张不同文明之间应相互尊重。马克思高度重视各种文明之间的交往，但他坚决反对一种文明对另一种文明采取侵略、敌视、干预等不友好的态度和行为。率先走出封建泥沼的西方文明，在资本的推动下，开始了大规模的海外殖民活动。对于世界历史形成和发展过程中西方国家资本扩张、殖民侵略所造成的各种罪恶，马克思、恩格斯进行了深刻的揭露和无情的批判。在《资本论》的第一章中，马克思认为，荷兰——这个 17 世纪“标准的资本主义国家”——经营殖民地的历史，“展示出一幅背信弃义、贿赂和卑鄙的绝妙图画”；无论是在印度、墨西哥还是在东印度，正是那些新英格兰的清教徒们，通过立法会议的形式确定每剥一张土著居民的头盖皮的价格，甚至英国议会曾宣布“杀戮和剥头盖皮是‘上帝和自然赋予它的手段’”；18 世纪，英国和法国都从经营奴隶贸易中获取丰厚的财富；19 世纪后叶，整个西方世界则联合起来对人类最古老的文明之一——中华文明开展了疯狂的掠夺。“当我们把目光从资产阶级文明的故乡转向殖民地的时候，资产阶级文明的极端伪善和它的野蛮本性就赤裸裸地呈现在我们面前，它在故乡还装出一副体面的样子，而在殖民地它就丝毫不加掩饰了。”① 马克思的这段论述，正是针对西方文明在全球扩张中的野蛮行径提出的。马克思认为，那些还处在前资本主义历史阶段，还在“较低级形式上从事生产的民族，一旦卷入资本主义生产方式所统治的世界市场，而这个市场又使它们的产品的外销成为首要利益，那就会在奴隶制、农奴制等野蛮灾祸之上，再加上一层过度劳动的文明灾祸”②。马克思同时认为，西方的入侵最终是不会有好结果的。“在我们这个时代，每一种事物好像都包含有自己的反面”；“我们不会认错那个经常在这一切矛盾中出现的狡猾的精灵。”③ “随着大工业的发展，资产阶级借以生产和占有产品的基础本身，也就从它的脚底下抽掉了。它首先生产的是它自身的掘墓人。”④ 从马克思的这些论述中，我们不难看出：各个民族的文明都有自己存在和发展的理由，任何民族不管多么

① 《马克思恩格斯选集》第 1 卷，北京：人民出版社 1995 年版，第 772 页。
② 马克思：《资本论》第 1 卷，北京：人民出版社 1975 年版，第 264 页。
③ 《马克思恩格斯全集》第 12 卷，北京：人民出版社 1962 年版，第 4 页。
④ 《马克思恩格斯全集》第 4 卷，北京：人民出版社 1958 年版，第 479 页。

强大，都应该与其他民族友好相处，尊重对方的文明。

第三，深刻批判“欧洲中心论”，强调不同文明应选择自己的发展道路。所谓欧洲中心论，就是一种宣称欧洲国家在现代社会的起源、发展历程以及由此形成的社会制度、人文理念、生活方式等方面都优于非欧洲国家的理论。欧洲中心论是伴随着欧洲资本主义经济、科学文化的繁荣昌盛与资产阶级统治地位的巩固而产生的。欧洲中心论在本质上代表和反映了资产阶级狭隘的民族主义和地域主义，特点是将西方资产阶级的利益扩大为全人类的利益，将资本主义的发展道路视为具有普遍意义的发展模式，将资本主义的发展当作人类历史的最终结果。作为资本主义最坚定的批判者，马克思站在世界历史发展的高度，对欧洲中心论进行了深刻的批判。马克思认为，由于不同的文明（特别是东西方文明）都有自身存在的特殊生态环境，有着自己独特的内容和形式，因此都只能选择适合自己个性的发展道路。

马克思多次强调了东、西方社会资本主义起源的差异。西方资本主义生产方式是从奴隶制、隶农制等小私有制形式的解体过程产生的，而在“东方和斯拉夫各民族中，是从公有制的崩溃中产生的”[①]。马克思在《给〈祖国纪事〉杂志编辑部的信》（1877）、《致维·伊·查苏利奇的信》（1881）及复信草稿中，一再申明《资本论》第一卷关于资本主义生产起源的分析“明确地限于西欧各国”，问题的实质是西方资本主义生产方式起源“是把一种私有制形式变为另一种私有制形式。相反地，在俄国农民中，则是把他们的公有制变为私有制”[②]。西欧资本主义生产方式起源运动的“历史必然性”并不是一把打开所有民族资本主义起源道路的“万能钥匙”，极为相似的事情，在不同的历史环境中出现就会引起完全不同的结果。马克思明确表示，如果有人“一定要把我关于西欧资本主义起源的历史概述彻底变成一般发展道路的历史哲学理论，一切民族，不管他们所处的历史环境如何，都注定要走这条道路——以便最后都达到在保证社会劳动生产力极高度发展的同时又保证人类最全面的发展这样一种经济形态。但是我要请他原谅，他这样做，会给我过多的荣誉，同时也会给我过多的

① 《马克思恩格斯全集》第46卷（上册），北京：人民出版社1979年版，第14页。
② 《马克思恩格斯全集》第19卷，北京：人民出版社1963年版，第268～269页。

侮辱"[①]。马克思最后得出结论认为，俄国等东方类似的国家，在国内外革命发生的条件下，"可以不通过资本主义制度的卡夫丁峡谷，而把资本主义制度的一切肯定成就用到公社中来"[②]。这就在未来社会发展道路上首先冲破了资本主义的单一性格局。

二、列宁的文明和谐思想

20 世纪初，列宁领导俄国人民取得了十月革命的胜利，实现了科学社会主义由理论到实践的飞跃。列宁在正确把握世界政治经济发展趋势的基础上，从社会主义的现实状况出发，科学预见到世界历史的进程中将会出现一个"社会主义国家与资本主义国家共存的时期"，由此提出了不同社会制度国家可以和平共处的思想。

第一，从世界政治经济发展的实际出发，提出不同制度的国家应和平共处的思想。20 世纪初科学技术的发展和社会生产力的巨大进步，推动了各国经济关系的国际化。面对这样的时代背景，列宁从巩固和发展苏维埃政权的现实需要出发，创造性地提出了社会主义国家可以和不同社会制度国家和平相处的思想。列宁在 1919 年 12 月向俄共（布）第八次全国代表会议提交的《关于国际政策问题的决议草案》中，明确提出了和平共处思想："俄罗斯社会主义联邦苏维埃共和国希望同各国人民和平相处，把自己的全部力量用来进行国内建设，以便在苏维埃制度的基础上搞好生产、运输和社会管理工作。"[③] 1921 年，列宁在《关于共和国的对内和对外政策》中谈道："今后我们将用一切力量来维护和平，我们将不惜作出巨大的让步和牺牲来保住和平。"[④] 列宁认为维护和平与和平共处在当时不仅是必要的，而且是可能的。因为，占世界人口多数的一切小国都倾向于和平共处。而"任何一个强大的资本主义国家的国内情况都不允许它派军队进攻俄国"[⑤]。列宁认为，争取、巩固和平与和平共处是布尔什维克党和苏联

① 《马克思恩格斯全集》第 19 卷，北京：人民出版社 1963 年版，第 130 页。
② 《马克思恩格斯全集》第 19 卷，北京：人民出版社 1963 年版，第 436 页。
③ 《列宁全集》第 37 卷，北京：人民出版社 1986 年版，第 394 页。
④ 《列宁全集》第 42 卷，北京：人民出版社 1987 年版，第 326 页。
⑤ 《列宁全集》第 40 卷，北京：人民出版社 1986 年版，第 25 页。

政府全部外交活动的主要目的和主要内容。他还谈到在和资本主义国家和平共处时进行经济合作的必要性和可能性，“社会主义共和国不同世界发生联系是不能生存下去的，在目前情况下应当把自己的生存同资本主义关系联系起来”①。苏维埃不但不应拒绝同资本主义国家的经贸往来，还应当争取同资本主义国家建立经贸关系。“只要资本主义国家还照样存在，我们就必须同它们做生意。”②

列宁还严厉批评了那种认为“国际革命的利益不允许同帝国主义者缔结任何和约”的观点，指出：“按照这种观点，处在帝国主义列强中间的社会主义共和国，是不能缔结任何经济条约的，如果飞不到月球上去，那就无法生存。”③ 所以，苏联要生存下去，就必须设法同资本主义国家缔结经济条约，争取同它们和平共处。正是在这种思想的指导下，苏联先后同英国、德国、意大利、挪威、奥地利、丹麦、日本等国签订了双边贸易协定，从而使和平共处思想得到了初步实现。当然，列宁也看到，和平共处只是在国际帝国主义无力扼杀苏联的情况下开始的，帝国主义的本性决定了其是不愿意与苏维埃共和国长期和平共处的。因此，列宁一再告诫全党：“我们现在已经由战争转向和平，但是我们并没有忘记，战争还会死灰复燃。只要存在着资本主义和社会主义，它们就不能和平相处，最后不是这个胜利，就是那个胜利；不是为苏维埃共和国唱挽歌，就是为世界资本主义唱挽歌。”④

第二，从社会主义的实际状况出发，强调学习和利用资本主义文明成果的必要性。与先进的资本主义国家相比，苏联是一个经济文化落后的国家。在这样的国家建设社会主义，列宁认为，除了依靠全体人民的艰苦奋斗、厉行节约以外，还必须学习、利用、吸取资本主义的文明成果。一方面，要充分利用本国资本主义的一切积极成果来建设社会主义。如果“没有资本主义的文化遗产，我们建不成社会主义，除了资本主义遗留给我们的东西以外，没有任何东西可以用来建设共产主义”⑤，要进行社会主义建

① 《列宁全集》第 41 卷，北京：人民出版社 1986 年版，第 167 页。
② 《列宁全集》第 43 卷，北京：人民出版社 1987 年版，第 4 页。
③ 《列宁全集》第 33 卷，北京：人民出版社 1985 年版，第 419 页。
④ 《列宁全集》第 42 卷，北京：人民出版社 1987 年版，第 231 页。
⑤ 《列宁全集》第 36 卷，北京：人民出版社 1985 年版，第 245 页。

设，“必须充分利用科学、技术和资本主义俄国给我们留下来的一切东西”①，它包括资本主义的科学、技术、知识、艺术、专家和知识分子以及资产阶级管理现代化生产，发展商品经济、市场经济方面的知识和经验。另一方面，也要学习、利用、吸取西方资本主义的文明成果。在十月革命胜利后不久，列宁就提出了一个著名公式，即：“乐于吸取外国的好东西：苏维埃政权＋普鲁士的铁路管理秩序＋美国的技术和托拉斯组织＋美国的国民教育……＝社会主义。”② “社会主义能否实现，取决于我们把苏维埃政权和苏维埃管理组织同资本主义最新的进步的东西结合的好坏。”③

列宁还对那些自以为很革命而反对向资本主义学习的人提出了严厉批评。“要是认真听信这帮人的意见，革命早就会遭到无可挽救的（也是理所当然的）失败了。”④ 针对布哈林等“左派共产主义者”脱离俄国具体情况而空谈向社会主义过渡的错误，列宁指出：“我们俄国无产阶级在政治制度方面，在工人政权的力量方面，比不管什么英国或德国都要先进，但在组织像样的国家资本主义方面，在文明程度方面，在从物质和生产上‘实施’社会主义的准备程度方面，却比西欧最落后的国家还要落后。”⑤在这种情况下，不学习利用资本主义所达到的技术和文化成就便不能实现社会主义。所以，“只有那些懂得不向托拉斯的组织者学习就不能建立或实施社会主义的人，才配称为共产主义者”⑥。列宁还指出：“我们不能设想，除了建立在庞大的资本主义文化所获得的一切经验教训的基础上的社会主义，还有别的什么社会主义。”⑦当然，列宁在强调要加强西方资本主义国家交往必要性的同时，也对所可能带来的消极影响作了分析，“租让企业在经济上对我们有很大好处。当然，它们在建设一些工人村时，将带来资本主义习气，腐蚀农民。但是应该加以注意，应该处处用自己的共产

---

① 《列宁全集》第36卷，北京：人民出版社1985年版，第357页。
② 《列宁全集》第34卷，北京：人民出版社1985年版，第520页。
③ 《列宁全集》第34卷，北京：人民出版社1985年版，第170～171页。
④ 《列宁选集》第3卷，北京：人民出版社1995年版，第526页。
⑤ 《列宁选集》第3卷，北京：人民出版社1995年版，第531页。
⑥ 《列宁选集》第3卷，北京：人民出版社1995年版，第536页。
⑦ 《列宁全集》第34卷，北京：人民出版社1985年版，第252页。

主义影响加以抵制”①。

第三，批判资产阶级民族主义的虚伪性，倡导平等的民族关系。列宁根据世界历史和世界市场形成和发展的规律，在分析生产的社会化、世界交往的扩大化以及资本主义扩张的全球化的基础上，指出人类不同地区之间和民族之间日趋密切的关系，客观上带来了民族意识的觉醒和民族国家的独立，各个地域都将从封闭走向开放。“谁没有陷进民族主义偏见，谁就不会不把资本主义的民族同化过程看作是极其伟大的历史进步，看作是各个偏僻角落的民族保守状态的破坏，对俄国这样的落后国家来说尤其如此。”② 在这种态势下，民族平等将成为全世界无产阶级最为突出的斗争目标。列宁论述道：“发展中的资本主义在民族问题上有两种历史趋势。民族生活和民族运动的觉醒，反对一切民族压迫的斗争，民族国家的建立，这是其一。各民族彼此间各种交往的发展和日益频繁，民族隔阂的消除，资本、一般经济生活、政治、科学等国际统一秩序的形成，这是其二。这两种都是资本主义的世界性规律。第一种趋势在资本主义发展初期是占主导地位的，第二种趋势标志着资本主义已经成熟，正在向社会主义转化。马克思主义者的民族纲领考虑到这两种趋势，因而首先要维护民族平等和语言平等，不允许在这方面有任何特权……其次要维护国际主义原则，毫不妥协地反对资产阶级民族主义（哪怕是最精致的）毒害无产阶级。”③ 并进一步指出：“谁不承认和不维护民族平等，不同一切民族压迫或不平等现象作斗争，谁就不是马克思主义者，甚至也不是民主主义者。”④ 这里就存在一个如何同时完成促进民族交往、反对封闭主义与维护民族独立、反对民族压迫两大任务的问题。为此，列宁批判了借口“民族发展”或“民族文化自治”搞民族隔阂、民族压迫或民族特权等资产阶级民族主义逻辑，指出在帝国主义时代，民族分为压迫民族和被压迫民族，“每一个现代民族中，都有两个民族。每一个民族文化中，都有两种民族文化。”⑤ 一种是封建的和资本主义剥削阶级的文化，一种是以无产阶级为代表的劳动

---

① 《列宁选集》第4卷，北京：人民出版社1995年版，第329页。

② 《列宁选集》第2卷，北京：人民出版社1995年版，第342页。

③ 《列宁选集》第2卷，北京：人民出版社1995年版，第340页。

④ 《列宁选集》第2卷，北京：人民出版社1995年版，第340～341页。

⑤ 《列宁选集》第2卷，北京：人民出版社1995年版，第344页。

人民的文化。因此，“反对一切民族压迫的斗争是绝对正确的。为一切民族发展，为笼统的‘民族文化’而斗争是绝对不正确的”①。列宁还以俄罗斯为例，进一步阐明了无产阶级在民族关系问题上应坚持自由、独立自主、平等、人道的原则。“……马克思、恩格斯说过：‘压迫其他民族的民族是不能获得解放的。’所以我们满怀民族自豪感的大俄罗斯工人，希望大俄罗斯无论如何要成为一个自由的和独立自主的、民主的、共和的、足以自豪的国家，按照平等这一人道的原则，而不是按照破坏伟大民族声誉的农奴制特权的原则对待邻国。”②

第二节 中华传统和合文化

中华传统文化是具有五千年悠久历史的文化，它源远流长、博大精深，是世界文化体系中独立起源而唯一没有中断的文化。在其漫长的历史发展过程中，形成了重视和追求事物和谐的文化精髓和价值观念，崇尚和合成为国人普遍的价值取向和行为方式。20 世纪 20 年代，第一次世界大战的硝烟还没有完全消去，人们从不同的视角对这次世界大战进行了反思，也在寻找可以避免战争的路径和方法。英国著名哲学家罗素把目光投向了遥远的东方。他在《中国问题》一书中写到，中国至高无上的伦理品质中的一些东西，现代世界极为需要，在这些品质中，和气是第一位的。这种品质“若能够被全世界采纳，地球上肯定会比现在有更多的欢乐祥和”。“和”与“合”这两个普通的汉字，几千年来一直在悠久的中国文化中占据重要地位。

一、“和实生物”的宇宙观

天地万物从哪儿来？人从哪儿来？古希腊也好，中国先秦也好，哲学家都在思考这个问题，都要回答这个问题。中国的回答和西方的回答不太一样。西方从古希腊以来，巴门尼德认为“存在是一”，世界的存在就是

---

① 《列宁选集》第 2 卷，北京：人民出版社 1995 年版，第 347 页。
② 《列宁选集》第 2 卷，北京：人民出版社 1995 年版，第 451 页。

“一”，他们在追求万物背后统一性根源的时候，都寻求一个绝对的东西，不管是理念也好，或者是精神也好，或者是水、火、原子也好，都是一个“一”。自从希伯来文化和希腊文化融合以后，形成了基督教，《旧约全书》第一章就是“创世纪”，上帝从星期一到星期六创造了万物和人。西方承认有一个绝对的“一”、绝对的神来创造万物。从这个意义上讲，西方发展出来的思维，如果不听上帝的话，不认同事物统一的形而上的东西，就是错误的，即发展出二元对立思维。但是中国就不一样，中国讲“和实万物，同则不继”，中国讲天地万物从哪里来？是讲不同事物冲突融合、和合而产生万物。《国语》上讲金木水火土，尽管水火不容，但五行可以杂合起来成为万物；《周易》讲：“天地絪缊，万物化醇，男女构精，万物化生。”男女、天地是阴阳，是对立方面的融合，男女结婚，然后生出新生儿，产生万物；后来王充也讲：“天地合气，万物自生，犹夫妇合气，子自生矣。”天地万物是从不同事物、相反的事物、冲突的事物融合起来然后产生的，这就是《周易》上讲的近取诸身、远取诸物，从男女结婚之近推到万物天地。从这个意义上讲，中国的思维是多元的、融合的、开放的，而不是一元的、唯一的思维。中国思维之所以能海纳百川、有容乃大，其原因就在于此。其发展出来的思维就是和合思维，是多元的思维、开放的思维。

二、“兼相爱”的道德观

道德追求的终极是求和，道德的最终目的是要追求上下左右都比较和谐、和合。道德的核心是爱，目标是和，从这个意义上讲，中国道德当中，不管是仁义礼智信，还是廉耻、廉义或者忠孝等，都把人与人之间的关系处理得很和谐，这就是道德所达到的终极目的。比如，夫妻关系强调相敬如宾，夫妻关系是家庭关系的核心，是一切家庭关系的原点，有夫妻然后才有父子兄弟。《中庸》说：“君子之道，造端于夫妇。得其极也，察乎天地。”夫妻的道德关系是家庭道德关系的枢纽和关键。夫妻为人伦之始、风化之原，能够正确处理夫妻关系，就能处理好其他家庭关系和社会关系。夫妻交往相敬而有礼，就不难有礼地对待其他人。中国历史上有许多夫妻相敬如宾的典型，如春秋时冀缺夫妇“相待如宾”，汉代梁鸿与孟光“举案齐眉”等，相敬如宾才能带来家庭和谐。再比如，在兄弟关系上强调和睦友爱。兄弟关系是家庭中的一种重要关系，兄弟关系不像亲子关系那样有一种天然的森严等级，也不像夫妻关系那样易受到男尊女卑等观念的长期影响。传统文化认为“孝悌”为仁之本，悌就是处理兄弟关系的行为规范，它的具体内容是“兄良弟弟”。《礼记》中规定的“十义”，首为“父慈、子孝”，次即“兄良、弟弟”。“兄良”是说兄长应该爱护幼弟，“弟弟”是讲幼弟应当尊敬兄长。兄弟和睦友爱是家庭幸福的重要内容。中国传统十分强调兄弟的手足之情，褒奖兄弟间的友爱。孔融四岁让梨的故事，被人们传为千古佳话；东汉薛包在兄弟分家时，把肥沃的土地分给弟弟，自取荒芜之地，把坚实的器具分给弟弟，自取朽旧者；宋代司马光尊敬兄长，嘘寒问暖，无微不至。此类事例，正史野史比比皆是。家庭成员之间追求和睦理所应当，那么与他人、与陌生人之间应遵循什么样的道德准则呢？中国传统主导文化也给予了明确的答复，那就是要坚持“忠恕之道”的原则。所谓“忠恕之道”，就是孔子说的“己欲立而立人，己欲达而达人”“己所不欲，勿施于人”，意思是在处理人际关系时要为他人着想，像对待自己一样对待他人。这一思维模式的积极因素在历史的发展中，已积淀为中华民族与人为善、先人后己、宽人严己的优良品格。

三、“协和万邦”的天下观

“协和万邦”一词出自《尚书·尧典》，是描绘传说中的中国圣人尧的政治理想的。所谓“帝尧曰放勋，钦明文思安安，允恭克让，光被四表，格于上下。明俊德以柔九族。九族既睦，平章百姓；百姓昭明，协和万邦；黎民于变时雍”。这段话中的“俊德”即美德，“钦”指敬，“明”指明察，“恭”指谨慎，“让”指不骄，这些都是“俊德”的具体德目。“明德”的社会功能是亲睦九族、协和万邦，求得世界的普遍和谐。[①] 在这里，“明德”以求得世界的普遍和谐与和平，包括两个方面的意思：一是要求得内部的和谐与和平，即“亲睦九族”；二是要求得外部各国的和谐与和

① 陈来：《古代宗教与伦理：儒家思想的根源》，北京：人民出版社 2002 年版，第 291～292 页。

平，即“协和万邦”。

中国封建士大夫们不但有志于实现中华内部的和谐，还试图把国内社会秩序的和谐推行到整个世界，以谋求世界秩序的和平与稳定。中国绝大多数封建王朝在对外交往中，都注意止戈息武，强调“协和万邦”“万国咸宁”“天下太平”。西汉以来的“和亲”政策，就是古代外交实践中对外倡导“社会和谐、天下太平”理想的集中体现。即便是实力鼎盛的唐朝，也将“和亲”政策作为处理对外关系的重要手段，因而才有“文成公主入吐蕃”的佳话。在“贞观之治”和“开元盛世”的大治时期，唐朝的经济发展水平达到了前所未有的高峰，社会文化也呈现出开放、宽容、大度的特点，中华文化的辐射力空前强大。尽管如此，唐代中国也没有进行大规模的对外扩张。“在中国的全盛时期，中国在全球没有可以与之匹敌的国家，这是指没有其他大国向中国的帝国地位挑战，甚至如果中国想进一步扩张，也没有任何其他大国能够抵挡中国的扩张，但中国还是比较有限地使用武力。”① 从总体上看，唐朝与周边国家的交往以和平为主调。清代的“康乾盛世”也同样如此。总之，中国在历史上处理对外关系时所采取的天下主义文化模式无不体现了“社会和谐、天下太平”的理想追求。

与西方的殖民体系相比，朝贡体系虽然表现出不平等的“中心—边缘”式的结构特点，然而其本质却恰恰相反，它不是建立在中心对边缘的征服与掠夺的基础上，它是以文化的认同为纽带，以经济从中心向边缘的流动为机制，以协和万邦为追求。古代中国同周边国家所建立的朝贡体系既不是为了谋求政治上的霸权地位，更不是为了谋求经济上的利益。据余英时的研究，汉代中国在给朝贡国的赏赐方面的支出，占政府每年薪俸总额的三分之一，或占帝国岁入总数的7%。因而，“就国家财政而言，朝贡体系很明显对于汉代中国是一种负担，而不是一种利益。它的经济价值，如果有的话，也远远低于它的政治意义”②。对于朝贡国来说，“与中国朝

---

① ［美］兹纽比格·布热津斯基著，中国国际问题研究所译：《大棋局》，上海：上海人民出版社 1998 年版，第 21 页。

② 转引自宫玉振：《中国战略文化解析》，北京：军事科学出版社 2002 年版，第 159 页。

廷交往可提高它们的声望”[①]。被纳入朝贡体系，不仅意味着丰厚的经济回报，也意味着自己安全环境的改善。日本学者信夫清三郎就认为，作为后进国的日本，正是因为曾作为朝贡国而进入朝贡体系，才“在中华帝国的保护下实现了自立”[②]。古代中国之所以在明知朝贡体系是一种巨大负担的情况下，仍然维持它的运行，除了在经济上抱有“天朝富有四海”的物质优越感、在政治上确立自己作为“天子”的合法性外，更深的层面就是朝贡体系反映了古代中国试图建立一种与世界良性的互动关系，以保证东亚国际社会的和平、秩序与安全的愿望。

四、“和而不同”的文化观

《国语·郑语》记载了史伯关于和与同关系的一段论述：“夫和实生物，同则不继。以他平他谓之和，故能丰长而物归之；若以同裨同，尽乃弃也。故先王以土与金、木、水、火杂以成百物。”也就是说，不同的因素处于和谐的状态，事物就能繁荣发展；如果同质的因素简单相加，则事物就陷于停顿或死亡。孔子在继承和发展史伯“和同之辨”的基础上进一步明确提出了“和而不同”思想，认为“君子和而不同，小人同而不和”[③]。君子讲和谐而不同流合污；小人只求完全一致，盲目附和，而不讲原则。“和而不同”作为儒家文化传统的核心理念，表现了该传统的宽容精神和包容胸怀。千百年来，中国文化历经大灾大难而生生不息，要归功于中国文化具有“和而不同”的包容精神。

这种“和而不同”的文化包容精神首先表现在汉族对待周边少数民族文明的态度上。早在春秋时代，由于地理、政治因素，当时还存在着多元文化的格局。秦汉统一帝国的建立，以华夏文化为主体加速吸收、融合、同化周边少数民族的文化成果，最后形成了以汉族为主体，延续至今的中华文化。战国已降，汉人学习胡人骑射、养马技术，任用胡人练兵统兵的

① ［美］斯塔夫里阿诺斯著，吴象婴等译：《全球通史：1500 年以后的世界》，上海：上海人民出版社 1992 年版，第 76 页。

② ［日］信夫清三郎著，周启乾译：《日本政治史》第 1 卷，上海：上海译文出版社 1982 年版，第 8 页。

③ 《论语·子路》。

记载屡有所见。汉代北方民族的器用杂物、乐器歌舞，“京都贵戚皆竞为之”①。从魏晋南北朝到唐朝，“漠北淳朴之人，南入中地，变风易俗，化洽四海”②，充满生机的北方民族精神，为中原农耕文明注入了新鲜空气。唐朝是中国最为开放的时代，中华文明的包容性格得到了最大限度的发挥，唐代元稹《法曲》记载：“自从胡骑起烟尘，毛毳腥膻满洛阳。女为胡妇学胡妆，伎进胡音务胡乐。”胡汉文化的相互融合，大大推动了中华文明的发展。

中国传统文化的包容精神还体现在对待外域文明的开放态度上。在古代，中国汉文化先后吸收了西域各国的文化、印度佛教文化的成果，形成了古代的中华文明。近代以来，又吸收了西方文化的先进成果，形成了当代的中华文明。法国汉学家谢和耐在其所著的《中国社会史》一书中批评那些把中国看成是“孤立的”这一观点是“幼稚可笑”的。③ 他认为“中国欢迎从外国传给他的一切”④，“中国社会比其他任何一种社会都更与那些与其生活方式和文化与自己相差甚殊的民族保持着长久的接触和交流”⑤。他坚定地认为“中国以其幅员和气候的差异性而独自形成一个世界。它始终对外开放，同时也不断地受不同国家的影响：西域、印度、伊朗、伊斯兰世界、地中海国家、东南亚、美洲和欧洲国家，但它同时也不停地对世界上的其他地区或直接或间接地施加最为广泛的影响”⑥。美国学者费正清则对不同历史时期中国文明的性质给予了总体评价，他特别强调六朝前期和唐朝前期，整个中国充满了文化的包容精神，认为“从任何观点来看，很显然，唐宋时期以至马可·波罗时代的中国就其幅员和成就而言，都比同一历史时期中世纪欧洲要文明得多。作为一个标志，可以看出

---

① 司马彪：《续汉书·五行志》。

② 《魏书·崔浩》。

③ ［法］谢和耐著，耿升译：《中国社会史》，南京：江苏人民出版社 1995 年版，第 1 页。

④ ［法］谢和耐著，耿升译：《中国社会史》，南京：江苏人民出版社 1995 年版，第 231 页。

⑤ ［法］谢和耐著，耿升译：《中国社会史》，南京：江苏人民出版社 1995 年版，第 29 页。

⑥ ［法］谢和耐著，耿升译：《中国社会史》，南京：江苏人民出版社 1995 年版，第 2 页。

在长期的历史发展过程中有多少主要的成果从中国传入欧洲，而不是从欧洲传入中国：首先是经过中亚直到罗马的丝绸贸易；其次是来自中国的一大批发明——传播文化的纸和印刷术、便于保持清洁的瓷器、汉代军队所用的弓箭、铸铁和运河的闸门、手推车，以及在海上行船的舵、航海用的罗盘……总之，欧洲人的扩张不仅反映了他们的贪婪、好奇、热情和爱国心，而且在某些方面反映了他们的落后”①。明末时期，虽然此时的中国已渐趋保守，但西学仍是当时士大夫中颇为流行的“时髦学问”，许多有识之士仍然提出要以“易佛补儒”“会通西学，以求超胜”②，主张积极引进、学习西方文明。近代以来，面对西方列强的欺凌，一批先进的知识分子仍然不忘吸取世界先进文明成果，主张“师夷长技以制夷”。总的说来，在明代以前，中华文明对外域文明虽有排斥，但中国的对外交往是相当开放的，这种开放正是中华文明包容性的表现。

第三节　西方文化中的文明和谐思想

在西方文明的发展历程中，虽然冲突思维、强权逻辑是其文化的主导基因，但这并不能否定其中也蕴含着和谐思想的因素。万物和谐、世界和谐也是西方文明客观存在的文化追求和秩序追求。

一、西方哲学中的和谐思想

在西方，最早对“和谐”进行研究的是古希腊的哲学家毕达哥拉斯。毕达哥拉斯认为，世界上最智慧的是数，最美好的是和谐。由于他主张和谐，所以反对矛盾斗争，主张矛盾调和。他认为整个世界有十大矛盾：有限和无限、奇和偶、一和多、左和右、阳和阴、静和动、直和曲、明和暗、善和恶、正方和长方。对立面的统一是绝对的，对立面的斗争是相对的；在和谐的价值判断上，毕达哥拉斯认为，和谐是善和美，斗争则是丑

---

① ［美］费正清著，陈仲丹等译：《中国：传统与变革》，南京：江苏人民出版社1992年版，第199页。

② 侯外庐：《中国早期启蒙思想史》，北京：人民出版社1956年版，第28页。

和恶。在对立与和谐的关系上，毕达哥拉斯派特别强调了和谐的绝对性，认为对立构成和谐，对立服从和谐。在此基础上，毕达哥拉斯提出了“什么是最美？——和谐”“美德是一种和谐”等命题。

作为古希腊的重要哲学家，赫拉克利特也提出了对立和谐思想。他认为：“相反的东西结合在一起，不同的音调造成最美的和谐，一切都是通过斗争而产生的。”① “自然是追求对立的东西，它是用对立的东西制造出和谐，而不是用相同的东西，例如将雌雄相配，而不是将雌配雌、将雄配雄；联合相反的东西造成协调，而不是联合一致的东西。”② 并得出结论：“自然界的一切结合物是既完整又不完整，既协调又不协调，既和谐又不和谐的，从一切产生出一，从一产生出一切。”③ 赫拉克利特从大量现象的变化中，认识到任何事物变化的根源都在于对立面之间的斗争和统一。他认为万物都是由于斗争和必然性而生成的，相反的力量会造成和谐，即“对立的统一，如弓和竖琴一样”④。对于赫拉克利特的对立产生和谐的思想，列宁给予了充分肯定，认为它“是对辩证唯物主义原则的绝妙的说明”⑤。黑格尔也充分肯定了赫拉克利特的和谐思想在人类认识史上的重大意义，并认为关于赫拉克利特的残篇是值得人类永远保存得最好的东西。事实上，赫拉克利特对和谐思想的最大贡献在于，他将质朴的辩证思想引入和谐观念，在很大程度上发展了毕达哥拉斯学派的和谐思想。

近代德国哲学家莱布尼茨认为：“宇宙是一个由数学和逻辑原则所统率的和谐的整体。”⑥ 进而提出“预定和谐”或“前定和谐”的思想。他认为，世界万物是由一种叫作“单子”的基本因素构成的。单子“没有可

---

① 北京大学哲学系外国哲学史教研室编译：《西方哲学原著选读》（上卷），北京：商务印书馆1981年版，第23页。

② 北京大学哲学系外国哲学史教研室编译：《西方哲学原著选读》（上卷），北京：商务印书馆1981年版，第23页。

③ 北京大学哲学系外国哲学史教研室编译：《西方哲学原著选读》（上卷），北京：商务印书馆1981年版，第24页。

④ 北京大学哲学系外国哲学史教研室编译：《西方哲学原著选读》（上卷），北京：商务印书馆1981年版，第24页。

⑤ 《列宁全集》第38卷，北京：人民出版社1959年版，第395页。

⑥ ［美］弗兰克·梯利著，葛力译：《西方哲学史》，北京：商务印书馆2001年版，第403页。

供事物出入的窗子”。也就是说，每一个单子都是一个封闭而又孤立的系统，它们同周围的其他单子并不发生相互关联。然而从整个世界看，单子与单子之间以及由单子构成的复合物之间又是密切联系着的，正是这种密切联系构成了世界的和谐。这样，单子本身的封闭性与单子之间的现实联系就构成了矛盾。莱布尼茨对此的解释是，上帝在创世之前就已经把宇宙的发展过程预先安排好了，在这种安排中，每个“单子”都各自遵循自身的本性而发展变化，自然地与其他“单子”的发展变化保持协调，从而形成了和谐的秩序，即前定秩序、前定和谐。

在黑格尔丰富而深刻的辩证法学说中，也蕴含着丰富的和谐思想。黑格尔的和谐思想，集中体现在差异和同一等辩证法的范畴之中。首先，和谐是差异的和谐。黑格尔在《哲学史讲演录》中肯定了赫拉克利特的“对立和谐观”，并在此基础上阐述了自己的“差异和谐观”。他说，一种简单的东西如一种音调的重复并不是和谐，和谐在本质上、绝对的意义上是一种差别。[①] “差别是属于和谐的。”[②] 其次，和谐是整体的和谐。在黑格尔看来，仅有差异还不是和谐，只有“差异”构成的整体才可称之为和谐。“和谐是从质上体现差异的一种关系，而且是这些差异构成的一种整体。”[③] 例如，一个国家往往是由不同民族组成的，每个民族所说的语言是一种表面上的差异，而各个民族保持自己本民族的生活方式与文化传统才是质上的差异，只有由这种差异所组成的整体才可称之为和谐。再次，和谐是变动的和谐。黑格尔认为，一事物对外显现为一个整体，这种整体不是停滞的，而是变化发展的，是动态的有机整体。正是这种变化，使得一事物充满生机与活力而呈现出和谐的整体状态。当然，这种变化不是任意而为的，而是事物内部对立面的辩证运动。[④] 最后，和谐是统一的和谐。事物

---

① ［德］黑格尔著，贺麟、王太庆译：《哲学史讲演录》第 1 卷，北京：商务印书馆 1983 年版，第 302 页。

② ［德］黑格尔著，贺麟、王太庆译：《哲学史讲演录》第 1 卷，北京：商务印书馆 1983 年版，第 302 页。

③ ［德］黑格尔著，贺麟、王太庆译：《哲学史讲演录》第 1 卷，北京：商务印书馆 1983 年版，第 302 页。

④ ［德］黑格尔著，贺麟、王太庆译：《哲学史讲演录》第 1 卷，北京：商务印书馆 1983 年版，第 302 页。

的变化之所以能够趋向和谐，关键在于事物对立因子的统一，统一是事物质的统一，而这正是事物各方面协调一致的基本特征，也即事物和谐的基本特征。这种统一不是盲目趋同，而是建立在事物差异面及其对立和矛盾基础上的统一。黑格尔认为，和谐之所以是统一的和谐，是因为“和谐一方面见出本质上的差异面的整体，另一方面也消除了这些差异面的纯然对立，因此它们的相互依存和内在联系就显现为它们的统一”①。

二、西方政治学中的和谐思想

从苏格拉底开始，和谐思想就被引入政治学领域。苏格拉底生活于雅典政治腐败、社会混乱的年代。他从社会“无序”的现实出发，思考建立和谐城邦。针对古希腊雅典公民不守纪律，不服从领导，公民之间钩心斗角、互相伤害，城邦领袖不懂国家知识等弊端，他主张建立一个公民守法、团结和依靠智慧治理的和谐城邦。而所谓和谐城邦首先是“强大、幸福”的城邦。在他看来，强大、幸福的城邦应当具有以下特点：第一，公民守法。苏格拉底认为“那些最能使人民守法的城邦领导人是最好的领导人，那些拥有最守法的人民的城邦，在和平时期最幸福，在战争时期不可抵抗。凡是人民遵守法律的城邦就最强大、最幸福”②。第二，公民团结。苏格拉底认为：“对城邦来说，同心协力是最大幸福！这样的城邦的议会和首长们也经常劝导人民要同心协力。”③ 第三，智慧治邦。苏格拉底认为城邦的统治权应该由懂得如何治理城邦的人来掌管。“君主和统治者并不是那些拥有大权的人，也不是那些由群众选举出来的人，也不是那些中了签的人，也不是那些用暴力或欺骗手法取得政权的人，而是那些懂得如何

① ［德］黑格尔著，朱光潜译：《美学》第1卷，北京：商务印书馆1979年版，第180页。

② ［古希腊］色诺芬著，吴永泉译：《回忆苏格拉底》，北京：商务印书馆1984年版，第165页。

③ ［古希腊］色诺芬著，吴永泉译：《回忆苏格拉底》，北京：商务印书馆1984年版，第166页。

统治的人。”[①] 所以，在苏格拉底看来，公民守法、公民团结、智慧治理的城邦实际是一个和谐的城邦。

柏拉图根据苏格拉底的思想，提出了以反对现存国家政治为目的的理想国家的方案。柏拉图建立理想国的宗旨是要建立一个整体幸福、社会和谐的完善国家。这个完善的国家就是正义城邦，正义是理想国家的基本前提和必要条件。因此，正义自始至终都贯穿于柏拉图的政治体制和社会理想中。在柏拉图看来，社会和谐的根本基础在于正义，这种正义的实现就在于社会各等级之间（包括护国者、军人、普通人）各守其位，各司其职，互不僭越。柏拉图认为，“每个人必须在国家里执行一种最适合他的天性的职务”，“正义就是只做自己的事而不兼做别人的事”[②]。分工对社会不可或缺，但仅有分工还不够，每个阶层只有做各自的事而不相互干扰，才会产生社会正义。而当社会中某个阶层的成员不安心于自己的阶层，便会产生非正义，不和谐也就由此而生。因此，理想的社会状态就是三种人各司其职，各安其分，各具美德，而正义就是三个等级的和谐。

亚里士多德不仅对毕达哥拉斯和赫拉克利特的和谐思想作了扬弃，而且在发展柏拉图的社会和谐理论的基础上，提出了他的“中和说”。他说：“人的行为上的中道，既是中间的又是最好的，中庸致和是人们行为的最高典范，过度和不足乃是恶行的特性，而中庸则是美德的特性。”[③] 在亚里士多德的《政治学》中，他认为每个公民都应参与城邦政治国家，应当建立轮番执政的制度，只有这样，每个公民的“善德”才可能实现。但是公民之间的确存在差异：有的阶级（阶层）胜于“质”（即财产、身份地位、文化、门望），而有的阶级（阶层）则胜于“量”（人数），这在城邦政治中容易造成对立和权力纷争。亚里士多德于是提出，中产阶级由于具有相当的“质”，他们在城邦政治中如果占据优势——“超过其他两个部

---

① ［古希腊］色诺芬著，吴永泉译：《回忆苏格拉底》，北京：商务印书馆 1984 年版，第 104 页。

② ［古希腊］柏拉图著，郭斌和、张竹明译：《理想国》，北京：商务印书馆 1986 年版，第 58 页。

③ 北京大学哲学系外国哲学教研室编译：《古希腊罗马哲学》，北京：生活·读书·新知三联书店 1982 年版，第 168 页。

分（极贫与极富），或仅仅超过两者之一”就可以“平衡城邦中的质与量”。[1] 而且，中产阶级品德中庸，由这个阶层执政最容易形成和谐的政治秩序。亚里士多德还把他的这种和谐观应用于现实生活的一切领域，他通过人的行为所存在的过度、不足、中道三种状态的论述，在一定程度上认识到了中道和谐的运动、变化、发展及其转化，看到了和谐状态的相对性和条件性。这些说明了亚里士多德对人生思考的深刻性、全面性和辩证性。至此，亚里士多德的和谐观达到了古希腊时期较为完备和充分的程度。

随着实践的发展和人们认识水平的提高，近代资产阶级的思想家在和谐社会的构成方面有着不同于古代思想家的观点。托马斯·霍布斯认为，社会是一个通过契约联系起来的结构体。在自然状态下，由于没有社会契约，人们处在一切人反对一切人的战争之中，人对人是狼。“在这种情况下，没有勤奋乐业可言，因为勤奋不一定能收成果实；因此也没有土地的升值，没有航海，没有对海路输入的商品的利用，没有宽广的建筑，没有运输工具，也没有工具来搬动需要许多力气的物件；没有对大地表面的知识，没有时间的计算；没有工艺，没有语文，没有社会届糟的是时时刻刻恐惧，以及随时横死的危险。人生活孤独、贫乏、卑鄙、兽残而短命。”[2] 为了使人不至于在互相的溺杀中同归于尽而又作为人存在，就必须使人们放弃某些个人权利，权利的相互转让就是人们所谓的“契约”。通过契约建立市民社会，即以某种契约义务把个人同国家联结起来，由国家以成文法的规定来保障社会秩序与和谐。这种理论把社会看成是人的产物，而不是神的产物，在社会思想史上无疑是一种进步。但是由于这一理论只停留在契约的水平上，而没有看到契约背后的利益关系，因而是肤浅的。而霍布斯之后的约翰·洛克则把这一理论向前推进了一步，他认为，在自然状态下，人们和平友善，正是私有财产以及随之而来的社会不平等，导致了社会冲突与利益分歧。社会契约所要协调解决的是公共权力和公共利益的问题。霍布斯和洛克部分析了和谐与不和谐两种状态，都在与不和谐的对

① ［古希腊］亚里士多德著，吴寿彭译：《政治学》，北京：商务印书馆 1965 年版，第 30 页。

② ［美］约翰·麦克里兰著，彭淮栋译：《西方政治思想史》，海口：海南出版社 2003 年版，第 224 页。

应关系中看待和谐，从而把社会和谐看作是契约的产物。由于契约在本质上是一种约束，当他们把社会和谐诉诸社会契约时，也就把约束和限制引入和谐观。或者说，和谐是通过约束和限制来达到的。

三、西方国际关系理论中的和谐思想

西方主流国际关系理论可分为和谐型和冲突型。据此划分，古典现实主义和新现实主义理论显然属于冲突型理论，而康德的“永久和平论”、威尔逊的理想主义和新自由制度主义则属于后者。无论是康德的“永久和平论”、威尔逊的理想主义还是新自由制度主义，其思想和实践都是在与现实主义相对应的理想主义的线索下衍生和发展的，是对理想的国际秩序的思考与实践。这种思考与实践对今天我们推动世界文明和谐发展具有重要的理论和实践上的参照借鉴意义。

康德作为近代最伟大的哲学家之一，以哲学家特有的语言展现了人类永久和平必将到来的逻辑。在康德看来，永久和平状态并不是一种自然状态，“和平状态就必须是被建立起来的，因为放弃敌对行为还不是和平状态的保证”①。实现永久和平，就要求人们走出自然状态。为此，康德对如何实现永久和平制定了若干“条款的规定”：永久和平的第一项正式条款是每个国家的公民体制都应该是共和制。在康德看来，共和制就其后果而言正是可以导向永久和平的唯一体制。因为在共和体制下，统治者的行政活动只能在公民共同意志许可的范围内进行，所以很难想象共和制国家会具有很强的侵略性。永久和平的第二项正式条款是国际权利应该以自由国家的联盟制度为基础。当国家之间的关系处在自然状态中时，各个国家追求自身权利的方式只能是战争。为了结束一切战争，同时又保持各个国家的自由，只能通过“联盟这项消极的替代品”来取代“一个世界共和国这一积极的观念”。② 永久和平的第三项正式条款是：世界公民权利将限于普

---

① ［德］康德著，何北武译：《永久和平论》，载于《历史理性批判文集》，北京：商务印书馆 1996 年版，第 104 页。

② ［德］康德著，何北武译：《永久和平论》，载于《历史理性批判文集》，北京：商务印书馆 1996 年版，第 114 页。

遍的友好为其条件。在康德看来，所谓普遍的友好，指一个陌生者来到另一个土地上不会受到敌视，他之所以具有此种访问的权利正是由于人人都有的共同占有地球表面的权利。[①] 在阐述了实现永久和平的正式条款后，康德还从哲学的高度进一步分析了人类社会根绝战争，实现永久和平的充分保证。它们分别是：人类从恶向善和自然演进的法则，政治与道德合一的法则。一方面，康德将人类从恶向善和自然演进的法则视为世界和平的人性基础。他认为，从人性中可以引申演绎出一些禀赋，它们会使人类物种朝着改善前进，并使过去和目前时代的恶都消失在未来的善之中。因为"这样的话，我们就至少还能够爱他们的不断趋向于善，否则的话，我们就必须仇视并鄙视他们了"[②]。另一方面，康德认为，永久和平的最终实现必须依赖政治和道德的一致性，如果没有自由和以自由为基础的道德法则的存在，而一切发生的或可能发生的事情都仅仅只是大自然的机械作用，那么政治就完全是实践的智慧，"永久和平"就只能是一种空洞的想法了。

威尔逊的理想主义是美国总统威尔逊在目睹了第一次世界大战毁灭性的悲剧之后，为避免类似这样的悲剧再次发生，给世界开出的一剂药方。在威尔逊看来，人性本质上是爱好和平的，世界基本上是和谐的，个人利益与社会利益是协调的，只是由于一些人的良知误入歧途才导致国家间的战争和冲突。所以，只要用道德和正义唤醒他们的良知，消除人与人之间、国家与国家之间的误解，世界就会回到和谐、友善的状态中去。由此，威尔逊强调道德应当是一切外交政策的出发点；多边主义应当是实现外交政策目标的基本手段；美国领导下实现世界的民主是实现永久和平的条件；一个民族有权通过民族自决决定自己的政府统治形式。他主张通过建立国际机构，保卫世界和平；用集体安全来实现世界和平；他坚信以国际法和国际公约为基础可以保证世界和平；通过公众舆论也可以确保世界和平。虽然，从理论上看，威尔逊的理想主义并没有形成一个逻辑严密的理论体系，它更多的是愿望、信念和标准，以及由此重建国际秩序的计

---

① ［德］康德著，何北武译：《永久和平论》，载于《历史理性批判文集》，北京：商务印书馆1996年版，第115页。

② ［德］康德著，何北武译：《论通常的说法：这在理论上可能是正确的，但在实践上是行不通的》，载于《历史理性批判文集》，北京：商务印书馆1996年版，第202页。

划。从实践上看，理想主义也没能阻止第二次世界大战的爆发。然而，“理想主义仍被公认为现代国际关系理论发展的起点。当前盛行于国际政治领域里的全球主义学派和新自由主义学派，被认为对威尔逊的理想主义有继承和有发展”①。

新自由制度主义是在“二战”以后全球相互依赖关系日益加深的背景下，通过与新现实主义长期论战而逐步兴起的一个国际关系理论学派。主要代表人物是罗伯特·基欧汉和约瑟夫·奈。新自由制度主义与威尔逊的理想主义一样乐观地相信全球秩序可以在国际组织和国际制度的约束下通过多边合作的方式来实现，因为经济上的相互依存会导致政治上的相互依存，经济上的合作会产生共赢，政治上可以建立互信机制进行合作，从而消除猜忌敌意，降低战争危险。新自由制度主义认为存在三种形式的合作：巧合性合作（和谐），即合作由理性国家的独立行为形成，不管其他国家是否与之合作；强制性合作，即强国按照自己的利益行事，并迫使其他国家与之合作；相互调节（或协调性）的合作，即行为者必须合作以避免次优结果的出现。对于新自由制度主义而言，巧合性合作是不需要解释的，因为和谐不需要解释；强制性合作也不需要解释，因为现实主义理论对此具有解释力。新自由制度主义谋求解释的问题只是相互调节（或协调性）合作。这是一种解决“政治市场失灵”问题的合作，也是新自由制度主义研究的主要焦点和激烈争论的核心。针对新现实主义不能回答在霸权衰落以后或不存在霸权国的国际政治中，国际合作能否产生或继续的问题，新自由制度主义提出了制度合作论。在新自由制度主义看来，一方面，运用国际制度的作用和功能，向参与制度的国家提供可靠的信息，可以减少国家间政治的不确定现象，降低国家间的不确定心理，进而避免相互背叛的恶性循环，为世界范围内的政治、经济和文化合作带来广阔前景；另一方面，由于参与国际制度的国家在大多数情况下遵循国际制度所提出的原则、规范、规则和决策程序，这样就使得一国可通过国际制度预测别国的政治行为意图和发展趋势，最终增进信任，更好地加强合作。

---

① 王红续：《“书生总统”威尔逊的理想主义》，《学习时报》，2004 年 1 月 5 日。

第五章　文明和谐的实践要求

"多元文化本身并不是目的。认识到多元差异，只是为进一步对话和合作打基础。尽管前路困难重重，但责任无法逃避：我们必须在普遍公民权基础上，找到多元文化和谐共生的办法。"① 针对文明和谐发展理念面临的现实挑战，我们必须以促进世界共同发展为根本，以建立国际文明新秩序为关键，以提升发展中国家的文化软实力为重点，采取切实有效的措施和步骤，为实现世界文明和谐发展提供基本的经济、制度和文化保障。

第一节　促进共同发展

发展具有关联性和互动性的特征。各民族国家的共同发展是保持世界文明和谐发展的重要基础和保证。当前导致文明冲突的许多不安定因素，大都起因于经济发展的不平衡和不充分。一个国家或一个地区经济上长期处于落后与贫困状态，不但容易受到霸权主义、强权政治的欺凌，在国内也往往因为不能满足人民群众生存和发展的需要而成为诱发社会动荡和矛盾冲突的一个重要因素。共同发展，既是世界文明和谐发展的价值追求，也是实现世界文明和谐发展的根本保证。只有缩小民族国家间的发展差距，推动各种文明共同进步，才能享有真正的和谐世界。

一、在和平共处五项原则基础上建立国际经济新秩序

国际经济新秩序的建立问题，是关系到世界经济格局的健康稳定发展，以及世界多样性文明共存的时代课题。所谓国际经济秩序，是国际经

---

① 联合国教科文组织：《文化多样性与人类全面发展——世界文化与发展委员会报告》，广州：广东人民出版社 2006 年版，第 33 页。

济社会的主体基于共同利益和目标，依据一定原则、规范、规则、惯例而形成的相对稳定、有序的国际关系的状态及交往模式。国际经济秩序是时代和历史发展的产物。在资本主义产生以前，由于科技与生产力落后，世界还没有形成全面的国际交往和国际关系，国际经济秩序基本处于缺失状态。近代资本主义工业革命以后，世界才逐渐形成了西方资本主义主导的国际经济秩序。其核心是维持西方国家之间的均势，谋求列强之间的势力均衡。第二次世界大战的结束，摧毁了原来的国际经济秩序，建立了以布雷顿森林体系和三大国际经济组织为中心的当代国际经济秩序。这一秩序与原来的国际经济秩序相比有了历史性的进步。但由于在国际政治经济组织中占主导地位的仍然是西方资本主义国家，国际经济秩序所体现的主要利益仍然是少数西方发达国家的政治经济利益。因此，在整个国际经济旧秩序下，发展中国家被剥削、被掠夺的地位并没有发生根本改变。同时，面对国际经济领域出现的深层次矛盾，如债务危机、金融危机、环境危机等，现行的国际经济秩序也根本无法解决。在不合理、不公正、不平等的国际经济旧秩序下，世界经济就不可能走向共同发展之路。因此，“世界上现在有两件事情要同时做。一个是建立国际政治新秩序，一个是建立国际经济新秩序”①。

面对国际经济旧秩序所带来的不合理、不公正、不平等的发展环境，广大发展中国家从维护自身权益的立场出发，强烈要求建立国际新秩序。早在20世纪60年代，发展中国家就已开始为建立国际经济新秩序而斗争，但当时的目标并不明确。经过多年的酝酿和呼吁，直到1974年第六届特别联大，发展中国家关于建立国际经济新秩序的纲领才初步形成。尽管发达国家在部分内容上有所保留，联合国大会还是未经表决一致通过了《建立国际经济新秩序宣言》和《行动纲领》，这表明发展中国家关于建立新秩序的主张和要求得到了国际上的承认。从此，建立国际经济新秩序的活动蓬蓬勃勃地开展起来。20世纪90年代后，随着国际形势的重大变化，建立国际经济新秩序的理论和实践也取得了实质性的重大进步。进入新世纪，面对迅速崛起的中国、印度、俄罗斯、巴西等发展中大国，发达国家已经不能再完全根据自己的愿望主宰世界经济秩序，新兴工业化国家在国

① 《邓小平文选》第3卷，北京：人民出版社1993年版，第282页。

际经济事务中的发言权已越来越大。所有这些都有助于打破国际经济旧秩序中的霸权主义传统，推进国际经济秩序朝着和平、平等、公正与合理的方向发展。

和平共处五项原则是建立国际经济新秩序的最主要原则。“和平共处五项原则摒弃了弱肉强食的丛林法则，壮大了反帝反殖力量，加速了殖民体系崩溃瓦解。在东西方冷战对峙的大背景下，所谓‘大家庭’‘集团政治’‘势力范围’等方式都没有处理好国与国关系，反而带来了矛盾、激化了局势。与之形成鲜明对照的是，和平共处五项原则为和平解决国家间历史遗留问题及国际争端开辟了崭新道路。”①关于在和平共处五项原则基础上建立国际经济新秩序的立场和具体主张，习近平作了详细阐述：第一，坚持主权平等。主权是国家独立的根本标志，也是国家利益的根本体现和可靠保证。主权和领土完整不容侵犯，各国应该尊重彼此的核心利益。这些都是硬道理，任何时候都不能丢弃，任何时候都不应动摇。第二，坚持共同安全。安全应该是普遍的。各国都有平等参与国际和地区安全事务的权利，也都有维护国际和地区安全的责任。我们要倡导共同、综合、合作、可持续安全的理念，尊重和保障每一个国家的安全。不能一个国家安全而其他国家不安全，一部分国家安全而另一部分国家不安全，更不能牺牲别国的安全来谋求自身的所谓绝对安全。对待国家间存在的分歧和争端，要坚持通过对话协商以和平方式解决，以对话增互信，以对话解纷争，以对话促安全，不能动辄诉诸武力或以武力相威胁。第三，坚持共同发展。天空足够大，地球足够大，世界也足够大，容得下各国共同发展繁荣。第四，坚持合作共赢。合作共赢应该成为各国处理国际事务的基本政策取向。要积极树立双赢、多赢、共赢的新理念，摒弃你输我赢、赢者通吃的旧思维。第五，坚持包容互鉴。“万物并育而不相害，道并行而不相悖。”我们要尊重文明的多样性，推动不同文明交流对话、和平共处、和谐共生，不能唯我独尊、贬低其他文明和民族。第六，坚持公平正义。公平正义是世界各国人民在国际关系领域追求的崇高目标。在当今国际关系中，公平正义还远远没有实现。我们应共同推动国际关系民主化、法治

---

① 习近平：《弘扬和平共处五项原则，建设合作共赢美好世界——在和平共处五项原则发表60周年纪念大会上的讲话》，《人民日报》，2014年6月29日。

化、合理化。[①] 这一主张体现了对世界文明多样性的尊重，对各国主权独立和领土完整的尊重，对各国所选择的社会制度、发展道路及模式的尊重，反映了人类文明进步的基本要求，符合《联合国宪章》的宗旨和原则，因而是最具有生命力，最经得起考验，最能为不同社会制度、不同发展程度、不同历史背景和文化传统国家接受的主张。

二、加强南北对话，逐步建立新型南北合作关系

南北差距是世界发展不平衡的主要表现，也是影响世界文明和谐发展的主要因素。当今世界存在着许多矛盾与合作的关系，其中比较重要的有："东西关系""南北关系""南南关系""北北关系"。在这多对矛盾与合作的关系之中，南北关系是国际政治经济关系中的主要矛盾。南北之间的关系牵动和决定着世界政治经济的全局。虽然南北双方的发展程度存在较大落差，政治、经济、文化制度也存在较大差异，但一个不可回避的事实是，在南北差距不断扩大的同时，南北双方的相互依存度也在不断地增强。南北双方各有所长，互有所求，同时面临许多共同的全球性的问题，必须共商对策。经济上，南方具有市场、劳动力、能源与资源的优势，北方则占有资金、技术、管理方面的优势。没有发展中国家的经济发展，发达国家的繁荣将失去动力，发展中国家的经济严重恶化，也会危害到发达国家本身的经济发展。"共同的利害关系正在日益增多。这些利害关系要求改变合作的性质。我们越来越认识到，南方的发展步伐加快也对北方的人民有好处。"[②] "世界市场的扩大，如果只在发达国家中间兜圈子，那是很有限度的。"[③] "一些国家越来越富裕，另一些国家长期贫穷落后，这样的局面是不可持续的。水涨船高，小河有水大河满，大家发展才能发展大家。各国在谋求自身发展时，应该积极促进其他国家共同发展，让发展成

① 习近平：《弘扬和平共处五项原则，建设合作共赢美好世界——在和平共处五项原则发表60周年纪念大会上的讲话》，《人民日报》，2014年6月29日。

② ［德］维利·勃兰特著，中国对外翻译出版公司译：《争取世界的生存》，北京：中国对外翻译出版公司1981年版，第16页。

③ 《邓小平文选》第3卷，北京：人民出版社1993年版，第79页。

果更多更好惠及各国人民。"[1] 至于诸如生态环境恶化、毒品泛滥、艾滋病蔓延、人口膨胀、粮食紧缺、恐怖主义嚣张、核扩散、种族与民族骚乱等全球性问题，则更需要发达国家和发展中国家合作才能解决。

加强南北对话，建立平等互利的南北合作关系是解决南北差距扩大问题的关键。随着世界贸易增多、资本流动扩大、国际分工深化以及政治和经济生活联系日益密切，国际社会的相互依存程度也显著加深。这种各国利益相互交融、相互影响、相互制约的现状，促使各国必须以平等的态度对待和处理国际事务中出现的问题。尤其是一批新兴工业化国家的崛起，更是引起了全世界的瞩目。国际社会普遍认为，发展中国家已成为世界经济的独立"增长源"，发展中国家在国际社会中的地位日益上升。因此，相互依存、平等互惠和建立伙伴关系是南北对话、合作的基础。美国前总统克林顿当政期间（1993—2000 年）两次召开全国非洲问题高级会议，制定"互相尊重、促进合作"的对非政策，表示愿与非洲国家建立新型关系。克林顿在 2000 年出访南亚时撰文说"地区伙伴关系是美国 21 世纪的关键"[2]。2000 年 6 月欧盟与非洲、加勒比地区和太平洋地区的 77 个国家签署了为期 20 年的新合作协议——《科托努协议》，代替原来的《洛美协定》。这标志着南北"双方努力建立一种新型的合作伙伴关系"。欧盟还与非洲国家领导人于 2000 年举行首届非洲首脑会议，并发表《开罗宣言》，强调"非洲与欧洲在 21 世纪的伙伴关系具有新的战略上的重要意义"[3]。日本首相于 2001 年第一次访非，并三次召开东京非洲开发会议，日本新闻媒体对此发表文章，认为日本要想寻求"21 世纪的稳定和繁荣"，面向非洲是必然趋势。[4] 2008 年席卷全球的金融风暴再次充分说明了这样的道理：无论从短期考虑，还是从长期战略规划来讲，通过对话与合作建立一个全球范围的正义的、互利的国际政治经济新秩序，是符合世界整体利益的，也是有利于各方未来发展的。"北方和南方的对话表明各个国家和各个大陆能够克服它们之间的分歧，能够解决它们自身利益与共同利益之间的矛

---

① 习近平：《弘扬和平共处五项原则，建设合作共赢美好世界——在和平共处五项原则发表 60 周年纪念大会上的讲话》，《人民日报》，2014 年 6 月 29 日。

② ［美］《总统出访南亚》，《洛杉矶时报》，2000 年 3 月 26 日。

③ ［法］《欧洲与非洲的伙伴关系》，《解放报》，2000 年 4 月 3 日。

④ ［日］《首相首次访非》，《时事解说》，2001 年 1 月 30 日。

盾，从而使采取全球性行动的希望更大了。既然北方和南方都日益意识到它们之间具有相互依存的关系，它们就应当本着平等互利的精神而不是不平等的施舍关系来重新进行对话，以便达到具体的目标。”[①] 必须完善发展援助机制，鼓励更多的发展资源向发展中国家转移，采取切实措施，落实联合国千年发展目标，为发展中国家摆脱困境、加快发展注入更多动力。为此，发达国家应该承担更多责任，进一步对发展中国家，特别是重债穷国和最不发达国家开放市场，转让技术，增加援助，减免债务。

推动世界共同发展，既需要南北对话、合作，也需要南南合作。在邓小平看来，第三世界国家各有自己的特点和长处，它们或者在资源方面，或者在市场方面占有一定的优势，推动世界共同发展，仅“靠南北对话还不行，还要加强第三世界国家之间的合作，也就是南南合作”[②]。“第三世界国家相互交流，相互学习，相互合作，可以解决许多问题，前景是很好的。”[③] 同时，“南南合作还有一定意义，可以推动南北合作”[④]。经过长期探索，发展中国家也充分认识到，要在激烈的国际竞争中谋求发展，必须加强联合的力量，走合作发展的道路。南南合作，不但有利于合理利用地区物质资源、人力资源以及资金技术等，而且有利于增强发展中国家的竞争能力，改善其同发达国家打交道的地位，对推动国际经济新秩序的建立具有积极意义。

三、推动各种发展模式的优势互补和发展经验的交流互鉴

各国发展模式各不相同，各有特色，但这并不意味着各种发展模式没有共同之处。站在人类历史发展的视角看，每一种发展模式都有其产生的历史必然性，其中也必然蕴含着符合人类社会发展规律的真理性颗粒。

在20世纪波澜壮阔的历史画卷中，亚洲的“四小龙”和日本、以德

---

① ［德］维利·勃兰特著，中国对外翻译出版公司译：《争取世界的生存》，北京：中国对外翻译出版公司1981年版，第27～28页。

② 《邓小平文选》第3卷，北京：人民出版社1993年版，第56页。

③ 《邓小平文选》第3卷，北京：人民出版社1993年版，第56页。

④ 邓小平：《建设有中国特色社会主义》（增订本），北京：人民出版社1987年版，第84页。

国为代表的欧盟国家以及美国、英国等都以其特有的发展模式，在不同时期里领一时之风骚，获得了经济的快速增长，成为20世纪发展模式中的典型。中国在实施改革开放政策以后，经济快速发展，人民生活水平日益提高，综合国力显著增强，创造了经济增长速度的世界之最。中国取得的巨大成功，也引起了世界各国对中国发展道路的高度关注。“中国模式”遂成为中国成功经验的代名词。中国历来强调反对照抄照搬外国模式和别国经验，但是，这并不意味着它拒绝和排斥那些反映人类社会发展规律的经验。作为当代世界现代化建设潮流的重要组成部分，发展中国家的现代化建设必须善于吸收和借鉴其他国家的经验教训，既包括社会制度相同的国家的经验教训，又包括社会制度不同的国家的经验教训；既包括发达国家的经验教训，又包括其他发展中国家的经验教训；既包括发展生产力方面的经验教训，又包括调整生产关系、变革各种体制方面的经验教训；既包括政治、经济建设方面的经验教训，也包括文化建设、生态建设方面的经验教训，等等。广大发展中国家必须站在尊重人类社会发展规律的高度，坚持以长远的世界历史眼光观察和思考自身的发展道路，充分借鉴世界各国现代化建设的经验。从发展生产力层面看，应自觉顺应世界经济发展大势，使自身的发展不断汇入经济全球化的潮流中；从调整生产关系层面看，应敏锐洞察世界各国调整改革大势，使自身的经济改革不断融入世界经济市场化的进程；从完善上层建筑层面看，应科学借鉴人类政治文明发展成果，使自身的民主政治建设适应世界政治民主化进程；从改善发展环境层面看，应充分吸收人类生态文明发展成果，走全面、协调、可持续发展的生态化道路。

对于广大发展中国家来说，吸收西方发达国家的文明成果和发展经验是实现自身飞跃式发展的重要条件，但在吸收世界文明成果、借鉴其他发展模式的过程中，必须结合自身国情和实际需要进行重新“创造”，而不是对他者的简单复制。因为“世界上没有放之四海而皆准的具体发展模式，也没有一成不变的发展道路。历史条件的多样性，决定了各国选择发展道路的多样性。人类历史上，没有一个民族、没有一个国家可以通过依赖外部力量、跟在他人后面亦步亦趋实现强大和振兴。那样做的结果，不是必然遭遇失败，就是必然成为他人的附庸"[①]。以墨西哥、阿根廷等为代表的拉美国家，在20世纪80年代，为了解决其债务危机，接受了美国政府、国际货币基金组织和世界银行推销的以"私有化、非调控化、自由化"为特征的新自由主义改革，即"华盛顿共识"。应当承认，拉美经济改革取得了一定的成效。但这种以新自由主义为取向的改革也给拉美国家的发展带来了一系列严重问题，如国有企业的私有化运动使得一些企业向私人资本和外国资本集中，民族企业陷入困境；失业问题严重，收入差距愈来愈大，两极分化现象越来越严重，社会不稳定因素快速增加；国家调控能力大为削弱，金融危机频发。

冷战结束后的俄罗斯全盘接受美国专家和国际货币基金组织为其开出的"休克疗法"药方，希望通过实行紧缩政策、控制通货膨胀，达到稳定宏观经济的目的；通过全面的经济自由化来实现整个经济运行机制的转轨；通过大规模地推行私有化政策，改变社会基本制度。诚然，对于俄罗斯来讲，确立向市场经济过渡的观念与改革方针，在思想认识上无疑是一个飞跃，但实现这个飞跃，则需要适宜的、符合本国国情的过渡模式。而俄罗斯的经济改革设计者们都力图迈大步，希望以一步到位的方式过渡，以短暂的休克之阵痛来换取宏观经济的稳定，直接进入自由的资本主义市场经济。罔顾国情、激情冒进使得"休克疗法"不仅没有解决俄罗斯固有的经济问题，反而加剧了俄罗斯经济的滑坡，"俄罗斯自1992年初经济转轨以来，国内生产总值、工业总产值、农业总产值、基建投资额、消费品价格涨幅、工业品批发价格涨幅、零售商品流转额等各项指标大都急剧恶化。政府经济政策唯一的积极成果便是国债占国内生产总值的比重有所缩小，但它又是以国家基建投资的大幅度减少、生产和人民生活水平大幅度下降为代价的"[②]。对此，美国著名经济学家斯蒂格利茨认为，有人以为只要实行私有化和自由化，市场就会自动地解决经济发展的一切问题。实际上这是不可能的。而更有学者进一步指出，"华盛顿共识"具有明显的误导性，是美国及美国操纵的国际金融机构迫使发展中国家开放市场的"敲

---

① 习近平：《在纪念毛泽东同志诞辰120周年座谈会上的讲话》，《人民日报》，2013年12月27日。

② 娄芳：《俄罗斯经济改革透视：从"休克疗法"到"国家发展战略"》，上海：上海财经大学出版社2000年版，第35页。

门砖”，是“后冷战”时代资本主义向处于低潮的社会主义发动攻击的“进行曲”。[①] 惨痛的教训，让许多发展中国家痛定思痛，纷纷反思和调整过去的发展模式。南美洲最大的国家巴西从2003年开始，一改过去自由主义经济政策，结合本国实际，坚持将初级财政盈余制度、浮动汇率和控制通货膨胀作为其经济政策的三大支柱，坚持谨慎的财政和货币政策，使巴西进入了20世纪70年代以来最快的经济增长周期。2003—2008年，巴西经济年均增长率达到4%，人均GDP从2002年的2 800美元增至2008年的近7 000美元，实现了连续5年的高速增长。可以说，发展模式并无优劣之分，只有适合与否。只要广泛学习、借鉴一切发展模式形成发展过程中反映人类发展规律、已被实践所证明了的优点，并结合本国国情，就一定能够走出正确的发展道路，创立具有特色的发展模式。

第二节　建立国际文明新秩序

国际文明秩序是指世界各文明体基于某种共同利益和目标，依据一定的原则、规范、规则和保障机制而形成的相对稳定、有序的世界文明关系状态。历史地看，传统国际文明秩序是由西方文明主导并为其牟利的，它把占世界多数的弱势文明排斥在规则制定者和受惠者行列之外，破坏了强势文明与弱势文明之间在权利和义务上的平等原则以及在社会价值选择上的自主原则，导致强弱差别扩大化和文明冲突的普遍化，因而是不公正、不合理的。建设国际文明新秩序就是要在多样文明并存的国际社会形成共同遵循、普遍制约的稳定的运行机制，以保证不同文明之间的平等相处、相互交流、相互借鉴。因此，建立国际新秩序的核心是构建有利于不同文明共存、交流、发展的国际关系原则，使各种文明获得公正合理的地位。

一、坚持求同存异，提倡不同文明间的对话

推动世界文明朝着反映世界人民共同愿望、符合人类社会发展规律的

---

① 何秉孟：《新自由主义评析》，北京：社会科学文献出版社2004年版，第20、165页。

和谐方向发展，加强文明对话是重要举措。抽象地讲，对话是不同社会力量之间的一种互动形式，包括政治对话、经济对话、安全对话、战略对话、人权对话、文明对话、军事对话等。它既可以是一种手段，或为交流沟通，或为避免冲突，或为缓解对抗，也可以是一种需要创造条件才能实现的阶段性目标，还可以是一种过渡性的关系形态。具体而言，文明对话是全球化条件下不同文明之间自觉而理智的生活状态，既涵指不同文明间的相互作用与合作，也涵指“对话”在不同文明之间的关系中所发挥的作用。①

不同文明之间的对话意味着不同文明之间的交往、整合与合作，意味着和平解决问题与争端，意味着防止暴力与战争的发生。推进不同文明间的对话，以对话代替对抗、以和平代替战争、以交流代替封闭，已成为世界文明交往发展的必然趋势。作为第三代新儒家的领军人物，杜维明认为，在当今“新轴心时代”中，一枝独秀的宗教环境已不存在，面向21世纪，不同的文明体系之间应该有更多的沟通、交流和对话，“在宗教、文化、种族和民族的背景下，无知和傲慢是造成固执、偏见和仇恨的主要根源。通过对话，我们将学会最大限度地欣赏他者的独特性。我们将真正理解，一个由不同的人和文化融合而成的绝妙的多样性整体能够丰富关于自我的认识”②。习近平在亚洲相互协作与信任措施会议第四次峰会上的讲话中指出：“中方倡议通过召开亚洲文明对话大会等方式，推动不同文明、不同宗教交流互鉴、取长补短、共同进步。”③

推动世界文明对话必须具有“求同”的全球意识。所谓“求同”，就是在文明对话的过程中，应正视全球人民在经济利益、政治利益、文化利益和生态利益上的共同性，努力寻找和扩大与其他文明共有的价值观，达到一些全球性的重大的基本问题上的共识。人类跨文明交往越深入，关注共同利益以及由此产生的共同的思想和认识也会越多，这构成文化对话的

① ［保］亚历山大·利洛夫著，马细谱等译：《文明的对话：世界地缘政治大趋势》，北京：社会科学文献出版社2007年版，第86～87页。

② 杨学功：《全球化条件下的文明对话——杜维明教授访谈录》，《哲学研究》，2003年第8期。

③ 习近平：《积极树立亚洲安全观，共创安全合作新局面——在亚洲相互协作与信任措施会议第四次峰会上的讲话》，《人民日报》，2014年5月22日。

动力和前提条件。全球性问题如人口爆炸性增长、自然资源短缺、生态环境恶化、失业率居高不下等对全人类利益产生了重大影响，迫使人们形成和增进全球共识，从而为文明对话创造了客观基础。“我们只拥有一个地球”，它是唯一的，不可再生的；它既是人类改造和征服的对象，又是人类生存和发展的基本条件；在新的时代背景中，它的各个部分和各种因素的联系如此紧密，以至于一个地区的、局部的问题随时可能上升为全局性的世界性的问题。“文明冲突论”无益于解决全球性问题。解决这些问题的客观要求，呼吁着全球协作、平等协商、增进共识的新思维。唯此，才能使人类在全球化过程中逐步积累起来的矛盾面前，在空前严峻的生态危机、价值危机的窘境中开辟出一条切实可行的新路。正如习近平所言：“有句谚语说得好：‘力量不在胳膊上，而在团结上。’要通过坦诚深入的对话沟通，增进战略互信，减少相互猜疑，求同化异、和睦相处。要着眼各国共同安全利益，从低敏感领域入手，积极培育合作应对安全挑战的意识，不断扩大合作领域、创新合作方式，以合作谋和平、以合作促安全。要坚持以和平方式解决争端，反对动辄使用武力或以武力相威胁，反对为一己之私挑起事端、激化矛盾，反对以邻为壑、损人利己。”[①] 德国著名的政治学家米勒也认为：“全球的发展使得我们有理由相信，不同文化背景的国家之间，共同点会更广泛地得以扩大，而不是缩小，只要我们努力寻求，就能在世界各地找到对话的伙伴和合作的意向。”[②]

推动文明对话还必须具有“存异”的宽容心态。所谓“存异”，就是在文明对话过程中，应尊重别的民族对自身政治制度、发展道路、宗教信仰自由选择的权力，容许各民族保留自己民族文化的丰富个性以及多样性。存异的本质就是在承认自身合理性的同时，对其他文明也采取一种宽容、理解的态度。布罗代尔曾指出：“世界的各个文明具有不同的本质和特点，它们长期保持各自的个性；这也就是说，当务之急是要研究每个文明固有的爱好、习惯、气质和本能反应，而这一切唯有历史……方能作出

① 习近平：《积极树立亚洲安全观，共创安全合作新局面——在亚洲相互协作与信任措施会议第四次峰会上的讲话》，《人民日报》，2014 年 5 月 22 日。

② ［德］哈拉尔德·米勒著，郦红、那滨译：《文明的共存：对亨廷顿“文明冲突论”的批判》，北京：新华出版社 2002 年版，第 298 页。

解释。”[①] 承认、尊重、维护和发展人类文明的多样性，使各国能够根据自己的情况继承和发扬其文化传统，发展各自的独特文化，这是建立和谐的国际文明新秩序的内在要求，也是进行文明对话的基本要求。马里前总统阿尔法·奥玛·克奈尔曾说过：“只要某个文明利用自然和历史的馈赠，对其他文明进行政治、精神和道德上的压迫，人类就没有和平可言：否定人类文化差异就是否定人类的尊严。”[②] 人类要和平共处，就必须尊重他人的文化。德国的施密特强调：“在全球时代，迫切需要树立一种对其他文明和宗教的有关演说持尊重和宽容的普遍意愿。这种宽容不是漠不关心的宽容。我们应当传播关于人类拥有许多共同的基本伦理信念的认识。如果思想科学的全球化能够以这种方式大力帮助消除错误的偏见，那么，我们就更有信心去应付伴随全球化而来的某些风险。”[③] 随着全球化的发展，多样文化之间的联系和交往更为频繁，这就要求各个文明主体间进行对话时，特别要学会如何去尊重和正确对待不同于自己的东西，不能要求大家整齐划一接受同一标准，应做到“求同存异”，努力去寻求彼此间的共同点，把分歧暂时搁置，耐心地通过对话去缩小和解决分歧，即使一时不能达成一致，也应有善于等待和相互容忍的精神，不使矛盾激化而导致冲突。

二、坚持平等开放，反对文明霸权主义和狭隘民族主义

“文化不是孤立的，也不是静止的。各种不同的文化总是处于相互影响和发展演变之中。如果不采取民主化行动，不通过可视可感的方式证明文化多元化的创造性和想象力，所谓文化多元化只是一种空洞的说教。我

---

① ［法］费尔南·布罗代尔著，顾良、张慧君译：《资本主义论丛》，北京：中央编译出版社 1997 年版，第 163 页。

② 联合国教科文组织：《文化多样性与人类全面发展——世界文化与发展委员会报告》，广州：广东人民出版社 2006 年版，第 16 页。

③ ［德］赫穆特·施密特著，柴方国译：《全球化与道德重建》，北京：社会科学文献出版社 2001 年版，第 69～70 页。

们必须时刻准备着与其他社会中的人们进行交流。”① 在文明多样性的态势下，不同文明之间的交流必然会产生价值冲突的现象。因为不同的文明模式孕育出不同的文明因子，它们都具有自身的质的规定性和特定的适用范围，在多元文明交流中产生价值冲突是正常的和难以避免的。面对由文明差异所产生的价值冲突，无论是处于优势地位、竞争力强的文明，还是处于劣势地位、竞争力弱的文明，都应当采取平等开放的心态看待彼此，既不可自以为是而陷入文明中心主义的陷阱，也不可盲目排外而陷入狭隘民族主义的泥沼，更不可盲目自我否定而走上民族虚无主义的道路。

在当今世界，不同文明之间的冲突之所以会发生，在很大程度上是和文明霸权主义联系在一起的。文明霸权主义总是习惯于借助自己的强势地位强行向其他文明推销自己的价值观念和标准，这不仅在一定程度上导致了世界文明发展的趋同化趋势，更是导致了世界文明冲突的频繁爆发。建立国际文明新秩序，必须旗帜鲜明地反对文明霸权主义。无论是发展先进的文明，还是发展落后的文明，都是当今世界文明的重要组成部分，它们在本质上是平等的。“我们不能想象，面向 21 世纪，犹太教、希腊哲学的基本理念、兴都教、耆那教、锡克教、佛教、儒家、道家、基督教、伊斯兰教会失去影响，这是不可能的。”② 现行国际文明秩序的最大弊端就是西方文明霸权主义占统治地位，阻碍了不同文明之间的平等交流和对话，并成为影响人类和平、发展、进步的主要障碍。因此，“面对人类辉煌的历史和不可预知的未来，发展再也不能被看作一个单一的、整齐划一的、直线型的路径。如果这样做，不可避免地将会忽略人类的文化多样性和不同的文化经验，从而限制人类的创造能力”③。国际文明新秩序就是要主张世界不同文明，无论其发展程度如何，都是促进人类文明进步的一个要素，都有维护自己平等地位的权利以及承认和尊重他国文化平等地位的义务。伊朗前总统哈塔米曾经说过这样的话：“在真正的对话中，一方不能将其

---

① 联合国教科文组织：《文化多样性与人类全面发展——世界文化与发展委员会报告·内容提要》，广州：广东人民出版社 2006 年版，第 3 页。

② 哈佛燕京学社：《儒家与自由主义：和杜维明教授的对话》，北京：生活·读书·新知三联书店 2001 年版，第 31 页。

③ 联合国教科文组织：《文化多样性与人类全面发展——世界文化与发展委员会报告·前言》，广州：广东人民出版社 2006 年版，第 1 页。

想法强加于他方。在真正的对话中，一方必须尊重他方的独立存在，尊重他方的智识和文化的特性。只有持这样的态度，对话才能成为和平、安全和公正的序幕。”① 哈贝马斯也指出：“不同的文化类型应当超越各自传统和生活形式的基本价值的局限，作为平等的对话伙伴相互尊重，并在一种和谐友好的气氛中消除误解，摈弃成见，以便共同探讨对于人类和世界的未来有关的重大问题，寻找解决问题的途径。这应当作为国际交往的伦理原则得到普遍遵守。”② 在和平与发展的时代主题更加深入人心、全球文明更加走向多元化、多样性文明展开更加频繁的交流和对话的今天，在西方文明中固有缺陷越来越凸显的情况下，试图以西方文明统治世界的想法和做法只能是主观愿望而已，开展与其他文明之间的平等对话才是西方文明更进一步的正道。

以平等开放的理念建构国际文明新秩序，还必须旗帜鲜明地反对狭隘民族主义倾向。全球化进程带来了不同文明的互动和交锋，但是政治、经济、文化领域中的权力和权利的不平等，造成了强势文明对弱势文明的先天优势和话语霸权。本该是平等的文明对话和交流往往变成了强势文明的单向流动，弱势文明则变成了强势文明的规范对象。这样的历史境遇势必刺激弱势民族的民族意识的觉醒，在被异族文明冲击的过程中，人们往往自觉不自觉地求助于传统的力量，捍卫本土文化价值的独立地位。因此，在全球化背景下，从维护全球文明多样性的角度看，应该怀有一种自觉的民族主义，即在强调民族特殊性的基础上，展开与其他文明的对话和交流。但“民族意识既是天使又是恶魔，关键看它在什么时候什么场合出现和怎样发挥作用”③。如果将民族主义的口号过度诠释，有意把民族间文化差别绝对化，试图以民族主义的激情来拒全球化于国门之外，那么就构成了狭隘民族主义。

俄国十月革命后出现的所谓“无产阶级文化派”，就曾在“爱国主义”

---

① President Khatami's Speech at Florence University, March 10, 1999. http://www.dialoguecentre.org.

② ［德］尤尔根·哈贝马斯著，陈学明译：《通向理解之路：哈贝马斯论交往》，昆明：云南人民出版社 1998 年版，第 153 页。

③ 李春华：《文化民族主义：原初形态与全球化语境下的解读》，《当代世界与社会主义》，2004 年第 5 期。

的旗号下反对学习“资本主义文化”，这被列宁批评为“行会爱国主义”。在当代中国，有人认为，近代以来由西方文明主宰的国际关系是一种典型的“武器先进者胜”的社会达尔文主义，这将给人类带来不可挽回的灾难。西方文明的非文明性质注定不能拯救世界，而中国文明具有和平的、伦理的、“天下主义”的性质，它将成为拯救人类于核灾难、建立天下大同的世界新秩序的唯一精神力量。

“新左派”则在20世纪90年代以来的中国文化复兴运动中，主张从根本上排斥西方思想，以摆脱“西方中心主义对我们的思想控制”，并从文化、经济和政治等各个方面重构中国的世界图景。儒学复归主义则强调，中国传统古典文化，尤其是由孔子开创、宋明理学继承发扬的儒家文化，是天生优越的，本质上大大优越于任何西方文化和外来文化。中国文化的唯一出路，就是寻求继先秦原始儒学、宋代理学新儒学之后的儒学第三期发展。① 以上的诸种观点虽令人振奋，但由于它们将全球化视为由单一民族的文化向全球扩张，进而主宰世界，就与事实大相径庭。这种将民族与世界视为二元对立的观点，同样是一种文化中心主义观点，发展下去，会蜕变成民族偏执、民族歧视和民族沙文主义等极端形式，仇视和排斥异域文化，也就堵死了本民族文化发展的道路。因此，“我们要对其他文化与自己的差异感到欣喜，虚心向他们学习，不能把其他文化看作异端，或作为仇恨的对象。政府也许不能要求人们都具备这种宽容之心，但是，它们可以禁止攻击来自其他文化的成员的行为，它们可以为文化上的相互包容设置一套法律和制度的框架，坚决制止公开的种族歧视和排外行为”②。

三、坚持相互借鉴，促进共同进步

国际文明新秩序应当是各种文明取长补短、相互借鉴、共同进步的新

① 张岱年、王东：《中华文明的现代复兴和综合创新》，《教学与研究》，1997年第5期。

② 联合国教科文组织：《文化多样性与人类全面发展——世界文化与发展委员会报告》，广州：广东人民出版社2006年版，第16页。

秩序。相互借鉴而不是刻意排斥，取长补短而不是定于一尊，是各国根据国情繁荣发展本国文化、文明，进而实现世界文化、文明共同繁荣发展的重要途径。它山之石，可以攻玉。不同文明生长于不同的环境中，这种环境构成了该文明生长发育的源泉，但也构成了该文明自身的局限性。因此，任何一种文明本身都不是十全十美的。而且任何一种文明在自身发展和走向世界的过程中，所面临的挑战和问题往往是前所未有的，仅靠自己的智慧是远远不够的。这就需要不同文明在相互交流中学会借鉴他人之“长”，以补自己之“短”。

坚持不同文明之间的相互借鉴，首先要“互识”。所谓互识，就是对自身和其他文明有一个全面的了解和科学的认识。不同的生长环境诞生了不同的文明。分别诞生于农耕经济和商业经济基础上的中华文明和西方文明就具有不同的价值取向和基本特征，而其他文明，诸如印度文明、伊斯兰文明、非洲文明等，也都各有自己的独特体系。意大利杰出理论家恩贝托·埃柯提出：“了解别人并非意味着去证明他们和我们相似，而是要去理解并尊重他们与我们的差异。”① 不同文明之间了解得越多，也就越能证明对别人的尊重，并使自己能够置身于其他文明的语境之中，这样才能实现同其他文明的合作与沟通。反之，不同文明之间缺乏相互了解，对对方采取不知、不闻、不问的态度，在不同文明相遇时，也就使自己处在他者语境之外，这就容易导致对方把异己文化当成陌生者来加以对待。在全球化不断发展的今天，不同文明之间的交往不断扩大，但不同文明由于彼此之间的误解而形成的矛盾也越来越多。不同文明之间要避免误读现象的发生，就要对其他文明有正确的理解。不同文明彼此对对方的了解和认识，促进了不同文化之间的理解，也使双方有了更多的交流话题，为进一步的合作奠定了基础。

其次是“选择”。世界文明相互借鉴的过程，也是一个“择其善者而从之”的选取过程。露丝·本尼迪克特说过：“在文化生活中和在语言中一样，选择都是首要的必然现象。”② 人类为满足自己的物质和精神的需求

---

① ［中］乐黛云、［法］李比雄主编：《跨文化对话（一）》，上海：上海文化出版社 1998 年版，第 83 页。

② ［美］露丝·本尼迪克特著，王炜等译：《文化模式》，北京：生活·读书·新知三联书店 1988 年版，第 25 页。

需要进行各种文化活动，而人们的文化行为总是具有很强的目的性。在多种目的中或为实现某种目的的多种手段中，人们总是自觉不自觉地作出某种选择。人类文化创新的历史就是一个不断选择的过程。文化选择的实质和目的是主体对变更着的新环境的主动适应。历史的发展、时代的变化、实践的需要，是文化选择的外在要求；人类不断优化自身的努力是文化选择的内在驱动力。从文明主体的总体行为看，文化的选择有三个向度：一是主体对民族传统文化的选择，指的是在前人的文化遗产的基础上，根据其对新环境的适应能力决定的取舍行为，从而使传统文化积极因素成为新文化的重要组成部分，焕发出新的活力。二是对外来文化的选择，指的是在不同文化的相互接触、交流中，文明主体的排斥与吸纳的选择行为。三是对未来文化的选择，指的是在对已有各种文化的筛选、取舍的基础上对未来文化发展的设想及追求。在现实的实践活动中，这三个向度的文化选择往往是交织结合在一起的。每一个民族和国家走向现代化、融入全球化的历程，都是在一定文化背景下的文化选择、文化适应的过程。它立足于文化现代化、民族化和文化的进步，对民族文化发展的方向、目标、道路、模式重新定位、定向、选择，从而为民族的现代化提供价值目标、精神动力、价值观念等，进而影响社会政治经济活动的历史进程和走向。对于发展中国家来说，自觉的、合理的文化选择可以促进文化创新的步伐，加快社会发展和现代化的进程；而不自觉的、盲目的文化选择则会加剧民族文化与外来文化的冲突和矛盾，甚至导致社会结构的巨大震荡、社会发展的停滞乃至倒退和民族文化的消亡。

最后是“整合”。文明整合的实质是不同文明（特别是相对落后的文明）在保持自身价值、信仰传统的同时接纳现代性、吸收全人类所创造的优秀文明成果，形成一种既适应现代又具有本民族特色的新文明。在整合的过程中，原本渊源、性质以及目标取向、价值取向不同的文明，经过相互接近、彼此协调，它们的内容与形式、性质与功能以及价值取向、目标取向等会不断修正、发生变化，特别是为共同适应社会需要，逐渐融合、组成新的文明体系。历史发展已经表明，整合能力强的文明也是生命力强的文明。全球化时代为各种文明的发展提供了更多机遇和更多可用的异质性因子，只有通过整合才能将这些异质性因子充实到自身的结构系统中来，增强自身的生命力。文明整合体现了多元主义的文明观，它并不是一种文明对其他文明的同化或吞并，而是积极包容和借鉴多元文明的聚合方式，是寻找多元文明相融合的新的文明建构方式。“整合提供了一种更为实际的、更为宽容的、在道德上也更易被接受的新方式。”① 在全球化这一背景下，文明整合所面临的最大难题是如何既要融入全球化又要保持民族性。如果将文明整合理解为由异质文明作主体，那么，这种整合就可能是全盘异化，是本土文明的大撤退和大消亡；如果单纯地追求民族性，则又可能陷入极端保守主义的陷阱，而失去同世界文明对话的机会。应当说，不管全球化的形势发生怎样的变化，文明整合的主体绝不能是异质文明，而只能是本土文明。科学的文明整合的理念应是以我为主，博采众长，为我所用，即在文明整合的过程中要努力维护自己的特色和个性，在全球化的浪潮中保持自己文化应有的地位和价值。在和平与发展已经成为时代主题的今天，地球虽然越来越小，世界和平发展的道路却越走越宽。多样性的文明、多样性的社会制度、多样性的发展模式、多样性的文化价值观的平等相处，相互交流，相互借鉴，合作双赢，共同进步，必将促使人类文明进入一个更加光辉灿烂的新阶段，必将迎来一个有助于持久和平与普遍繁荣的多姿多彩的和谐世界。

四、超越零和博弈，建设和谐的文明大国关系

大国关系是一个涉及双边或多边关系的多层面、多角度的复合体系。自近代以来，大国关系始终在国际关系格局中居于核心地位，其发展和变化一直对世界形势具有决定性影响。进入新世纪以后，大国关系仍是当前国际关系的重中之重，大国关系的演变在很大程度上决定着未来世界秩序的走向，国际文明秩序的走向同样也取决于文明大国之间的关系。所谓文明大国是指在一个文明内部拥有相对优势的经济实力、军事实力、政治影响力和组织能力，并能够承担该文明体领导义务的国家。按照这样的标准，在构成当今世界文明版图的八大文明（西方文明、中华文明、日本文明、印度文明、伊斯兰文明、俄罗斯文明、拉丁美洲文明和非洲文明）

---

① ［美］沃特森著，叶兴艺译：《多元文化主义》，长春：吉林人民出版社 2001 年版，第 7 页。

中，美国、英国、法国、德国是西方文明大国；中国、日本、印度、俄罗斯则毫无争议地分别是中华文明、日本文明、印度文明和俄罗斯文明中的大国；巴西是拉丁美洲文明中的大国①。在伊斯兰文明和非洲文明中，到目前为止，尚未形成公认的文明大国。② 确定文明大国对于多元文明的世界秩序的建立和实际运作具有重要意义。亨廷顿认为："在这个世界上，文明的核心国家是文明内部秩序的源泉，而核心国家之间的谈判则是文明之间秩序的源泉。"③ "当文明缺少核心国家时，在文明内部建立秩序或者在文明之间通过谈判建立秩序的问题就变得更加棘手。"④ 亚历山大·利洛夫也认为："如果没有主要文明领导国家的参与，不同文明间的问题和关系不可能令人信服地自动得到解决和调整。"⑤ 建立国际文明新秩序，实现世界文明和谐发展，需要全世界人民的共同努力，更需要文明大国相互信任，团结协作，求同存异，承担起维护和平与促进发展的责任。

建立和谐的文明大国关系必须超越零和博弈思维，建立双赢的共生模式。零和博弈意味着一方得分另一方必然失分，得失相加的结果为零。尊重文明差异，允许世界各国选择最适合本国国情的社会发展道路，本是十分正常的事情。但是，在世界文明的发展历史中，因为宗教信仰、社会发展道路和政治制度的不同而导致的大国冲突乃至战争，是近代以来最痛苦的回忆。这种以客观存在的"文明差异"为由引发人为的"文明对立"或"文明冲突"就是一种典型的零和博弈思维。今天的人类活动已经连成一

---

① 这一点尚存争议。墨西哥因有特殊的历史和文化传统，也想扮演这一角色。但大多数学者认为，巴西作为该地区面积最大、实力最强的国家，可以扮演这一角色。

② 在这点上，笔者认同亨廷顿的有关分析。亨廷顿认为："伊斯兰世界没有一个公认的核心国家，它正在强化共同意识，但迄今为止只形成了一个初级的共同政治结构。""人们时而提到的可能成为伊斯兰领导的国家有六个（印度尼西亚、埃及、伊朗、沙特阿拉伯、巴基斯坦和土耳其——笔者注），然而，目前它们当中没有一个具备成为有效的核心国家的全部条件。"（［美］塞缪尔·亨廷顿著，周琪、刘绯、张立平、王圆译：《文明的冲突与世界秩序的重建》，北京：新华出版社 2002 年版，第 176 页。）

③ ［美］塞缪尔·亨廷顿著，周琪、刘绯、张立平、王圆译：《文明的冲突与世界秩序的重建》，北京：新华出版社 2002 年版，第 177 页。

④ ［美］塞缪尔·亨廷顿著，周琪、刘绯、张立平、王圆译：《文明的冲突与世界秩序的重建》，北京：新华出版社 2002 年版，第 169 页。

⑤ ［保］亚历山大·利洛夫著，马细谱等译：《文明的对话：世界地缘政治大趋势》，北京：社会科学文献出版社 2007 年版，第 64 页。

个互动的整体，每一个共同体或国家（包括大国）在经济资源、生态环境和领土安全上必须以其他共同体或国家的安全为自己存在的前提。这就要求人们的行为方式和思维方式必须放弃那种零和博弈模式，改行一种双赢的共生模式。如果说零和博弈从局部上看有得有失，整体上结果是得失的零和，那么，双赢共生模式从局部上看则是要得都得，要失都失，整体结果是得失的“加和”。双赢共生模式是一荣俱荣、一损俱损的休戚与共的关系，其性质显然符合全球性之根本特征，也符合世界整体利益。

坚持双赢共生模式，从相容走向和谐，是实现文明大国关系良性互动的基本路径。相容，并不否定客观存在的矛盾和差异。从世界文明发展的角度来看，不同文明的相互比较和借鉴，是推动世界文明发展进步的基本动力。文明大国之间竞争而不冲突、合作但不结盟，是维持国际和平与稳定的基本保证。以平和的心态面对异质文明的发展，以共同制定的游戏规则进行有序竞争，这是世界文明大国的共同利益所在。关于如何克服国际冲突和对抗，古往今来的政治家、战略家提出了种种设想，归纳起来，无非是帝国、大同和共处。① “20 世纪的大国冲突从政治发展的角度来看正是帝国和大同两种思路的斗争，是帝国的扩张与共产主义的输出革命之间的对抗。”② 冷战期间，美苏争霸带给世界的不是和平与发展的阳光，而是恐怖的战争乌云。冷战结束，整个西方都欣喜若狂。保守主义的政治家深信 20 世纪是产生共产主义的世纪，也将是“埋葬”共产主义的世纪。自由主义的战略家们则从全球化的发展带来的世界相互依存的前提出发，论证了通过国际机制，化解冲突、建立国际秩序、和平地演变东方国家的可能性。“9·11”事件在给美国带来巨大打击的同时，也给美国带来了重建“国际新秩序”的借口。布什政府发动阿富汗战争、伊拉克战争使得其试图建立美国统治下的“新帝国”秩序的目标昭然若揭。然而，阿富汗战争、伊拉克战争的惨淡结局以及奥巴马政府的改弦易张，证明了帝国、霸权的思路不仅不能克服对抗，而且还将加剧冲突。这就要求以美国为核心的西方文明必须走出长期以来形成的对其他非西方文明的偏见和歧视，摒

---

① 钮汉章：《帝国　大同　共处——国际安全的思维与机制选择》，《世界经济与政治论坛》，2000 年第 4 期。

② 钮汉章：《相容：超越零和的有序竞争》，《世界经济与政治论坛》，2006 年第 1 期。

弃各种冷战思维、强权政治的传统，顺应历史发展的潮流，理性地认识和处理所面临的矛盾和冲突，共建“持久和平、共同繁荣的和谐世界”。

历史证明，帝国、霸权的思维带来的只能是冲突的加剧；而试图通过“输出革命”战略以建成大同世界的思想，也被历史证明，给世界带来更多的是冲突。马克思曾经说过：“理论在一个国家的实现程度，决定于理论满足这个国家需要的程度。”① 一个国家、一个民族选择什么样的政治制度，完全有赖于该国人民的斗争和选择。“二战”后，苏联把自己当作国际共产主义的“强大的公开的中心”，将“输出革命”从理论发展到实践。中国革命胜利后，支持世界人民革命斗争的实践也曾发展到极“左”的“把中国建成世界革命根据地”之类典型的“输出革命”论调。无产阶级国际主义的“输出革命”与美国为首的西方国家的围堵式遏制，几乎成为20世纪冲突的主题。“20世纪的大国冲突从政治发展的角度来看正是帝国和大同两种思路的斗争，是帝国的扩张与共产主义的输出革命之间的对抗。”② 历史告诉我们，无论是美国的帝国主义战略，还是这种试图通过“输出革命”的方式以实现世界“大同”的思路，给世界带来更多的是无休止的矛盾和冲突。所以，推动和谐世界的创建，既要反对霸权主义的思维，也要走出“输出革命”的理论误区，以相容共处的心态对待其他国家的政治、经济和文化的发展道路选择。

总之，解决人类面临的共同难题，推动世界的和谐发展，只有加强世界主要文明大国的合作才有可能。中美战略对话关系，中印战略伙伴关系、中俄战略伙伴关系、中法战略伙伴关系、中日战略互惠关系的建立和发展都告诉了我们，21世纪的世界由相容走向和谐不是美好的理想，而已经是实实在在的社会历史现实。

第三节　提升文化软实力

世界文明能否实现和谐，从根本上取决于落后文明政治、经济等“硬

---

① 《马克思恩格斯选集》第1卷，北京：人民出版社1972年版，第10页。

② 钮汉章：《相容：超越零和的有序竞争》，《世界经济与政治论坛》，2006年第1期。

实力”的全面提升。但和平与发展的时代主题使得文化软实力在世界文明竞争中的作用日益突出。作为世界文明和谐发展的重要推动力量，广大发展中国家要提升国际影响力、增强世界话语权，就必须高度重视文化软实力建设。

一、强化认识，树立文化软实力发展理念

“软实力”概念是美国著名学者约瑟夫·奈在20世纪90年代初针对学术界有关美国国力是否衰落辩论的大背景下首次提出来的。他认为国家的综合实力可由软、硬两大类组成。“硬实力”是同诸如军事和经济力量等具体资源相关的“硬性命令式权力”；“软实力”指的是与诸如文化、意识形态和制度等抽象资源相关的、决定他人偏好的“软性同化式权力”。[①]“硬实力”的运用表现为借助引诱或者威胁手段，直接迫使他人改变自己的意志或者行为；而“软实力”的运用则表现为通过自己思想的吸引力或者决定政治议题的能力，让其他国家自愿效仿或者接受体系的规则，从而间接地促使他人确定自身的偏好。[②] 对于软实力的作用，约瑟夫·奈曾联系美国发动的伊拉克战争特别强调：要“把软力量看作是实施新的国家安全战争所能够运用的最重要的工具和手段，因此，绝不能低估软力量在国际机制和维护国家安全方面的作用”[③]。约瑟夫·奈的软实力理论是基于美国经验，尤其是冷战期间和冷战后美国的世界经验而得出的，其局限性是明显的。但其对国家力量的研究所作出的重要的知识贡献是不容忽视的。

文化软实力是软实力的子系统，它主要是指一个民族国家基于文化而具有的凝聚力、生命力、创新力和传播力，以及由此而产生的感召力和影响力。[④] 文化软实力的核心是思想、观念、原则等价值理念，它的载体是

---

① Nye, Joseph S., Jr., *Bound to Lead: The Changing Nature of American Power*, New York: Basic Books, Inc., 1990, pp. 31-32.

② Nye, Joseph S., Jr., *The Paradox of American Power: Why the World's Only Superpower Can't Go It Alone*, Oxford: Oxford University Press, 2002, pp. 8-9; *Soft Power: The Means to Success in World Politics*, New York: Public Affairs, 2004, pp. 2, 5-7.

③ 《伊拉克战争之后的美国霸权与战略》，《参考消息》，2003年9月8日。

④ 《软实力也是硬道理》，《光明日报》，2008年7月30日。

文化产品、文化交流活动、文化教育和信息传播媒介。文化软实力的提出，揭示了我们认识世界、促进发展的一个重要维度。一种文明的兴旺发达，一个民族的自立自强，其背后往往充盈着一种深厚的思想基础和文化力量。正是这种思想文化累积，拓展了一种文明新的发展视域，开辟了一个民族新的发展空间。正如英国曼彻斯特大学柯岚安教授所谈到的，“在过去的20年里，人们提出了许多概念来理解后冷战时代的国际政治，从‘历史的终结’到‘文明的冲突’、‘全球化’以及对‘帝国’的新诠释。随着伊拉克战争后反美主义在世界各地的兴起，‘软实力’概念的意义重新凸显出来”①。与政治价值和外交政策相比，文化软实力具有更为基本的意义，它成为人类社会创造财富的崭新形态和综合国力的重要指标体系之一。文化软实力的强弱在一定程度上关系到一个国家的国际竞争力，关系到一个国家维护自身国家利益实现自己战略目标的能力。体现和维护本国国家利益的思想、观念和原则一旦得到国际社会的普遍认同和广泛接受，就可以影响他国在国际事务中的行为，减少自己的对外政策在实施中遇到的抵制和阻力，从而有助于一国在国际交往中实现自己的战略目标，增进自己的国家利益。对于一个国家而言，文化软实力比较强，意味着这个国家的民族凝聚力、国家认同感也比较强。

在长期占主导地位的国际战略理论中，评估一个国家力量强大的指标往往是经济和军事。虽然在中外战略思想史上，中国的战略家孙子早就发现了文化作为一种国家力量在克敌制胜中的作用，提出了“不战而屈人之兵”的大战略理论。但是，把文化作为综合国力的一个重要组成部分，把它看作是一种影响国家盛衰和世界进程的重要的力量，并且把发展文化、提升文化的国际吸引力作为提高国家的综合实力和国际竞争力的方式，并确定为一种国家战略，形成关于文化的“软实力”理论，还是近年来的事情。约瑟夫·奈的软实力理论的提出，不仅揭示了文化在世界发展中的地位和作用，而且更为重要的是它为国际社会制定发展战略提供了新的视野和理论依据。文化软实力发展战略成为一种国家战略需求，文化软实力本身不再仅仅是手段，也是一种目的。特别是在文明霸权主义和强权政治仍

① 转引自郑飞：《文化软实力：一个未尽的话题》，《中国社会科学报》，2010年1月12日。

然存在，广大发展中国家的传统文化、价值信仰、生活方式面临西方国家同化威胁的历史背景下，强化文化软实力建设已经成为发展中国家推动世界文明和谐发展的基本要求。

相对于发达国家拥有比较成熟的文化发展战略，目前广大的发展中国家还处于理念认同和战略选择的过渡期。随着全球信息化进程的加快，广大发展中国家逐渐认识到文化软实力的重要作用，如加强民族传统文化研究，限制西方文化特别是美国文化的侵蚀，强调民族认同感的培养等都是重视文化软实力建设的表现。但必须承认，目前广大发展中国家在经济落后的制约下，这种认识还是非系统性的文化软实力观。据此，在考察民族发展的现状，分析世界发展趋势、制定国家发展战略和方针时，广大发展中国家必须注意从更大的范围、更宏观的层面上去考虑问题，充分注意文化软实力对提升国家综合国力、增强民族凝聚力、强化民族认同感的影响，从战略的高度强化文化软实力意识，树立国家综合实力观，把提升文化软实力作为全球化时代国家发展的重要内容。

二、克服文化依赖心理，增强国家文化创新力

创新是文化的本质和灵魂。任何民族文化的生命力、延续力都有赖于其自身不断的与时俱进。全球化而导致的世界范围内经济和文化竞争领域的不断前移，使得创新意识和创新能力成为一个国家能否在这场世界竞争中掌握主动权的关键性因素，成为一个国家综合国力和国际竞争力的重要体现。尤其是当美国在实施文化霸权主义，通过对知识的垄断，特别是利用其在网络技术方面的优势，通过因特网向世界全方位、全天候地倾销其价值标准、意识形态和社会文化，迫使相对落后的发展中国家在创新能力方面形成对它的依赖，并借此进一步侵蚀、消解一个国家和民族创新能力的时候，发展中国家的文化创新能力就显得尤为重要。

对于发展中国家来说，推进国家文化创新能力建设，必须克服对西方文化的依赖，实现自身文化观念的更新和文化理论的创造。理论储备不足、原创动力不足是影响广大发展中国家文化创新能力的一个主要因素，而且也正是这样的不足，成为“文化帝国主义”在全球化的背景下实施文化“入侵”和文化“殖民”的一个重要的借口。大量涌入的各种西方文

化、学说、思潮，又无不影响和制约了发展中国家原本就虚弱的文化原创能力。这就使得发展中国家在文化创新的源头，出现了一种能力转移，即源自民族的文化创造变成对西方文化话语系统和价值观念的传播和复制。言必称“西方话语”，已经成为一些发展中国家学者对“文化创新”的另类解读。正是这种新的思想僵化，使得发展中国家丧失了文化原创的动力，并进而导致“文化殖民主义”现象在发展中国家的现实存在。“创新不是外来的一种压力，而是文化发展的一种社会法则和文化法则。但是这种创新不是拿别人的来代替我们的。……任何形式和意义上的文化引进和文化拿来，都不能代替本土文化的原始创新。”“一个只会运用别人构造的话语系统来进行思维，而不能创造自己独立的概念系统和艺术感觉系统去进行对文化的发现和创造的民族，是永远不可能实现对他者文化的创造性超越的。”①创造本土化的知识和技术比单纯依靠别人发明的技术更重要。正如一位非洲人所言：“过去，几代非洲人都具有非凡的创造能力。比如，乡村赤脚医生自己调制草药，并细心观察病人的反应，这比依靠生活在六千英里之外的欧洲人发明的药方要管用得多。乡村铁匠打造一把简单的锄头或弯刀，也比那些在伦敦或莫斯科受过训练的、只会重复别人理论的工程师强得多，他们对自己社会的真正问题一窍不通。”② 发展中国家只有在元理论的意义上获得关于思想、观念和理论与艺术创作系统的全部创新能力，才能为文化创新能力提供从思维方式、概念系统到理论形态的全面支持，才能从文化产业的原创源头为文化发展提供激情和灵感，提供发展所必需的文化净化力、文化同化力和文化抵御力。

具体而言，发展中国家要从根本上提高文化创新能力，克服对西方文化的能力依赖，就必须在本国的思想文化界、学术界和艺术界，积极倡导“独立之精神，自由之思想”的文化创新的理想境界，广开言路，鼓励人们在文化领域进行大胆的科学探索，维护公民在精神文化原创领域的合法权益，撤销各种违反文化民主、文化平等和超国民待遇的文化政策和文化法规，加大国家对文化创新能力系统建设的政策投入，制定政府为实现国

---

① 胡惠林：《中国国家文化安全论》，上海：上海人民出版社 2005 年版，第 316 页。

② 联合国教科文组织：《文化多样性与人类全面发展——世界文化与发展委员会报告》，广州：广东人民出版社 2006 年版，第 45 页。

家文化创新能力系统建设而必需的面向全球文化竞争的文化政策和产业政策，建立各级政府和文化学术界之间，公共部门和文化人、学者个人之间的伙伴关系，以共同推进国家文化创新能力系统建设所必需的思想、观念和理论的探索创新。在这个过程中，政府既是国家文化政策和发展战略的制定者，同时也是国家文化创新能力系统建设的组织者和合作者。当然，国家文化创新能力系统的建设不仅强调文化成果的原创性，也关注文化原创成果的传播与扩散及其产业化。发展中国家的媒体不应成为外国文化产品进入本国市场的传播平台和营销工具。只有在这些系统性的力量的推动下，发展中国家的文化才可能获得独立自主的全新发展，才能实现文化创新能力的全面提高。

当然，对于广大发展中国家来说，推进民族文化创新，需要克服对西方文化的依赖，但这绝不意味着对西方文化的排斥。“在拉丁美洲，尽管反‘西方化’运动方兴未艾，许多印第安人却有意识地把传统文化资源与现代科学技术巧妙地糅合在一起。他们把传统医疗技术与现代医疗方法结合起来，让西方式民主制度服务于自己的政治经济目的，并将提倡现代性的激进派——基督教与自己的传统宗教信仰结合起来。”① 在印度，许多有着悠久历史的部落“通过一种复杂的过程，将吸收到的现代科学技术知识、政治组织形式同化，用于改进传统并获得新的能量。社会宗教基础也通过改良，适应和服务于新的政治经济目标。他们正是通过这种不起眼的但却非常有效的方式，把文化中本质的东西与工具性的东西结合起来”②。一些发展中国家正是通过这种将西方与本土、现代与传统相结合的方式获得了进步的能量，提升了自己的发展能力。

三、强化民族文化认同，提高国家文化凝聚力

文化凝聚力是在文化认同的基础上，特定文化体系对其全体成员所产

---

① Nestor Garcia Canclini. The future of multicultural societies, paper prepared for the Commission, February 1994.

② 联合国教科文组织：《文化多样性与人类全面发展——世界文化与发展委员会报告》，广州：广东人民出版社 2006 年版，第 36 页。

生的统摄力、吸引力和感召力。文化凝聚力呈现为一种状态，即现存哲学、宗教、政治法律思想、思想道德和文学艺术等文化要素被人们自觉认可和服从的状态。文化只有具备凝聚力，并不断增强凝聚力，才能保持文化体系的稳定和健康发展，才能促使文化成员自觉维护其文化共同体的利益。文化认同是文化凝聚力的基础，有了文化认同，文化才能对人产生统摄力、吸引力，人们才能对文化产生向心力，文化才能具有凝聚力。约瑟夫·奈认为：文化对一个国家来说是一种“同化行为的能力”，它“使人随我所欲”；其主要“来源于文化和意识形态方面的吸引力”。[①] 亨廷顿也认为：“文化认同是决定一个国家敌友的核心要素”；其“最独特的精髓”是“长久延续的历史文明”；“在后冷战的世界，文化同时拥有分裂和聚合的力量”。因为意识形态分道扬镳的人民，常常因为认同文化而聚集在一起；而因意识形态或历史环境而结合在一起的国家，也常常会因为文化上的不认同而分裂或内部关系紧张。[②] 文化有表层文化、深层文化之分，那些能够在全球范围内把不同民族区别开来的文化的根本特质，如价值观念、道德原则、思维模式等属于深层文化。民族文化是深层文化的代表，人们认同某文化，就是认同这一文化的深层结构、认同其特定的民族文化。亨廷顿在《我们是谁：美国国家特性面临的挑战》中认为，美国应该发扬盎格鲁—新教的文化、传统和价值观，这是美国的根本“特性”，否则美国就有分化和衰落的危险。[③] 这说明，这种文化构成了美国最根本的内在因素，如果失去这种文化，美国也就不再是美国。美国如此，其他民族也不例外。

强化民族文化认同，保持和发展本民族文化的优良传统，是关系到广大发展中国家前途和命运的重大问题。然而，全球化的加强、文化霸权主义的存在以及文化产业的快速发展，使得经济上处于弱势、文化上缺乏话语权的广大发展中国家大都面临着民族文化认同的巨大危机。汤姆林森曾

---

① ［美］约瑟夫·奈著，王勇译：《美国定能独霸世界吗?》，北京：军事译文出版社 1992 年版，第 160 页。

② ［美］塞缪尔·亨廷顿著，周琪、刘绯、张立平、王圆译：《文明的冲突与世界秩序的重建》，北京：新华出版社 2002 年版，第 7 页。

③ ［美］塞缪尔·亨廷顿著，周琪、刘绯、张立平、王圆译：《我们是谁：美国国家特性面临的挑战》，北京：新华出版社 2005 年版，第 34 页。

指出，全球化影响了“人们的认同感、对地方的体验以及自我与地方的关系”[①]，而伴随全球化产生的文化的“非领土扩张化”，即文化的霸权化，是构成文化认同危机的主要原因。杰姆逊指出的全球化语境中经济和文化的合谋关系，即“经济的文化化”和“文化的经济化”，[②] 也推动了强势文化的霸权地位。“文化霸权”在暗含着经济扩张欲望的文化政策的推动下，借助已经商品化的文化产品，不断推动着全球文化的同质化。于是，认为“全球化隐含的假定就是某种主导文化——假定是西方文化或美国文化——将征服地球上的每一个角落”[③] 的普世文化观甚嚣尘上。当西方的一些理论家批评非洲文学作品缺乏“普遍性”意义时，奇努阿·阿比奇就颇具讽刺意味地说：“一个西方作家的作品必然地具有普遍性，别人的作品只有必须努力来做到这一点。”那么，怎么努力做到这一点呢？“好像普遍性是你可能走的路上的某个转弯处，如果你在朝向欧洲或美国的方向走得足够远，如果你离开你的家乡足够远，你就做到了。”[④] 这意味着非洲文化要具有西方视野中的“普遍性”，就只能放弃自己的独特性，跟着西方文化亦步亦趋。然而，问题的关键是，丧失了独特性的非洲文化，还属于非洲人民吗？不幸的是，这样的事情在实践中却在不断地发生。全球化语境中的文化机制和文化策略正在不断地摧毁传统的文化认同，发展中国家的民族文化面临着前所未有的主体性危机。

在全球化的背景下强化民族文化认同，应坚持文化自主性，增强民族文化自觉意识。所谓文化自觉，就是指“生活在一定文化中的人对其文化有‘自知之明’的意思。不是要‘回归’，同时也不是主张‘全盘西化’或‘全盘他化’”[⑤]。文化是一个价值体系，是一个民族国家的根本特征。从这个意义上讲，坚持文化自主性，就是做到文化自觉，这是一个民族国

---

① ［英］约翰·汤姆林森著，郭英剑译：《全球化与文化》，南京：南京大学出版社 2002 年版，第 27 页

② ［美］弗雷德里克·杰姆逊著，马丁译：《全球化的文化》，南京：南京大学出版社 2002 年版，第 61 页。

③ 转引自缪家福：《全球化与民族文化多样性》，北京：人民出版社 2005 年版，第 209 页。

④ 转引自［美］爱德华·W. 萨义德著，李琨译：《文化与帝国主义》，北京：生活·读书·新知三联书店 2003 年版，第 396 页。

⑤ 费孝通：《百年北大与“文化自觉”》. http：//www. 54youth. com. cn.

家自尊、自重和自信的体现。在当前全球化背景下，文化自觉是世界各民族处理不同文化关系的基本原则。对于发展中国家来说，做到文化自觉，要既不妄自菲薄，也不妄自骄矜；既反对文化上的盲目抵制，也拒绝文化上的一味趋同；既反对保守的原教旨主义，也反对激进的反传统主义。费孝通先生所提出的“各美其美，美人之美，美美与共，天下大同”精辟地阐明了文化自觉的要义，也是谈论文化自主性的基本前提。发展中国家与发达国家，在处理民族文化与世界文化的关系问题上，都存在局部对整体、个性对共性、地方性对全球性的问题；而发展中国家文化与发达国家文化都是世界文化的构成部分，二者之间都含有整体性、普遍性、全球性的内容，因而，两者之间是一种平等的关系，而非隶属关系。文化自觉要求发展中国家在处理自身民族文化与其他民族文化之间关系时应有清醒的认识和准确的定位。“各美其美，美美与共”就是提倡在不同民族和文化之间既要看到自己的长处，也要欣赏别人的长处，相互学习，取长补短，推己及人，以健康豁达的心胸平等地对待自己和他人。一个民族有了这样一种文化自觉意识，也就有了民族文化的生命之根和独立品格。

强化对民族文化的认同，必须旗帜鲜明地反对民族文化虚无主义。我国著名的历史学家罗荣渠曾经说过：“传统与现代性是现代化过程中生生不断的‘连续体’，背弃了传统的现代化是殖民地和半殖民地化。”① 对于任何一个民族来说，传统文化都是安身立命之本。但在一些发展中国家，长期的经济停滞和西方文化的多重冲击，使得一些人对本民族传统文化产生了极大的怀疑，认为国家经济发展停滞的根源就在于传统文化。委内瑞拉学者卡洛斯·兰赫尔在20世纪70年代出版了《拉丁美洲人：他们与美国的恩恩怨怨》一书，在书中，他认为相对于美国和加拿大的“成功”，拉丁美洲的“失败”的主要原因就在于它的文化传统和价值观。秘鲁作家马里奥·巴尔加斯·略萨也断言，拉丁美洲现代化所需要的经济、司法和教育改革是实现不了的，“除非在这些改革之前或与它们同时进行，也改革我们的习俗和观念，我们整套的习惯、知识、形象和仪式，即我们所说

① 罗荣渠：《现代化新论》，北京：北京大学出版社1993年版，第337页。

的‘文化’”①。在他看来，如果拉丁美洲不对传统文化进行根本的改革，那么经济现代化是根本实现不了的。但事实上，对民族传统文化的否定带来的不仅不是经济的现代化，反而可能是民族的分裂。自冷战结束以来，许多中东欧国家的领导人，一直把赶上和加入西欧文明当作自己国家发展的一个重要目标。但其结果是中东欧各国“从来就没有达到在某种程度上在西欧发生过的那种国家和民族的统一”。“这就造成了那些希望进口西方文化作为促进其自身文化并使之现代化的手段的人们和那些力求保留本地文化遗产不受西方影响的人们之间的分裂。”② 可以说，对民族传统文化的大力张扬，对民族传统文化价值的积极维护，将会使该民族的生存与发展获得更为坚实的基础，而民族文化虚无主义的盛行则会削弱民族文化的凝聚力，使民族现代化失去最根本的精神支柱。当然，积极维护民族传统文化的价值，并不意味着对其全盘接受。正如塞内加尔学者姆博所言：“肯定和捍卫文化特性，不等于退到一成不变、闭关自守的过去，恰恰相反，而是培育一个生动、具有创造性、不断更新的综合体。”③

四、推进文化产业发展，提高国家文化竞争力

按照联合国教科文组织的定义，所谓文化产业，就是按照工业标准生产、再生产、储存及分配文化产品和服务的一系列活动。④ 文化产业是现代工业文明的产物，从其诞生的第一天起，文化产业就以工业生产的方式生产文化产品，缔造与传播着文化精神，并以自己特殊的方式反映着一个国家在一定的历史发展时期的政治经济和社会运动状况。

在迄今为止的人类历史上，还没有哪一种文化的意义载体系统像文化

---

① ［美］塞缪尔·亨廷顿、劳伦斯·哈里森著，程克雄译：《文化的重要作用：价值观如何影响人类进步》，北京：新华出版社 2002 年版，第 425 ~ 426 页。

② ［美］欧文·拉兹洛著，戴侃、辛未译：《多种文化的星球——联合国教科文组织国际专家小组的报告》，北京：社会科学文献出版社 2001 年版，第 194 ~ 195 页。

③ ［塞内加尔］姆博著，郭春林、蔡荣生译：《人民的时代》，北京：中国对外翻译出版公司 1986 年版，第 132 页。

④ 转引自王文章：《中国先进文化论》，北京：文化艺术出版社 2004 年版，第 342 页。

产业那样迅速地推动着人类文明的历史进程，像文化产业那样把各民族创造的不同文化成果迅速地传播给全世界，在极大地推动不同文明成果快速交流的过程中，推动着人类文明的全面进步。“文化不再被视为一种辅助性的行为，而是社会的一种驱动力。”① 在今天，一切优秀的人类文明成果，都只有获得它的当代形态，通过并借助于文化产业这样的媒介系统才能实现它的价值存在和有效传播。尤其是对于信息技术的广泛采用，文化产业及其数字化已经使得人类在把握世界上拥有了一种全新的形式和力量。它不仅使得时间和空间作为阻碍文化传播的自然力量失去意义，而且使零时空跨越成为现代文化传播重要的战略资源力量。因此，“发展文化产业并不是一般地满足经济文化发展的需要，而是对一种新的战略资源的掌握，是对一种战略市场的争夺，是一种对于新的文化存在的主导权的争夺”②。由于这种争夺的结果将直接决定一种文化在全球化背景下的前途与命运，因而，发展文化产业也就成为提升国家文化软实力必不可少的战略需求和战略选择。在这一点上，美国的经验尤其值得重视。据有关资料统计，美国文化产业的年产值已占到整个 GDP 的 21%，是增长最快的产业之一，其视听等文化产品的出口已超过传统的航空航天工业，成为第一大出口行业。也正因为美国以文化产业为核心的“软实力”拥有了与航天航空工业的“硬实力”相当的水平，这才使得美国在全球拥有其他国家无法比拟的影响力、渗透力和文化颠覆力。而所谓美国文化、美国精神以及由此形成的文化霸权主义，正是以美国版权业为核心的文化产业无可比拟的竞争力而在全球范围内横冲直撞，并且影响着国际文化秩序的建立。因此，发展中国家要实现现代化的伟略目标，就不能没有文化产业的发展及其在世界市场竞争中的崛起。没有文化产业的发展，就没有发展中国家文化在世界的影响力、渗透力和竞争力。

制定科学、完善的产业政策是发展中国家发展文化产业的首要问题。所谓文化产业政策是指国家权威部门制定并组织实施的旨在鼓励、规范文化产业发展的一系列政策的总和。文化产业政策对于文化产业的发展有着

① 转引自朱河図：《全球化进程中的世界文化产业走势》，《马克思主义与现实》，2004 年第 5 期。

② 胡惠林：《中国国家文化安全论》，上海：上海人民出版社 2005 年版，第 325 页。

重要的推动、引导、规范和提升作用。法国从第四个五年计划开始，就正式把文化列入发展计划之中。把文化遗产保护始终列在首位，曾先后颁布了旨在保护文化遗产的《保护及修复历史遗迹法》《古迹保护法》等各项法规文件，并于1984年首创文化遗产日。对文化遗产的保护和开发使法国成了全球旅游胜地，从而很好地促进了其旅游产业的发展。日本在1996年7月正式提出《21世纪文化立国方案》，对“文化立国”战略进行了详细阐释，并把21世纪作为日本依靠本国的文化资源与文化优势开始新一轮发展的世纪。相对于发达国家，许多发展中国家都缺乏明确的文化发展目标。特立尼达和多巴哥前总理帕特里克·梅宁认为：“我们仍把文化看作是一个保持社会融合的力量，但是没有看到，只要我们把文化因素变成发展的动力，社会融合已经不成问题。”① 由于缺乏科学、完善的产业政策引导，再加上原本存在的产业基础薄弱、发展动力不足等问题，大多数发展中国家的文化产业没有得到应有的发展，人民的文化生活也得不到满足，这就给西方文化的渗透提供了便利条件。因此，制定符合民族文化特色、反映文化发展规律、适应具体国情的文化产业政策，以推动文化产业的发展，是广大发展中国家提高文化竞争力需要解决的首要问题。

推动文化产业的升级换代。信息技术和网络技术的发展及其更为深入地用于文化产品的开发与传播，让人类社会进入文化产业数据化时代。文化产业数字化趋势迅速地改变和重塑着文化产业的存在形态，数字电视、数码电影、数字娱乐、数字出版等使得原有的文化产业边界正在被消解。与发达国家文化产业优化升级的发展趋势形成鲜明对比的是广大发展中国家由于长期路径依赖的束缚，在文化产业的结构中，传统文化产业的结构比重过大，在文化产品的比例中，初级文化产品的比例过大。按照联合国教科文组织的统计，1980—1997年，发展中国家文化商品贸易量增长了10倍，但其中大多数来源于缺乏附加值的初级文化产品，发展中国家仅仅是发达国家文化产业的制造基地。② 加纳一位杰出的艺术家拒绝出任文化部长，因为她感到在她的国家里，文化的官方概念被限定得太窄了，仅仅包

---

① 联合国教科文组织：《文化多样性与人类全面发展——世界文化与发展委员会报告》，广州：广东人民出版社2006年版，第156页。

② 欧阳友权：《文化产业通论》，长沙：湖南人民出版社2006年版，第6页。

括传统的音乐和舞蹈。[①] 因此，发展中国家要形成文化产业的国际竞争力，就必须在保持民族特色的基础上，适应时代发展要求，通过对文化产业结构的全面优化升级，实现文化产业结构的战略性调整。

树立国际文化贸易观点，实施“走出去”文化发展战略。在现在及未来经济发展的每一个阶段，文化产业都将起到更重要的作用。文化产品既在全球飞速地传播（如表演艺术、音乐、文学著作、电影），也在吸引着人们追寻的脚步（如跨国旅游）。如何在这种新的形式与范围中实现文化的有效传播和增长，仅靠国内市场的能力是非常有限的。对于任何一个国家来说，在全球化时代如果把眼光仅仅局限于国内市场，缺乏世界的眼光和世界市场的支撑，文化产业的全面和可持续发展是不可能的。毕竟，再大的国内市场相对于世界市场而言，都是小市场。韩国政府于 1998 年正式提出“文化立国”战略，将文化产业作为 21 世纪发展国家经济的战略性支柱产业加以优先发展，并且提出“韩国文化世界化”的口号，将韩国文化推向全球。美国的电影业之所以能成为美国文化的一种象征，成为美国出口创汇的支柱产业之一，并且能够形成一个完整的文化产业系统，就在于全球文化市场的需求支持。广大发展中国家的文化产品之所以至今还没有在世界市场形成强大的竞争力，一个重要的原因就是缺乏世界市场观念，没有世界受众意识，结果不仅使内容的生产缺乏想象力，而且使国内的文化消费资源在国际文化产品面前大量流失。有限的国内文化市场及其所蕴含的有效文化产业效益，不仅不能形成促使政府制定文化产业发展政策和推动文化产业升级换代的动力，而且也使国家为规范市场支出了过高的管理成本。发展中国家在融入现代世界体系的过程中实施文化走出去的发展战略，不仅可以获得文化增长所需的来自世界需求的动力，也可以通过参与全球文化市场重建新的世界文化秩序。因此，树立国际文化贸易观点，实施“走出去”文化发展战略，对于发展中国家而言，不仅是一般意义上的应对全球化挑战的被动举措，也是自觉提高自身文化原创能力和生存空间的主动选择。

---

① 联合国教科文组织：《文化多样性与人类全面发展——世界文化与发展委员会报告》，广州：广东人民出版社 2006 年版，第 156 页。

第六章 中国共产党对文明和谐的理论探索

如何把握世界的发展趋势，充分利用人类的文明发展成果，全面推进中国的社会主义现代化建设，是新中国成立以来中国共产党始终面临的重大课题。以毛泽东、邓小平、江泽民、胡锦涛、习近平为主要代表的中国共产党人，在革命、建设和改革的不同历史阶段，对如何处理不同文明之间的关系也进行了深入的探索。

第一节 遏制性环境与毛泽东的积极探索

新中国成立后，我国一直奉行和平外交政策。新中国成立之初，面对资本主义国家的经济封锁、军事围堵、政治恐吓，以毛泽东为核心的党的第一代中央领导集体既坚持积极斗争，又灵活应对，并提出“和平共处五项原则”作为新中国处理对外关系的基本准则。在“和平共处五项原则”的基础上，毛泽东既主张要积极发展同“第三世界”的关系，也倡导要努力发展同西方资本主义国家的关系。

一、倡导“和平共处五项原则”

在帝国主义时代，世界盛行弱肉强食的“丛林法则”。以实力强弱论高低，导致大欺小、富压贫、强凌弱成为世界的常态。近代中华文明的悲惨遭遇使得毛泽东毕生致力于打破强权主宰的旧国际秩序，创建各国互相尊重、平等相待、和平共处、友好合作的新型国际关系。在新中国成立前夕，毛泽东明确指出：“凡愿遵守平等、互利及互相尊重领土主权等项原则的任何外国政府，本政府均愿与之建立外交关系。”[①] 在毛泽东的支持下，周恩来总理在1954年初代表中国政府首倡“互相尊重主权和领土完整、互不侵犯、互不干涉内政、平等互利、和平共处”五项原则，并于同年分别与印度、缅甸两国总理共同倡导将“五项原则”作为指导处理国际关系的基本准则。1954年，毛泽东在会见缅甸总理吴努时提出：“五项原则是一个大发展”，“我们认为，五项原则是一个长期的方针，不是为了临时应付的。这五项原则是适合我国的情况的，我国需要长期的和平环境。五项原则也是适合你们国家的情况的，适合亚洲、非洲绝大多数国家的情况的”[②]，他进一步指出：“不论大国小国，互相之间都应该是平等的、民主的、友好的和互助互利的关系，而不是不平等的和互相损害的关系。”[③]

和平共处五项原则，最初是社会主义的中国处理同资本主义世界中新独立的民族主义国家之间关系的指导原则。但在1956年发生波匈事件，苏联变本加厉推行大国沙文主义之后，毛泽东超越意识形态和社会制度的局限，从维护社会主义国家的平等和独立自主地位出发，提出“在社会主义国家之间也应实行和平共处五项原则”。1957年，毛泽东在苏联庆祝十月革命胜利40周年会议上重申：“我们坚决主张，一切国家实行互相尊重主权和领土完整、互不侵犯、互不干涉内政、平等互利、和平共处这样大家知道的五项原则。”[④] “我们反对大国有特别的权利，因为这样就把大国和小国放在不平等的地位。大国高一级，小国低一级，这是帝国主义的理论。”[⑤] 可以说，和平共处五项原则是建立公正、合理的国际关系的指南和准绳，它是区分强权政治与非强权政治、大国沙文主义与非大国沙文主义的标志，是反对霸权主义、强权政治的强大思想武器。

---

① 《毛泽东外交文选》，北京：中央文献出版社、世界知识出版社1994年版，第116页。

② 《毛泽东外交文选》，北京：中央文献出版社、世界知识出版社1994年版，第186页。

③ 《毛泽东外交文选》，北京：中央文献出版社、世界知识出版社1994年版，第192页。

④ 《毛主席会见缅甸总理吴努》，《人民日报》，1957年1月7日。

⑤ 《毛泽东文集》第6卷，北京：人民出版社1999年版，第378页。

二、提出“求同存异”思想

在两制关系问题上，如果说在夺取政权之前，毛泽东侧重于阐述社会主义革命理论，那么，新中国成立之后，毛泽东所关注的，一方面是在国内建设社会主义过程中如何对待资本主义问题，另一方面则是如何处理好与资本主义特别是西方资本主义关系的问题。虽然刚刚成立的新中国面对着西方的封锁和遏制，但毛泽东在坚持斗争的同时，并没有关上同西方交往的大门，而是立足于国内现实需要，着眼于瓦解帝国主义阵营，坚持求同存异，灵活处理与西方资本主义的关系。“矛盾总是有的，只要大体过得去，可以求同存异，那些不同的将来再讲。”① 毛泽东认为，求同存异就是不要因意识形态和国家制度的不同而造成分裂，“不同的制度是可以和平共处的”②。在对外交往中“应该把思想体系上的分歧和政治上的合作分别开来。思想体系上的分歧不应该妨碍一国与另一国在政治上的合作”③。1956 年，毛泽东在接见丹麦驻华大使格瑞杰生时说：“我们很愿意向你们学习，我们愿意向世界上所有国家学习。如果美国人愿意的话，我们也愿意向他们学习。每个国家都有值得学习的长处。”④

关于如何实现求同存异，毛泽东科学地提出了“三个区别”的重要思想。一是把政治与经济区别开来。针对帝国主义国家政治上不承认新中国的问题，他提出政治上不建立外交关系不要紧，经济上可以做生意。“关于同外国人做生意，那是没有问题的，有生意就要做。”⑤ 二是把资本主义国家人民与资本主义国家政府区别开来，即把英美国家的人民和英美帝国主义政府区别开来。“我们的批评是将美国政府与美国人民分开，将美国

---

① 《毛泽东文集》第 7 卷，北京：人民出版社 1999 年版，第 191 ~ 192 页。

② 《毛泽东文集》第 6 卷，北京：人民出版社 1999 年版，第 339 页。

③ 《毛泽东关于英国工党在华活动情况给赫鲁晓夫的信》，《人民日报》，1954 年 9 月 15 日。

④ 《毛泽东外交文选》，北京：中央文献出版社、世界知识出版社 1994 年版，第 234 页。

⑤ 《毛泽东外交文选》，北京：中央文献出版社、世界知识出版社 1994 年版，第 81 页。

政府中决定对华政策的人物与其他人员分开，又将美国政府一部分错误政策与其他正确政策分开。”[①] “我说美国不好，只是说它的统治者不好，美国人民是很好的。”[②] 三是利用矛盾，区别对待资本主义国家，要把美国与其他资本主义国家区别开来。20 世纪 60 年代，毛泽东在会见法国议员代表团时说：“我们做个朋友，做个好朋友。你们不是共产党，我也不是你们党。我们反对资本主义，你们也许反对共产主义。但是，还是可以合作。”“在我们之间有两个根本的共同点：第一，反对大国欺侮我们。”“第二，使两国间在商业上、在文化上互相往来。”[③] 求同存异与区别对待相结合体现了毛泽东在对待社会主义与资本主义问题上的灵活性。

三、提出“洋为中用”的文化发展方针

批判地继承中国的历史文化遗产，批判地吸收外国文化，是毛泽东的一贯思想。1962 年 2 月，毛泽东在中央音乐学院一封来信的批示中指出，发展社会主义文化要做到“古为今用，洋为中用”。“古为今用”是对待中国历史文化遗产的正确方针，“洋为中用”是对待外国文化的正确方针。对于“洋为中用”方针，毛泽东在《新民主主义论》中就作了初步探索：“中国应该大量吸收外国的进步文化，作为自己文化食粮的原料，这种工作过去还做得很不够。这不但是当前的社会主义文化和新民主主义文化，还有外国的古代文化。”[④] 新中国成立后，为了使新生的共和国立于不败之地，就必须改变一穷二白的现实，就必须医治近代以来连绵不断的战争创伤。因此，除了继承中国传统文化的精华外，还必须认真学习西方的政治、经济和文化等优秀的东西。1956 年 4 月，毛泽东在《论十大关系》中指出：“应当承认，每个民族都有它的长处，不然，它为什么存在？为什

---

① 《毛泽东外交文选》，北京：中央文献出版社、世界知识出版社 1994 年版，第 50 页。

② 《毛泽东外交文选》，北京：中央文献出版社、世界知识出版社 1994 年版，第 370 页。

③ 《毛泽东外交文选》，北京：中央文献出版社、世界知识出版社 1994 年版，第 520 页。

④ 《毛泽东选集》第 2 卷，北京：人民出版社 1991 年版，第 706 ~ 707 页。

么发展？同时，每个民族都有它的短处，有人以为社会主义就了不起，一点缺点也没有了，哪有这个事？”“我们的方针是，一切民族、一切国家的长处都要学，政治、经济、科学、技术、艺术的一切真正好的东西都要学。”① 在批判吸收外国文化的过程中，必须反对两种错误倾向，一是盲目排外、妄自尊大的民粹主义；一是否定自我、全盘西化的奴化思想。毛泽东指出：“艺术上‘全盘西化’被接受的可能性很少，还是以中国艺术为基础，吸收一些外国的东西进行自己的创造为好。”②“吸收外国的东西，要把它改造，变成中国的。学外国织帽子的方法，要织中国的帽子。”③ 毛泽东在谈到吸收外来文化时又说：“一切外国的东西，如同我们对于食物一样，必须经过自己的口腔咀嚼和胃肠运动，送进唾液胃液肠液，把它分解为精华和糟粕两部分，然后排泄其糟粕，吸收其精华，才能对我们的身体有益，绝不能生吞活剥地毫无批判地吸收。”④

必须指出的是，毛泽东有关文明和谐发展的思想虽然反映了当时中国的现实需要，也符合世界历史的发展规律，但受制于特殊的国内外环境，特别是西方资本主义国家长期对中国实行的遏制性战略，致使他最终没有在社会主义建设中完全贯彻这一思想。甚至在实践中把社会主义同资本主义完全对立起来，把资本主义的许多好东西都当作“毒草”而加以排斥，使刚起步的社会主义现代化建设偏离了正确的轨道。尽管如此，我们还是不得不佩服毛泽东当年提出的“同资本主义和平共处、借鉴资本主义文明成果”这一思想，同时也必须肯定它在中国共产党人探索社会主义现代化建设过程中的历史地位，以及对今天改革开放实践的指导意义。

第二节 时代主题转变与邓小平的大胆突破

在十一届三中全会上，经历了“文化大革命”磨难的中国共产党作出了把党和国家的工作重心转移到经济建设上来，实行改革开放的历史性决策。以邓小平为核心的第二代中央领导集体，科学判断时代主题，准确把

---

① 《毛泽东文集》第7卷，北京：人民出版社1999年版，第41页。
② 毛泽东：《毛泽东论文艺》（增订本），北京：人民出版社1992年版，第91页。
③ 毛泽东：《毛泽东论文艺》（增订本），北京：人民出版社1992年版，第96页。
④ 《毛泽东选集》第2卷，北京：人民出版社1991年版，第707页。

握时代潮流，在领导全国人民坚持以经济建设为中心的同时，着力探求如何在和平与发展的时代背景下充分利用国际资源推动中国的现代化建设的有效路径，提出了加快改革开放、大胆利用资本主义文明成果、建立国际新秩序等战略思想和方针，从而初步形成了不同文明之间和谐相处的思想。

一、作出“和平与发展”是时代主题的科学论断

回顾历史，我们清楚地看到，不同文明之间的相互关系曾经历了扼杀与生存、并存与对抗、共处与竞争的阶段。20 世纪 50 年代到 60 年代初期，由于苏联经济和军事力量的发展，以及世界社会主义带来的民族解放运动的发展，世界形成了社会主义与资本主义两大阵营的对峙，毛泽东认为当时的历史时代仍然是列宁提出的帝国主义与无产阶级革命的时代，战争与革命是时代的主题。20 世纪 60 年代中后期到 70 年代中期，中苏矛盾激化，两大阵营的对峙被美苏两个超级大国的争霸取代，毛泽东认为，这两个超级大国的争霸是世界战争的策源地，是世界不安宁的根源，必然导致新的世界大战，因而当时的时代主题仍然是战争与革命。毛泽东对当时时代的分析，在一定程度上反映了客观情况，具有一定的合理性。但他过分估计了世界大战的可能性和危险性，把主要精力放在准备打仗上，制约了经济建设，贻误了经济发展的大好时机。

20 世纪 70 年代末到 80 年代初，国际形势在总体上趋于缓和，邓小平通过对国际大势以及中国周边环境的冷静观察和科学分析，改变了原来认为战争的危险很迫近的看法，对战争与和平的问题进行了重新思考。1982 年，邓小平在会见当时的联合国秘书长德奎利亚尔时指出：“我们说战争的因素在增长，制止战争的因素也在增长。从联合国的角度可以看出，第二次世界大战以后，国际政治中积极的因素是第三世界的兴起。在联合国中，第三世界的成员增加了。对这个变化的价值要给予充分估量。霸权主义还要继续下去。但是，它们像过去那样主宰世界人民命运的时代已经过去。”[①] 随着国际形势的进一步缓和，邓小平在“战争的因素在增长，制止

---

① 《邓小平文选》第 2 卷，北京：人民出版社 1994 年版，第 116 页。

战争的因素也在增长”的判断的基础上，又进一步提出了“在较长时间内不发生大规模的世界战争是有可能的，维护世界和平是有希望的”①，“争取比较长期的和平是有可能的，战争是可以避免的”。②

从20世纪80年代中期开始，邓小平基于对国际形势的正确分析和判断，深入思考时代主题问题，并逐步形成了“和平与发展”是当今时代主题的科学论断。1984年5月，邓小平在会见厄瓜多尔总统塔多时指出：“我看世界存在两个根本的问题。第一个是反对霸权主义，维护世界和平。……第二个是南北问题。这是今后国际问题中一个十分重要的方面。”③ 1985年3月，邓小平在会见日本工商会议所访华团时进一步明确指出：“现在世界上真正大的问题，带全球性的战略问题，一个是和平问题，一个是经济问题或者说发展问题。和平问题是东西问题，发展问题是南北问题。概括起来，就是东、西、南、北四个字。”④ 随着和平力量的兴起，南北问题即发展问题逐渐凸显出来。1988年12月，邓小平在会见印度总理拉吉夫·甘地时强调了发展问题的重要性，并指出：“当前世界主要有两个问题，一个是和平问题，一个是发展问题。和平是有希望的，发展问题还没有得到解决。人们都在讲南北问题很突出，我看这个问题就是发展问题”，“应当把发展问题提到全人类的高度来认识，要从这个高度去观察问题和解决问题。只有这样，才会明了发展问题既是发展中国家自己的责任，也是发达国家的责任”⑤。

邓小平提出的“和平与发展”是时代主题的科学论断，改变了过去观察和处理国际问题的思维方式，指导我们以“结束过去，开辟未来”的方针及时、正确地调整了我们与美国、日本、俄罗斯、欧洲的外交关系，同时加强了与发展中国家的关系，为我国的现代化建设创造了良好的国际环境和周边环境，也有利于整个世界的和平稳定。“和平与发展”是时代主题的科学论断也为我国实行对外开放政策，加强与世界各国在经济、政

---

① 《邓小平文选》第3卷，北京：人民出版社1993年版，第126～127页。

② 《邓小平文选》第3卷，北京：人民出版社1993年版，第233页。

③ 《邓小平思想年谱（1975—1997）》，北京：中央文献出版社1998年版，第281～282页。

④ 《邓小平文选》第3卷，北京：人民出版社1993年版，第105页。

⑤ 《邓小平文选》第3卷，北京：人民出版社1993年版，第282页。

治、文化、科技的交流与合作，学习国外先进科学技术和经营管理经验，吸收人类文明成果提供了理论依据。

二、重新认识社会主义与资本主义的关系

如果将20世纪的人类文明史比作一首交响乐的话，那么，社会主义与资本主义之间的关系则是它的主旋律，跌宕起伏的各个乐章都是围绕这个主旋律展开的。从这个角度讲，社会主义与资本主义的关系也是解读20世纪以及今后人类文明发展的一把重要钥匙。但“在过去的一两百年中，社会主义与资本主义不论从政治思想上说，或是从政治运动上讲，或是从国家制度上看，都是一对天然的宿敌和生死冤家”[①]。应该说，在理论上，马克思主义的经典作家对社会主义与资本主义的关系都作过科学的理解，他们在承认两者之间不可调和矛盾的同时，也看到了两者之间合作和借鉴的可能性。但在实践中，由于受到“左”倾思想以及外部遏制性环境的影响，在很长一段时间里，社会主义国家视资本主义为不共戴天的敌人，在思维方式上恪守斗争双方不是你死就是我亡的定式。其造成的后果就是，一方面，过分地放大甚至丑化资本主义社会的阴暗面，而对资本主义的文明成果认识不足或视而不见；另一方面，则有意地夸大社会主义制度的优越性，而对现实社会主义制度的缺点和弊端则认识不足。这就堵塞了社会主义与资本主义国家之间的对话、交流和合作的可能性。在中国，从20世纪50年代中后期到70年代中后期的20年时间里，“中国以资本主义的运行机制和资本主义国家作为自己发展的反向参照物，‘十年动乱’期间在强调社会主义与资本主义的对立性方面更是达到了登峰造极的地步”[②]。理论上的教条主义，实践上的妄自尊大和自我封闭，致使包括中国在内的许多社会主义国家长期处于困难和困惑的境地。

党的十一届三中全会以后，重新认识社会主义与资本主义的关系是思

① 黄宗良、孔寒冰：《社会主义与资本主义关系理论、历史和评价》，北京：北京大学出版社2002年版，第1页。

② 黄宗良、孔寒冰：《社会主义与资本主义关系理论、历史和评价》，北京：北京大学出版社2002年版，第312页。

想理论和政治关系上拨乱反正的一个重要问题。邓小平站在历史唯物主义的立场上，结合发展变化了的时代条件，从新的视角对社会主义与资本主义的关系进行了重新认识。从马克思辩证唯物主义来看，社会主义与资本主义是对立统一关系。它们之间既具有对抗性、斗争性、排斥性，也有共存性、渗透性、可转化性和互补性。过去的失误在于，只强调前者，而忽视了后者。邓小平在承认社会主义与资本主义之间对立和斗争的基础上，也看到了两者之间的共存合作关系。

一是社会主义与资本主义将长期共存。第二次世界大战之后，西方资本主义国家通过公共财政政策、货币政策、社会福利制度等方面的改革，强化了自我调节、缓解矛盾、平衡各种利益的能力，显示出了强大的活力。而社会主义国家虽然经过几十年的建设，仍与发达资本主义国家在生产力水平上存在较大差距。“我们搞社会主义才几十年，还处在初级阶段。巩固和发展社会主义制度，还需要一个很长的历史阶段，需要我们几代人、十几代人，甚至几十代人坚持不懈地努力奋斗，绝不能掉以轻心。”①因此，社会主义取代资本主义将是一个非常漫长的历史过程。在世界历史进程中将存在一个较长的社会主义制度与资本主义制度并存时期。

二是社会主义与资本主义的相互借鉴关系。在把资本主义搁置在现实历史应有位置的前提下，邓小平正视几百年来资本主义制度下广大人民群众所创造的许多文明成果，认为“各国人民在资本主义制度下所发展的科学和技术，所积累的各种有益的知识和经验，都是我们必须继承和学习的”②。“社会主义要赢得与资本主义相比较的优势，就必须大胆吸收和借鉴当今世界包括资本主义发达国家的一切反映现代社会化生产规律的先进经营方式、管理方法。”③ 当然，利用资本主义文明成果并不意味着放弃社会主义制度，恰恰相反，在这个过程中，邓小平始终强调：“中国的主体必须是社会主义。”④ “我们执行对外开放政策，学习外国的技术，利用外资，这只是社会主义建设的一个补充，而不能离开社会主义道路。”因此，

---

① 《邓小平文选》第3卷，北京：人民出版社1993年版，第379页。

② 《邓小平文选》第2卷，北京：人民出版社1994年版，第67～68页。

③ 《邓小平文选》第3卷，北京：人民出版社1993年版，第373页。

④ 邓小平：《建设有中国特色社会主义》（增订本），北京：人民出版社1987年版，第77页。

否定资本主义的政治制度，大胆吸收、借鉴资本主义物质技术层面及上层建筑中有利于生产力发展和社会进步的积极因素，与资本主义国家进行非政治制度性的交流与合作，这是发展中社会主义中国避免资本主义灾难，走向繁荣昌盛的正确抉择。

三、提出建立国际新秩序的思想

国际新秩序的建立，是关系到世界政治、经济格局的健康稳定发展，以及世界多样性文明共存的时代课题。旧的国际秩序，无论是拿破仑建立起来的维也纳体系，第一次世界大战后建立的凡尔赛—华盛顿体系，还是第二次世界大战后建立的雅尔塔体系，本质上都是由大国设计和制定的，是霸权主义和强权政治的体现。这些大国通过旧的国际秩序操纵和垄断国际事务，实现了自身政治、经济、文化利益的最大化，而广大发展中国家则成了旧秩序的受害者。在和平与发展已经成为时代主题的新形势下，建立一个什么样的国际新秩序，成为当代社会特别是广大发展中国家普遍关心的问题。

20 世纪 80 年代，邓小平审时度势，立足最高国家利益和社会主义现代化建设需要，从世界主题和未来全人类发展的角度出发，首次提出建立“国际政治经济新秩序”的思想。他说：“世界上现在有两件事情要同时做：一个是建立国际政治新秩序，一个是建立国际经济新秩序。”① 进入 90 年代，邓小平将建立国际新秩序列为我国发展对外关系的一项基本内容，指出：“我们的对外政策还是两条，第一条是反对霸权主义、强权政治，维护世界和平；第二条是建立国际政治新秩序和经济新秩序。这两条要反复讲。”② 面对东欧剧变，邓小平冷静观察，高瞻远瞩地指出：“现在世界上不可测的因素多得很，矛盾越来越突出。过去两霸争夺世界，现在比那个时候要复杂得多，乱得多。怎样收拾，谁也没有个好主张。……但在国际问题上无所作为不可能，还是要有所作为。做什么？我看要积极推动建

---

① 《邓小平文选》第 3 卷，北京：人民出版社 1993 年版，第 282 页。
② 《邓小平文选》第 3 卷，北京：人民出版社 1993 年版，第 353 页。

立国际政治经济新秩序。”[①]

和平共处五项原则（互相尊重主权和领土完整、互不侵犯、互不干涉内政、平等互利、和平共处）是建立国际新秩序的最主要原则。邓小平认为：“处理国与国之间的关系，和平共处五项原则是最好的方式。其他方式，如‘大家庭’方式，‘集团政治’方式，‘势力范围’方式，都会带来矛盾，激化国际局势。”[②] 他强调：“现在确实需要以和平共处五项原则作为新的国际政治、经济秩序的准则。现在出现的新的霸权主义、强权政治，是不能长久维持的。少数国家垄断一切，这种形式过去多少年没有解决任何问题，今后也不能解决任何问题。”[③]

关于在和平共处五项原则基础上建立国际新秩序的立场和具体主张，邓小平早在联合国第六届特别大会上就作了有关阐述：第一，国家之间的政治和经济关系都应当建立在互相尊重主权和领土完整、互不侵犯、互不干涉内政、平等互利、和平共处五项原则的基础上。第二，各国的事务应当由各国人民自己来管，发展中国家人民有权自行选择和决定他们自己的社会、经济制度，我们支持发展中国家对自己的自然资源享有和行使永久主权。第三，国家不论大小，不论贫富，应该一律平等，国际经济事务应该由世界各国共同来管，而不应当由一两个超级大国来垄断。第四，国际贸易应当建立在平等互利、互通有无的原则基础上。我们支持发展中国家建立各种原料输出国组织，进行反殖、反帝、反霸的联合斗争。第五，对发展中国家的经济援助，应当严格尊重受援国的主权，不附带任何政治、军事条件，不要求任何特权或借机牟取暴利。第六，对发展中国家的技术转让必须实用、有效、廉价、方便。这一主张体现了对世界文明多样性的尊重，对各国主权独立和领土完整的尊重，对各国所选择的社会制度、发展道路及模式的尊重，反映了人类文明进步的基本要求，符合《联合国宪章》的宗旨和原则，因而是最具有生命力，最经得起考验，最能为不同社会制度、不同发展程度、不同历史背景和文化传统的国家所接受的主张。

---

① 《邓小平文选》第 3 卷，北京：人民出版社 1993 年版，第 363 页。
② 《邓小平文选》第 3 卷，北京：人民出版社 1993 年版，第 96 页。
③ 《邓小平文选》第 3 卷，北京：人民出版社 1993 年版，第 360 页

四、提出对外开放战略

“现在的世界是开放的世界。”[①] 开放是当代世界的基本特征之一。历史已经证明，在世界历史时代，没有任何一种文明能够在封闭的状态下实现持续发展。作为中国改革开放的总设计师，邓小平不仅在理论、实践和历史中探寻对外开放的依据，而且对中国如何开放、如何走进开放的世界进行了宏观设计。邓小平不仅设计了中国对外开放的地域格局（经济特区—沿海开放城市—沿海经济开放区—内地），还设计了对外开放的世界格局。按照邓小平的观点，对外开放必须是全方位的开放，“一个是对西方发达国家的开放，我们吸收外资、引进技术等等主要从那里来。一个是对苏联和东欧国家的开放，这也是一个方面。国家关系即使不能够正常化，但是可以交往，如做生意呀，搞技术合作呀，甚至于合资经营呀，技术改造呀，一百五十六个项目的技术改造，他们可以出力嘛。还有一个是对第三世界发展中国家的开放，这些国家都有自己的特点和长处，这里有很多文章可以做。所以，对外开放是三个方面，不是一个方面”[②]。

对世界开放首先是对西方发达国家的开放。在邓小平看来，“资本主义已经积累了几百年历史，各国人民在资本主义制度下所发展的科学和技术，所积累的各种有益的知识和经验，都是我们必须继承和学习的”[③]。“要实现我们的第一步目标和第二步目标，不开放不行，不加强国际交往不行，不引进发达国家的先进经验、先进科学技术成果和资金不行。”[④] 对世界开放也是对苏联和东欧社会主义国家的开放。尽管它们在总体上没有西方资本主义国家发达，但它们在科学技术的某些领域处于世界领先地位。因此，邓小平指出：对外开放中“还有一个方面，是对苏联和东欧国

---

① 《邓小平文选》第3卷，北京：人民出版社1993年版，第64页。

② 《邓小平文选》第3卷，北京：人民出版社1993年版，第98～99页。

③ 《邓小平文选》第2卷，北京：人民出版社1994年版，第167页。

④ 邓小平：《建设有中国特色社会主义》（增订本），北京：人民出版社1987年版，第105页。

家开放”①，进行技术合作、合资经营。所以，在苏联解体以及东欧剧变后，我们仍然向俄罗斯、“独联体”各国以及东欧国家开放，进行多方面的合作。第三世界发展中国家一般都面临着起点低、技术落后、资金短缺等问题。然而，在邓小平看来，第三世界国家有自己的特点和长处，它们或者在资源方面，或者在市场方面占有一定的优势，因此，我们“还要加强与第三世界国家之间的合作，也就是南南合作。第三世界国家相互交流，相互学习，相互合作，可以解决许多问题，前景是很好的”②。同时，“南南合作还有一定意义，可以推动南北合作”③。

开放不仅是全方位的，而且是多层次的。邓小平多层次开放的基本思路是：科学技术领域—经济领域—文化领域。按照邓小平的观点，“科学技术是人类共同创造的财富”④。在当代，科学技术成为第一生产力，因此要实现现代化，首先就要在科学技术领域向世界开放，学习、引进、吸收国外的先进科学技术，从而实现科学技术发展的跨越。其次是经济领域的对外开放，既要利用外国资本以解决我国建设资金不足的问题，也要积极发展对外贸易，提高中国对外开放的程度和范围，使国民经济走上综合平衡和良性循环的发展道路。再次是文化领域的对外开放，经济开放必然促使文化开放，“经济上实行对外开放的方针，是正确的，要长期坚持。对外文化交流也要长期发展”⑤。建设社会主义先进文化，既要继承中国传统文化，也要善于继承、吸收当代世界先进文化。科学技术、经济和文化多层次的开放，标志着中国大开放的格局已经基本形成。

对时代主题的重新判断，对东西关系的重新认识，以及全方位、多层次、宽领域的对外开放格局的形成，标志着中国这个曾经拥有汉唐盛世、四大发明的东方文明古国，在饱尝了闭关自守的苦难之后，终于以其睿智

---

① 邓小平：《建设有中国特色社会主义》（增订本），北京：人民出版社 1987 年版，第 83 页。

② 邓小平：《建设有中国特色社会主义》（增订本），北京：人民出版社 1987 年版，第 87 页。

③ 邓小平：《建设有中国特色社会主义》（增订本），北京：人民出版社 1987 年版，第 84 页。

④ 《邓小平文选》第 2 卷，北京：人民出版社 1994 年版，第 91 页。

⑤ 邓小平：《建设有中国特色社会主义》（增订本），北京：人民出版社 1987 年版，第 31 页。

的目光和坚定的信念再度打开了尘封已久的窗门，以自觉的开放姿态融入世界。从中我们也深刻领略到邓小平恢宏的“世界观”和开放性、和谐性的思维方式。

第三节　多极化发展与江泽民的科学应对

20世纪80年代末以来，伴随着两极争霸世界格局的结束，人类社会进入了一个新的发展阶段，经济全球化发展势头日趋强劲，政治多极化深入发展，各国之间的经济、政治和文化交往日趋加强。以江泽民为核心的第三代中央领导集体，在坚持和平与发展时代主题，分析政治多极化、经济全球化深入发展的基础上，作出了“当今世界是一个相互依存的世界”的科学判断，创造性地提出了“世界文明多样性”的思想，并制定和实施了“引进来”和“走出去”相结合的开放战略，进一步丰富和发展了当代中国和谐文明观。

一、作出“当今世界是一个相互依存的世界”的科学判断

从人类社会发展的历史来看，相互依存是人类社会生产力和人类的世界交往发展到一定程度的必然结果。自20世纪70年代末以来，国际关系日益形成一种相互交织、相互影响的状态。科学技术的发展特别是信息技术的发展和传媒手段的更新，极大地缩短了世界各国的时空距离；各种文明、文化和思想相互激荡，一些具有普遍意义的文明范式、行为规范、价值尺度和调节机制得到广泛重视和接受；世界各民族的文化体系和价值观念也在日益频繁的交流和激荡中相互磨合、相互吸纳和相互交融；环境污染、能源危机、恐怖主义等事关全球利益问题的增多越来越引起国际社会的普遍关注。正是这样的背景下，江泽民作出了“当今世界是一个相互依存的世界”的判断。在日本庆祝日中邦交正常化20周年民间组委会演讲会上，江泽民首次提出：“人类社会发展到今天，人们已愈来愈认识到大

家生活在一个相互依存的世界里。"[1] 1994 年 11 月，在亚太经济合作组织第二次领导人非正式会议上，江泽民更加明确地强调，当今世界是多样性世界，"又是一个相互依存的世界"[2]。

与以往简单的国际联系相比，当今世界的相互依存关系具有更为深刻的内涵。江泽民认为，建立一个和平、平等、合作、稳定、繁荣的世界是相互依存的内在本质需求。"当今世界经济已经成为一个相互联系、相互依存的整体。……要在我们共同生存的地球上创造政治平等与经济繁荣，将一个和平、平等、合作、稳定、繁荣的世界带入人类的新世纪，至少要为建立这样一个美好的新世纪明确方向，奠定基础，开辟道路。"[3]在此基础上，江泽民进一步强调了建立相互依存的世界关系对世界发展所具有的重要意义，"当今国际形势总体趋于缓和。……各国人民要求平等相待、友好相处的呼声日益高涨。要和平、求合作、保发展已经成为时代的主流。维护世界和平的因素正在不断增长。在相当长的时期内，避免新的世界大战是可能的，争取一个良好的国际和平环境和周边环境是可以实现的"[4]。由此可见，世界上各个民族和国家的相互依存使世界和平得到维持。与此同时，当今世界日益加强的联系和交往也促进了各民族和国家的发展。"环顾全球，日益密切的经济联系，日新月异的科技进步，正在为各国经济的发展提供历史机遇。"[5]

"当今世界是一个相互依存的世界"，是江泽民在世界两极争霸格局解体后，通过对世界形势变化和国际关系本质特征的分析、认识和把握而作出的科学判断，是在继承邓小平"现在的世界是开放的世界"的思想基础上提出的新观念。就"开放的世界"同"相互依存的世界"而言，两代领导人之间的继承关系突出地体现在"中国是世界的一部分"这一思想内核

---

① 江泽民：《国际形势和中日关系——在日本庆祝日中邦交正常化 20 周年民间组委会演讲会上的讲话》，《人民日报》，1992 年 4 月 8 日。

② 江泽民：《在亚太经合组织领导人第二次非正式会议上的讲话》，《人民日报》，1994 年 11 月 16 日。

③ 江泽民：《在俄罗斯国际关系学院发表的演讲》，《人民日报》，1994 年 9 月 4 日。

④ 《江泽民论有中国特色社会主义（专题摘编）》，北京：中央文献出版社 2002 年版，第 513 页。

⑤ 江泽民：《迈向充满希望的新世纪》，《人民日报》，1998 年 1 月 1 日。

之上，思想精髓都在于准确定位中国与世界的关系，指导中国以更加积极主动的姿态走向世界、融入世界。如果说邓小平的对外开放思想极大地解放了中国长期封闭的观念，为中国的经济发展指明了一条必由之路的话，那么江泽民“现在的世界是一个相互依存的世界”战略判断的意义在于指导我们要以世界的全局眼光、积极主动的姿态投身到世界发展的潮流之中。“随着国家之间联系的日益紧密，经济上的相互依存和优势互补也越发明显。任何国家都不能置身于国际社会之外，不能脱离世界大市场。”①“面对经济、科技全球化趋势，我们要以更加积极的姿态走向世界，完善全方位、多层次、宽领域的对外开放格局，发展开放型经济，增强国际竞争能力，促进经济结构优化和国民经济素质提高。”②

二、提出“世界文明多样性”的思想

在坚持和平与发展仍然是时代主题的背景下，江泽民深刻阐述了世界多极化的发展现状，提出了“世界文明多样性”的思想。在两极格局终结后，尽管美国凭借强大的综合国力在对外关系中推行单边主义，力图建立以它为领导的世界秩序，但是以江泽民为核心的中国领导人在坚持邓小平关于未来世界多极化发展的思想基础上，明确肯定了世界多极化发展趋势。“世界多极化趋势继续发展，终将形成多种力量竞争共处的新格局。各种力量共存，既有竞争和矛盾，又有协调和合作，谁也吃不掉谁，谁也压不倒谁。”③ 虽然世界在向多极化发展的过程中，发生了海湾战争、科索沃战争这样的局部战争，也发生了“9·11”事件，但江泽民认为这些事件没有根本性地改变世界多极化的发展趋势，并强调，中国“致力于建立一个多极世界”，因为它“符合世界发展的客观规律，有利于体现各国和各国人民的共同意愿与利益，有利于推动建立公正合理的国际政治经济新

---

① 江泽民：《让我们共同缔造一个更美好的世界》，《人民日报》，1995 年 10 月 25 日。

② 《江泽民文选》第 2 卷，北京：人民出版社 2006 年版，第 26 ~ 27 页。

③ 《江泽民文选》第 1 卷，北京：人民出版社 2006 年版，第 311 页。

秩序，有利于促进世界政治经济文化的协调平衡发展”①。可以说，世界多极化是人类文明进步的必然要求和重要标志。

在分析了两极格局的终结和世界多极化趋势越来越明显的基础上，江泽民逐渐形成了“世界文明多样性”的思想。1992 年 9 月，江泽民在中共十四大报告中指出：“世界是多样性的，各国之间存在着种种差异。”② 1993 年 11 月，江泽民进一步强调，“丰富多彩的多样性，是件好事，不是坏事，因为世界发展的活力恰恰在于这种多样性的共存”③。1994 年 11 月，在亚太经合组织领导人非正式会议上，江泽民阐述了世界是多样性与依存性相统一的观点，他说：“既有多样性，又相互依存，是亚太地区的现实，多样性产生互补性，相互依存带来相互合作的需要。”④ 1995 年 10 月，在联合国成立 50 周年大会上，他又指出：“没有多样化，就不成其为世界；没有多样化，也不成其为联合国。”⑤ 1998 年 11 月，江泽民与俄国总统叶利钦共同签署的《中俄两国联合声明》指出：“当今世界的丰富多彩，多种文化的并存与互补，是人类不断发展的主要动力之一。承认和尊重世界文明的多元性是建立国际经济政治新秩序的必要条件和客观要求。”⑥

进入新世纪，江泽民根据时代的新发展和世界的新变化，进一步丰富和完善了其“世界文明多样性”思想。在 2001 年新年贺词中，江泽民指出：“世界是丰富多彩的。世界各国的文明，都是人类宝贵财富，应该相互尊重、相互学习。历史充分证明，各国人民自主选择各自的社会制度和发展道路，在继承发展本民族文明的基础上吸取其他文明的精华，按照自己的意志创造并享受美好的生活，是世界发展的重要动力。只有加强各种

---

① 江泽民：《共同创造一个和平繁荣的新世纪》，《人民日报》，2002 年 4 月 11 日。

② 江泽民：《加快改革开放和现代化建设步伐，夺取有中国特色社会主义事业的更大胜利》，《人民日报》，1992 年 10 月 21 日。

③ 马胜荣、黄泳：《江泽民参观亚洲艺术博物馆》，《人民日报》，1993 年 11 月 20 日。

④ 江泽民：《在亚太经合组织领导人非正式会议上的讲话》，《人民日报》，1994 年 11 月 16 日。

⑤ 江泽民：《让我们共同缔造一个更美好的世界》，《人民日报》，1995 年 10 月 25 日。

⑥ 《中俄两国联合声明》，《人民日报》，1998 年 11 月 24 日。

文明之间的交流，推动各种文明共同进步，世界和平与发展的崇高事业才能真正实现。”① 2001 年 5 月 25 日，在北京召开的第三届亚欧外长会议开幕式上，江泽民强调，亚洲和欧洲都是人类文明的摇篮，相互交往源远流长。古代丝绸之路，曾经是亚欧文明交流的重要通道，为东西方文明的交流发挥了独特作用。亚欧会议应构筑起新的“丝绸之路”，积极促进新世纪亚欧文明的交流，使亚欧各国在发展本民族文明的基础上，相互尊重、相互学习、取长补短、相得益彰。在庆祝中国共产党成立 80 周年大会上，江泽民对“世界文明多样性”作了最为全面和深刻的阐述：“世界是丰富多彩的。各国文明的多样性，是人类社会的基本特征，也是人类文明进步的动力。应尊重各国的历史文化、社会制度和发展模式，承认世界多样性的现实。世界各种文明和社会制度，应长期共存，在竞争比较中取长补短，在求同存异中共同发展。”②

江泽民的“世界文明多样性”思想是对人类文明发展史的高度概括，也是对人类文明发展规律的科学总结，对于人们认识文明发展的基本态势，推动多样性的文明在交流、对话、互动中获得蓬勃的发展生命力具有十分重要的意义，同时，“世界文明多样性”也为我国进一步推进对外开放、积极参与经济全球化和国际事务、大胆吸收世界先进文明成果提供了依据。

三、提出“引进来”和“走出去”相结合的开放战略

对外开放是我国经济社会发展的一个不可或缺的引擎，是当代中国和谐文明观的重要实践形式。在“现在的世界是开放的世界”“中国的发展离不开世界”认识的指导下，邓小平开启了中国对外开放的大门。通过对外开放战略的实施，我们从国外引进了我国建设所急需的资金、设备、技术、管理经验和人才，促进了国民经济持续发展，增强了我国的综合国力和国际竞争力。在实施“引进来”战略促使我国经济发展到一定程度的时

① 江泽民：《共同创造美好的新世纪》，《人民日报》，2001 年 1 月 1 日。

② 江泽民：《在庆祝中国共产党成立八十周年大会上的讲话》，北京：人民出版社 2001 年版，第 48 页。

候，江泽民适时提出了“走出去”的开放战略。在党的十四大报告中，江泽民提出：“积极开拓国际市场，促进对外贸易多元化，发展外向型经济”“积极扩大我国企业的对外投资和跨国经营”①。这是江泽民“走出去”战略思想的萌芽。1997 年 12 月，江泽民在接见全国外资工作会议代表时，首次把“走出去”和“引进来”作为同等重要的战略问题提出来，“我们不仅要积极吸引外国企业到中国投资办厂，也要积极引导和组织国内有实力的企业走出去，到国外去投资办厂，利用当地的市场和资源。……在努力扩大商品出口的同时，必须下大气力研究和部署如何走出去搞经济技术合作。‘引进来’和‘走出去’，是我们对外开放基本国策两个紧密联系、相互促进的方面，缺一不可”②。

进入新世纪以后，世界多极化和经济全球化的趋势在曲折中发展，我国的现代化建设也面临新的形势。江泽民对“走出去”战略的论述也渐趋全面、深入。2000 年 3 月 7 日，在参加九届全国人大三次会议上海代表团的全体会议时，江泽民对“走出去”战略又有了新的阐述。他说：“实施‘走出去’的战略有利于在更广阔的空间里进行经济结构调整和资源优化配置，从而不断增强我国经济发展的动力和后劲，促进我国经济的长远发展，是我们在参与国际竞争中掌握主动权、打好‘主动仗’的必由之路。”③ 2001 年底，中国正式加入世界贸易组织，标志着我国对外开放进入一个新的阶段，实施“走出去”战略的条件更成熟了。对此，江泽民强调：“在新的条件下扩大对外开放，必须更好地实施‘引进来’和‘走出去’同时并举、相互促进的开放战略，努力在‘走出去’方面取得明显进展。”④ 2002 年 11 月，“走出去”战略被写进了党的十六大报告，“坚持‘引进来’和‘走出去’相结合，全面提高对外开放水平。……实施‘走出去’战略是对外开放新阶段的重大举措”⑤。

江泽民有关“引进来”和“走出去”相结合的开放战略思想，是对当

---

① 《江泽民文选》第 1 卷，北京：人民出版社 2006 年版，第 230 页。

② 《江泽民文选》第 2 卷，北京：人民出版社 2006 年版，第 92 页。

③ 江泽民：《适应新形势　迎接新挑战　增创新优势　赢得新发展》，《光明日报》，2000 年 3 月 8 日。

④ 《江泽民文选》第 3 卷，北京：人民出版社 2006 年版，第 456 ~ 457 页。

⑤ 《江泽民文选》第 3 卷，北京：人民出版社 2006 年版，第 551 页。

代中国和谐文明观的丰富和完善。实现不同文明之间的双向互动是和谐文明观的基本要求。在改革开放的初期，长期的封闭所导致经济社会落后的现实，使邓小平思考更多的是如何让世界走入中国，强调的是引进、利用世界先进文明成果，特别是发达资本主义文明成果以弥补我国现代化建设的不足。此时的中外文明互动，主要是单向流入性的。江泽民有关"引进来"和"走出去"相结合的开放战略思想，不仅意味着中国可以更好地从全球获取资金、技术、市场、战略资源，更意味着中国开始走向世界，并将成为影响世界发展走向的重要力量。此时的中国也不仅仅是先进文明的"接收者"，也成为世界文明的"创造者"。中华文明自近代以来再次实现了与世界文明之间的双向互动，中华文明的优秀成果也伴随着经济发展空间的拓展而走向世界。

第四节　世界格局大调整与胡锦涛的战略判断

进入21世纪，人类迎来了前所未有的历史性变革时代。党的十七大报告指出，当今世界正处在大变革、大调整之中。在这样的历史条件下，以胡锦涛为总书记的中共中央在坚持对外开放战略的基础上，立足中国发展的实际，正确把握改革发展关键阶段中国与世界的关系，着眼人类和平发展的迫切愿望，提出了构建"和谐世界"的新理念，将当代中国文明观拓展到更宽广的领域，提升到了更深远的境界。

一、对和平与发展时代主题的丰富和发展

在推进中国现代化建设事业的历史进程中，胡锦涛依据世界形势的发展变化，在坚持和平与发展仍然是时代主题的基础上，作出了"当今世界正处在大发展、大变革、大调整时期，和平、发展、合作的时代潮流更加强劲"[①] 的科学判断，这既是应对新世纪国际形势发展的客观需要，又是以创新思维对和平与发展时代主题进行的新概括和新发展。

---

① 胡锦涛：《同舟共济　共创未来——在第六十四届联大一般性辩论时的讲话》，《人民日报》，2009年9月24日。

当今世界正处在大发展、大变革、大调整时期。冷战结束伊始，中国敏锐把握国际社会发展的脉搏，明确表达了世界将迎来历史性的变革时期，“世界正朝着多极化方向发展”。进入新世纪，一系列重大事件推动了世界历史变革的步伐，国际关系、国际格局和国际秩序进入新一轮的调整变化周期，世界多极化趋势日趋明朗。一方面，“9·11”事件后美国政府所奉行的单边霸权主义的外交和军事安全战略，及其所发动的伊拉克战争、阿富汗战争不仅造成美国巨额军费开支，而且引起国际社会的强烈谴责和反对，美国的形象及其在全球的影响力大大下降，2008 年爆发的国际金融危机进一步对美国产生消极影响。另一方面，中国、印度、巴西等发展中国家的兴起使国际力量的对比出现新态势，特别是“随着 G20 会议的三次召开，一批发展中国家进入全球重大经济事务的决策圈，打破了 G7 或 G8‘西方俱乐部’闭门议事的传统，这无疑是世界格局发生重大变化的标志性事件，可以被视为‘西方核心’支配世界权力历史的终结”①。所以，党的十七届四中全会强调，在一系列重大事件，特别是国际金融危机的影响下，世界经济格局发生新变化，国际力量对比出现新态势，世界多极化趋势日益明朗，世界进入了大发展、大变革和大调整的历史时期。

虽然当今世界正处在大发展、大变革和大调整时期，但中国也清楚地看到，发达国家在经济、科技等方面仍占有优势，其绝不甘心在国际事务中丧失主导地位，它们不仅竭力维护国际政治经济旧秩序，还会千方百计图谋更大的利益。政治上，霸权主义和强权政治仍然存在，国际力量对比仍然表现出西强东弱、北强南弱的特征；经济上，世界经济发展失衡状态更加严重，发展中国家在以科技为核心的综合国力竞争中处于不利地位，南北差距进一步拉大；文化上，全球思想文化交流、交融、交锋呈现新特点，西方国家利用自身的优势加紧向其他国家推销意识形态、价值观念、生活方式、发展模式；安全上，局部冲突和战争不断发生，宗教冲突和民族斗争此起彼伏，传统威胁和非传统威胁相互交织，世界和平与发展面临诸多难题和挑战。因此，胡锦涛强调，新挑战和新威胁在增加，我们应该严肃地思考如何更好地解决人类社会面临的重大问题，严肃地思考人类社会的发展方向。

---

① 王湘穗：《世界格局多极化的雏形》，《现代国际关系》，2009 年第 11 期。

以国际合作理念丰富和发展时代主题。经济全球化和世界多极化的发展，为不同社会制度、不同文明、不同发展模式提供了长期共存的基础和机遇。然而，国际社会面临的新挑战和新威胁也使任何国家都难以独善其身。世界各国只有加强合作，协力共进，才能抓住机遇，应对挑战，实现互利共赢。2003 年 6 月 1 日，胡锦涛在南北领导人非正式对话会议上，发表了题为“推动全面合作　促进共同发展”的重要讲话。这个讲话，从题目到内容都把国际合作问题提到一个崭新的高度，将合作作为实现和平发展的关键性和根本性的要求，而且向世界阐明，应当将合作与和平发展并列起来，将和平、发展与合作认定为新世纪国际形势发展的全局性特征。这是深化和发展当今时代主题的必然性结论。2005 年 9 月，胡锦涛在联合国成立六十周年首脑会议上又明确提出：“要和平、促发展、谋合作是时代的主旋律。”① 他在党的十七大报告中进一步指出：“和平与发展仍然是时代主题，求和平、谋发展、促合作已经成为不可阻挡的时代潮流。”② 国际合作理论的提出不是自当代开始，但是站在历史和时代的高度看待合作问题，并用以解决全球性的和平与发展问题却并不多见，特别是用以丰富和发展时代主题的思想内涵还是首次。

二、正确把握改革发展关键阶段中国与世界的关系

中国与世界日益紧密的关系是中国提出和谐文明观的客观基础和依据。新中国成立以来，中国与世界的关系处于不断的变动之中，但在实行改革开放之前，中国始终未能构建起世界性的联系网络。新中国成立之初，中国是社会主义阵营中的重要成员；中苏关系恶化后，中国是游离于美苏阵营外的独立力量；中美关系改善后，中国是美苏两个超级大国之间的“平衡者”。改革开放以后，中国与世界逐渐建立起全面的政治、经济和外交联系。邓小平同志曾这样描述改革开放后的中国与世界的关系：

---

① 胡锦涛：《努力建设持久和平、共同繁荣的和谐世界》，《人民日报》，2005 年 9 月 16 日。

② 胡锦涛：《高举中国特色社会主义伟大旗帜　为夺取全面建设小康社会新胜利而奋斗》，北京：人民出版社 2007 年版，第 46 页。

“现在的世界是开放的世界”，“中国的发展离不开世界”，中国与世界的关系步入了一个新的发展阶段。

经过三十多年的改革开放，中国让世界感受到其逐渐壮大的实力与潜能，感受到一个充满活力与新貌的大国气象，中国的经济已经成为世界经济的重要组成部分，中国已经成为当代国际体系的重要成员。“从 1978 年到 2007 年，我国国内生产总值由 3 645 亿元增长到 24. 95 万亿元，年均实际增长 9. 8%，是同期世界经济年均增长率的 3 倍多，我国经济总量上升为世界第四。”“从 1978 年到 2007 年，我国进出口总额从 206 亿美元提高到 21 737 亿美元，跃居世界第三，外汇储备跃居世界第一，对外投资大幅增长，实际使用外资额累计近 10 000 亿美元。广泛深入的国际合作加快了我国经济发展，也为世界经济发展作出了重大贡献。”① 中国与世界的关系进入一个新的阶段。即便是那些对中国抱有成见与敌意的国家，也越来越无法压制中国的声音，无法把中国排斥在各种全球或地区问题的解决方案之外。中国在与国际经济紧密联系、相互协作的过程中，逐步成为发展中世界最大的新兴市场，成为全球经济一个新的拉动力量，由一个地区性强国走向有全球意识和责任及影响的大国。正如特德·菲什曼在《中国公司》一书中所阐述的那样，中国与世界的关系大致可以分为三个阶段：第一阶段是对外开放，让世界进入中国；第二阶段还是对外开放，但中国开始走向世界；第三阶段依然是对外开放，中国已经开始改变世界。

胡锦涛站在国际大局和国内大局互相联系的高度审视中国与世界的关系，思考和制定中国的发展战略，指出：“当代中国同世界的关系发生了历史性变化，中国的前途命运日益紧密地同世界的前途命运联系在一起。”② 在纪念党的十一届三中全会召开 30 周年大会上，胡锦涛又强调：“当代中国的前途命运已日益紧密地同世界的前途命运联系在一起。中国的发展离不开世界，世界的发展也需要中国。”面对中国与世界关系的历史性巨变，胡锦涛进一步指出：“必须把坚持独立自主同参与经济全球化结合起来，统筹好国内国际两个大局，为促进人类和平与发展的崇高事业

---

① 胡锦涛：《在纪念党的十一届三中全会召开 30 周年大会上的讲话》，《人民日报》，2008 年 12 月 19 日。

② 胡锦涛：《高举中国特色社会主义伟大旗帜　为夺取全面建设小康社会新胜利而奋斗》，北京：人民出版社 2007 年版，第 47 页。

作出贡献。”① 胡锦涛强调，必须把独立自主、自力更生作为自己发展的根本基点，始终把国家主权和安全放在第一位，坚决维护国家主权、安全、发展利益。同时，要在坚持和平共处五项原则的基础上同所有国家开展交流合作，积极促进世界多极化、推进国际关系民主化，尊重世界多样性，反对霸权主义和强权政治。

三、提出“和谐世界”新理念

世界多极化、经济全球化、科技革命化的发展进一步拉近了各种文明的距离，文明之间的接触和交往越来越频繁。面对复杂多变的现实世界，面对人类文明发展的道路选择，胡锦涛提出了构建“和谐世界”的新理念、新思想、新思路。“和谐世界”概念是胡锦涛在2005年4月22日出席亚洲峰会时首次提出的，在其发表的题为“与时俱进，继往开来，构筑亚非新型战略伙伴关系”的讲话中，胡锦涛从政治、经济、文化、安全等方面阐述了要构筑亚非新型战略伙伴关系，指出：“文化上，我们亚非国家要成为相互借鉴、取长补短的合作伙伴。要发扬亚非会议求同存异的优良传统，倡导开放包容精神，尊重文明、宗教、价值观的多样性，尊重各国选择社会制度和发展模式的自主权，推动不同文明友好相处、平等对话、发展繁荣，共同构建一个和谐世界。”② 在同年7月发表的《中俄关于21世纪国际秩序的联合声明》中，“和谐世界”首次被确认为国与国之间的共识，“两国决心与其他有关国家共同不懈努力，建设发展与和谐的世界，成为安全的世界体系中重要的建设性力量”③。

2005年9月15日，胡锦涛在出席联合国成立60周年首脑会议上发表了题为“努力建设持久和平、共同繁荣的和谐世界”的重要讲话，进一步阐述了和谐世界的理念。他在分析时代发展潮流和时代发展所面临的困境的基础上，指出：“在机遇和挑战并存的重要历史时期，只有世界所有国

---

① 《胡锦涛在纪念党的十一届三中全会召开30周年大会上的讲话》，《人民日报》，2008年12月18日。

② 胡锦涛：《与时俱进，继往开来，构筑亚非新型战略伙伴关系》，《人民日报》，2005年4月23日。

③ 《中俄关于21世纪国际秩序的联合声明》，《人民日报》，2005年7月2日。

家紧密团结起来，共同把握机遇、应对挑战，才能为人类社会发展创造光明的未来，才能真正建设一个持久和平、共同繁荣的和谐世界。”他特别强调，共建和谐世界，必须坚持包容精神：“文明多样性是人类社会的基本特征，也是人类文明进步的重要动力。在人类历史上，各种文明都以自己的方式为人类文明进步作出了积极贡献。存在差异，各种文明才能相互借鉴、共同提高；强求一律，只会导致人类文明失去动力、僵化衰落。各种文明有历史长短之分，无高低优劣之别。历史文化、社会制度和发展模式的差异不应成为交流的障碍，更不应成为相互对抗的理由。”在讲话的最后，胡锦涛指出：“在人类漫长的发展史上，各国人民的命运从未像今天这样紧密相连、休戚与共。共同的目标把我们联结在一起，共同的挑战需要我们团结在一起。让我们携手合作，共同为建设一个持久和平、共同繁荣的和谐世界而努力！”①此后，胡锦涛又在不同的场合反复阐述推动建设和谐世界的思想。

2007 年 10 月 15 日，胡锦涛在中国共产党第十七次全国代表大会上，从政治、经济、文化、安全和生态五个方面阐述了和谐世界的基本要素，从而使和谐世界理论实际上涵盖了其陆续提出的新秩序观、新安全观、新文明观和新生态观，使和谐世界理论的深刻内涵有了新的拓展。“我们主张，各国人民携手努力，推动建设持久和平、共同繁荣的和谐世界。为此，应该遵循联合国宪章宗旨和原则，恪守国际法和公认的国际关系准则，在国际关系中弘扬民主、和睦、协作、共赢精神。政治上相互尊重、平等协商，共同推进国际关系民主化；经济上相互合作、优势互补，共同推动经济全球化朝着均衡、普惠、共赢方向发展；文化上相互借鉴、求同存异，尊重世界多样性，共同促进人类文明繁荣进步；安全上相互信任、加强合作，坚持用和平方式而不是战争手段解决国际争端，共同维护世界和平稳定；环保上相互帮助、协力推进，共同呵护人类赖以生存的地球家园。”②

和谐世界理念的提出，反映了有着深厚文化底蕴和宏伟抱负的中国，

---

① 胡锦涛：《努力建设持久和平、共同繁荣的和谐世界》，《人民日报》，2005 年 9 月 16 日。

② 胡锦涛：《高举中国特色社会主义伟大旗帜　为夺取全面建设小康社会新胜利而奋斗》，北京：人民出版社 2007 年版，第 46～47 页。

在面对新的世界形势和国际格局时，开始有意识地建构与展示自己对“世界问题”的根本理念、做负责任大国的形象；反映了中国对建立在和平与安全、发展与进步、公平与正义、人与自然的和谐等价值基础上的国际政治经济秩序的不懈追求。作为新的秩序观、安全观、文明观和生态观，和谐世界理念是一种符合全球化时代潮流的新观念，它回答了在全球化时代如何处理不同文明和文化传统的国家和社会共同体之间的关系问题，以合作求和平，以合作谋发展，打开了全球化背景下各种类型合作的新天地，为人类文明的未来发展指明了方向。

第五节 中华文明加速崛起与习近平的世界图式

进入21世纪第二个十年以后，世界迎来了“前所未有之大变局”，中华民族也迈入了伟大复兴的“快车道”。中华民族前所未有地靠近世界舞台的中心，前所未有地接近实现伟大复兴的目标，前所未有地具有实现这个目标的能力和信心。如何看待中华文明的崛起、崛起后的中华文明将如何看待世界逐渐成为世界关注的焦点。面对世界的追问，习近平在继承我们党一以贯之的文明观的基础上，高举“和平、发展、合作、共赢”的旗帜，深刻阐述了人类文明发展的若干重大问题，并提出了许多新论断、新理念和新命题，为我们顺应人类文明发展大势、推动中华文明前进提供了正确引领与深刻启迪。

一、提出世界“命运共同体”新理念

当今世界正在发生深刻复杂变化。和平与发展仍是时代主题，和平、发展、合作、共赢成为不可逆转的时代潮流，旧的殖民体系土崩瓦解，冷战时期的集团对抗不复存在，任何国家和国家集团都无法单独主宰世界。一大批新兴市场国家和发展中国家走上发展的快车道，十几亿、几十亿人口正在加速走向现代化，多个发展中心在世界各地区逐渐形成，国际力量对比继续朝着有利于世界和平与发展的方向发展。面对国际形势的深刻变化，习近平明确提出了世界“命运共同体”的崇高理念，全面阐述了推动建立以合作共赢为核心的新型国际关系和各国人民一起维护世界和平、促

进共同发展的思想。

2012 年 12 月，习近平在同外国专家代表座谈时首次提出“命运共同体”理念，他指出：“国际社会日益成为一个你中有我、我中有你的命运共同体。面对世界经济的复杂形势和全球性问题，任何国家都不可能独善其身、一枝独秀，这就要求各国同舟共济、和衷共济，在追求本国利益时兼顾他国合理关切，在谋求本国发展中促进各国共同发展，建立更加平等均衡的新型全球发展伙伴关系，增进人类共同利益，共同建设一个更加美好的地球家园。”① 2013 年 2 月，习近平在同塞内加尔总统萨勒举行会谈时再次提出“命运共同体”理念，他指出：“中非友好历久弥新，合作潜力巨大，双方是休戚与共的命运共同体。”② 2013 年 9 月，在二十国集团领导人峰会第一阶段会议上关于世界经济形势的发言中，习近平指出：“各国要树立命运共同体意识，真正认清‘一荣俱荣、一损俱损’的连带效应，在竞争中合作，在合作中共赢。”③ 2013 年 10 月，习近平在亚太经合组织工商领导人峰会上指出：“我们要牢固树立亚太命运共同体意识，以自身发展带动他人发展，以协调联动最大限度发挥各自优势，传导正能量，形成各经济体良性互动、协调发展的格局。”④ 2014 年 3 月，在联合国教科文组织总部的演讲中，习近平指出：“当今世界，人类生活在不同文化、种族、肤色、宗教和不同社会制度所组成的世界里，各国人民形成了你中有我、我中有你的命运共同体。”⑤ 2014 年 7 月，习近平在巴西国会的演讲中再次强调：“我们应该倡导人类命运共同体意识，在追求本国利益时兼顾他国合理关切，在谋求本国发展中促进各国共同发展，建立更加平等均衡的新型全球发展伙伴关系。”⑥ 在中国—拉美和加勒比国家领导人会晤上，

---

① 习近平：《中国是合作共赢倡导者践行者》，《人民日报》，2012 年 12 月 6 日。

② 习近平：《构建中塞长期友好合作伙伴关系，促进中非共同发展繁荣》，《人民日报》，2013 年 2 月 21 日。

③ 习近平：《共同维护和发展开放型世界经济——在二十国集团领导人峰会第一阶段会议上关于世界经济形势的发言》，《人民日报》，2013 年 9 月 6 日。

④ 习近平：《深化改革开放，共创美好亚太——在亚太经合组织工商领导人峰会上的演讲》，《人民日报》，2013 年 10 月 8 日。

⑤ 习近平：《在联合国教科文组织总部的演讲》，《人民日报》，2014 年 3 月 28 日。

⑥ 习近平：《弘扬传统友好　共谱合作新篇——在巴西国会的演讲》，《人民日报》，2014 年 7 月 18 日。

习近平则以“努力构建携手共进的命运共同体”为题，旗帜鲜明地提出要构建世界命运共同体。2014 年 11 月，在中央外事工作会议上，习近平就新形势下不断拓展和深化外交战略布局提出要求，强调要切实抓好周边外交工作，打造周边命运共同体，秉持亲诚惠容的周边外交理念，坚持与邻为善、以邻为伴，坚持睦邻、安邻、富邻，深化同周边国家的互利合作和互联互通。可以说，构建世界命运共同体，已经成了习近平最为鲜明的外交标识。

习近平的世界“命运共同体”新理念，以中国特有的方式诠释了中国政府和人民对世界未来发展的战略取向和价值追求，它不仅延续和发展了我国和平发展战略的核心思想，也是对当今人类发展所面临挑战和问题的积极回应，充分体现了中国崇尚和平、正义与公理，扶弱济贫，反对恃强凌弱这一中国对外交往惯有的特质。

二、中国梦与世界各国人民的美好梦想相通

党的十八大结束不久，习近平就提出了中国梦战略思想。习近平强调：“实现中华民族伟大复兴，就是中华民族近代以来最伟大的梦想。这个梦想，凝聚了几代中国人民的整体利益，是每一个中华儿女的共同期盼。”① 经过 30 多年改革开放的大发展，今天的中国比历史上任何时候都更加接近实现中华民族伟大复兴的中国梦的目标。中国崛起并不简单地等同于经济增长，也体现在政治、经济、科学、文化等多个层面，其本质是文明的进步。这一进步过程，既是一个不断借鉴、吸纳人类文明优秀成果的过程，也是中华文明不断释放巨大能量的过程。今天的中国早已不是简单地接受外部世界影响，也正在向世界展示一条全新的发展道路、一种独特的文化价值。

中国梦是和平的梦。美国“中国问题”泰斗费正清早在 20 世纪就曾发出这样的慨叹：“中国对人类现代面临问题的解决之道，强有力地挑战我们珍视的文化品质；中国人的生存能力可能远胜于我们。”时隔多年，

---

① 习近平：《承前启后，继往开来，继续朝着中华民族伟大复兴目标奋勇前进——在参观“复兴之路”展览时的讲话》，《人民日报》，2012 年 11 月 30 日。

美国《时代》周刊记者迈克尔·舒曼满怀忧虑地指出："中国崛起对世界文明发展有何影响尚不明确。或许这才是我们最担心的事情——这个世界即将产生根本性的变化，但我们对其变化的方向一无所知。"这些话颇有代表性，让我们实实在在地看到，单线式文明史观如何成为西方认识中国的思想包袱。而在现实中，也总有一些人喜欢戴着有色眼镜看中国，认为中国的发展必然是一种"威胁"，将中国梦描绘成一个可怕的"墨菲斯托"，似乎哪一天中国就要摄取世界的灵魂。中国的崛起必然会触动西方文明的主导地位，但世界并非不同文明的角斗场。面对西方对中国梦的怀疑，习近平多次强调："中国梦是和平、发展、合作、共赢的梦，与世界各国人民的美好梦想相通。"2014 年 3 月，习近平在中法建交 50 周年纪念大会上的讲话中指出："中国梦需要和平，只有和平才能实现梦想。天下太平、共享大同是中华民族绵延数千年的理想。历经苦难，中国人民珍惜和平，希望同世界各国一道共谋和平、共护和平、共享和平。历史将证明，实现中国梦给世界带来的是机遇不是威胁，是和平不是动荡，是进步不是倒退。拿破仑说过，中国是一头沉睡的狮子，当这头睡狮醒来时，世界都会为之发抖。中国这头狮子已经醒了，但这是一只和平的、可亲的、文明的狮子。"①

中国梦不仅造福中国人民，而且造福各国人民。2013 年 10 月，习近平在周边外交工作座谈会上指出："要对外介绍好我国的内外方针政策，讲好中国故事，传播好中国声音，把中国梦同周边各国人民过上美好生活的愿望、同地区发展前景对接起来，让命运共同体意识在周边国家落地生根。"② 作为一个占世界人口超过五分之一的发展中大国，中国把自己的事情办好，实现国家的稳定发展，本身就是对世界的最大贡献。中国坚持合作共赢，越来越多的国家正在从中国的发展中受益。2013 年中国经济增长对世界经济增长的贡献率接近 30%，对亚洲经济增长贡献率超过 50%，此后五年中国进出口商品将超过 10 万亿美元，对外投资将超过 5 000 亿美元，出境旅游将达 5 亿人次，这必将给世界带来巨大的商机。随着中国国

---

① 习近平：《在中法建交 50 周年纪念大会上的讲话》，《人民日报》，2014 年 3 月 28 日。

② 习近平：《为我国发展争取良好周边环境》，《人民日报》，2013 年 10 月 25 日。

力的增强，“我们将承担负责任大国的使命，通过建设一个和平发展、蓬勃发展的中国，造福中国人民，造福世界人民，造福子孙后代”①。一个更加自信的中国正在走向国际关系舞台中央，走向世界文明舞台中央。中华民族伟大复兴是中国故事，也是世界故事。

三、提出文明是多彩的、平等的、包容的

2014 年 3 月 27 日，习近平在巴黎联合国教科文组织总部发表演讲。这一演讲站在人类文明发展进步的高度，对文明的特征、作用及发展进行了深刻阐述。

文明是多彩的，人类文明因多样才有交流互鉴的价值。阳光有七种颜色，世界也是多彩的。一个国家和民族的文明是一个国家和民族的集体记忆。人类在漫长的历史长河中，创造和发展了多姿多彩的文明。从茹毛饮血到田园农耕，从工业革命到信息社会，构成了波澜壮阔的文明图谱，书写了激荡人心的文明华章。“一花独放不是春，百花齐放春满园。”如果世界上只有一种花朵，就算这种花朵再美，那也是单调的。不论是中华文明，还是世界上存在的其他文明，都是人类文明创造的成果。文明交流互鉴不应该以独尊某一种文明或者贬损某一种文明为前提。中国人在两千多年前就认识到了“物之不齐，物之情也”的道理。推动文明交流互鉴，可以丰富人类文明的色彩，让各国人民享受更富内涵的精神生活、开创更有选择的未来。

文明是平等的，人类文明因平等才有交流互鉴的前提。各种人类文明在价值上是平等的，都各有千秋，也各有不足。世界上不存在十全十美的文明，也不存在一无是处的文明，文明没有高低、优劣之分。每一种文明都有与其他文明的不同之处、独到之处，每一种文明都蕴含着独特的世界观、人生观、价值观。要了解各种文明的真谛，必须秉持平等、谦虚的态度。如果居高临下地对待一种文明，不仅不能参透其中的奥妙，而且会导致对它的误解。历史和现实都表明，傲慢和偏见是文明交流互鉴的最大

① 习近平：《让工程科技造福人类、创造未来——在 2014 年国际工程科技大会上的主旨演讲》，《人民日报》，2014 年 6 月 4 日。

障碍。

文明是包容的，人类文明因包容才有交流互鉴的动力。海纳百川，有容乃大。人类创造的各种文明都是劳动和智慧的结晶。每一种文明都是独特的。在文明问题上，生搬硬套、削足适履不仅是不可能的，而且是十分有害的。一切文明成果都值得尊重，一切文明成果都要珍惜。历史告诉我们，只有交流互鉴，一种文明才能充满生命力。只要秉持包容精神，就不存在文明冲突，就可以实现文明和谐。这就是中国人常说的："萝卜青菜，各有所爱。"

习近平还指出，对待不同文明，我们需要有比天空更宽广的胸怀。文明如水，润物无声。我们应该推动不同文明相互尊重、和谐共处，让文明交流互鉴成为增进各国人民友谊的桥梁、推动人类社会进步的动力、维护世界和平的纽带。我们应该从不同文明中寻求智慧、汲取营养，为人们提供精神支撑和心灵慰藉，携手解决人类共同面临的各种挑战。①

习近平在联合国教科文组织总部的演讲，向世界各国阐释了中国的文明观，重申了中华民族"和而不同"的价值追求，呼吁世界凝聚共识、携手和平，消除偏见、增进了解，反映了中国人民对和平发展的坚定信念和追求，体现了中国国家领导人的国际视野和宽阔胸襟。

总之，中国共产党所倡导的和谐文明观是一种符合时代发展潮流、符合世界人民的共同愿望、符合中国人民根本利益、有着强大的生命力的新文明观。它回答了在全球化时代如何处理不同文明和文化传统的国家和国家共同体之间的关系问题，探索了全球化背景下不同文明合作的新路径。从本质上讲，和谐文明观是和平、发展、合作理念的有机统一，是一个以兼容各种矛盾关系为前提，以调和矛盾关系为主旨，以建立一个各种文明相成相济的和谐整体为目的的深刻哲学概念。践行和谐文明观，切实调和国家与国家、社会与社会、人与自然的复杂矛盾关系，进而建立一个和平共处、充满活力、互利合作、兼容并包、公平正义、稳定有序、人与自然和谐相处的世界，是全球社会发展前进的方向。

---

① 习近平：《在联合国教科文组织总部的演讲》，《人民日报》，2014 年 3 月 28 日。

第七章　文明和谐的方法论与中国的现代化

通过以上分析，我们不难发现，文明和谐理念蕴含着一种新的哲学理念或思维方式，即从整体的观点去考察世界不同文明的关系。随着世界历史时代的到来，人类社会发展越来越呈现一荣俱荣、一损俱损的整体效应。任何一个民族或国家都不再处于孤立封闭的状态，而处于整个世界发展之中，并构成整个世界发展链条中的一环。于是，在理论上把握民族国家的发展，首先必须坚持整体性的方法论，即将整个世界作为一个系统的整体进行考察。世界的整体性还表明，各民族国家与世界的关系不仅仅是一种普遍与特殊的关系，更是一种整体与部分的关系。作为整体的世界有其自身的发展规律，虽然这种整体的演化规律对个体的发展有制约作用，但它不同于个体的发展规律，更不是个体发展规律的总和。因此，在考察民族或国家发展时，不仅要注意世界的整体性对它的影响，还要充分考察民族或国家自身发展过程中的独特个性，即坚持整体与部分有机统一的方法论。当代中国现代化建设中确立的经济发展战略、政治发展战略以及文化发展战略等都直接或间接地运用世界文明和谐发展理念所揭示的整体与部分相统一的方法论原则，即既坚持从整体的角度考察中国现代化与世界现代化的关系，又从中国现代化的实际去认识世界现代化。正是在这种方法论原则的指导下，中国的现代化建设才取得了举世瞩目的成就。

第一节　融入经济全球化大潮，推动了中国经济与世界经济的深度互动

经济全球化影响着当今世界发展的客观趋势和历史潮流，它使得世界各国经济愈益相互开放和依存，各国经济的发展与整个世界经济的变动愈益相互影响和制约。自觉地顺应经济全球化的发展大势，不断推动中国经济与世界经济的互动是当代中国进行现代化建设时考虑的首要因素。

一、坚持对外开放政策，推动当代中国的跨越式发展

从哲学意义上看，跨越是一个发展概念，它主要用以描述事物发展的非连续性状态。事物的发展总是从量变到质变，呈现出连续性与非连续性的统一。其中事物发展的非连续性是指事物因量的积累突破了度的界限而产生质的飞跃，这就是跨越。所谓跨越式发展，是指落后的国家或地区，在特定的环境条件下，借鉴和吸收先进国家或地区的经验和优秀成果，打破经济发展的一般规律和步骤，充分发挥后发优势，跨过先进国家或地区已走过的某些经济发展阶段或用较短时间走完发达国家或地区用较长时间走过的阶段。历史地看，在"地域历史"转变为"世界历史"之前，社会的跨越式发展现象是比较少见的。在封闭的社会系统中，无论是作为单个民族国家的社会，还是作为整体的人类社会，它们作为理想的封闭系统，都不存在跨越的问题。只有在世界历史形成之后，各民族社会作为彼此开放的系统，相互作用、相互依存，才为社会的跨越式发展提供了可能性，社会的跨越式发展才日益成为一种带规律性的普遍社会历史现象。

实现中国的跨越式发展是中国共产党孜孜追求的目标。毛泽东的"大跃进"思想和"赶美超英"战略都是中国共产党追求实现"跨越式"发展的具体体现。但封闭的环境以及试图通过"革命化"实现"现代化"的路径选择，只能使毛泽东的理想远离实际。直到对外开放的实施，才使得中国找到了实现自身跨越式发展的正确路径。在邓小平及其后的中国历代领导人看来，对外开放是中国实现跨越式发展必不可少的条件，中华民族的伟大复兴必须与世界的发展进步紧密联系起来。"对外开放具有重要意义，任何一个国家要发展，孤立起来，闭关自守是不可能的。"① 从对象上看，世界开放首先是对西方发达国家的开放。"资本主义已经积累了几百年历史，各国人民在资本主义制度下所发展的科学和技术，所积累的各种有益的知识和经验，都是我们必须继承和学习的。"② "要实现我们的第一步目标和第二步目标，不开放不行，不加强国际交往不行，不引进发达国

① 《邓小平文选》第 3 卷，北京：人民出版社 1993 年版，第 117 页。
② 《邓小平文选》第 2 卷，北京：人民出版社 1994 年版，第 167 页。

家的先进经验、先进科学技术成果和资金不行。”[①] 对世界开放还包括对第三世界发展中国家的开放。我们“还要加强与第三世界国家之间的合作，也就是南南合作。第三世界国家相互交流，相互学习，相互合作，可以解决许多问题，前景是很好的”[②]。同时，“南南合作还有一定意义，可以推动南北合作”[③]。从领域内容上看，中国的对外开放既涵盖科学技术领域的开放，也包括经济领域、文化领域的开放。“经济上实行对外开放的方针，是正确的，要长期坚持。对外文化交流也要长期发展。”[④] 科学技术、经济和文化多层次的开放，标志着中国大开放的格局已经形成。

经过30多年的奋斗，中国形成了全方位、多层次、宽领域的开放局面。从建立经济特区到开放沿海、沿江、沿边、内陆地区再到加入世界贸易组织，从大规模“引进来”到大踏步“走出去”，利用国际国内两个市场、两种资源的水平显著提高，实现了从封闭、半封闭到全方位开放的历史性转变。中国的现代化建设水平也在对外开放的深入进行中不断提高。改革开放30多年来，我国综合国力不断提升。从1978年到2013年，我国国内生产总值从3 645亿美元增长到568 845亿美元，居世界第二；进出口总额从206亿美元提高到4.16万亿美元，居世界第一；国家外汇储备从只有16亿美元扩大到3.8万亿美元，居世界第一；对外投资由几乎为0提高到901.7亿美元。中国特色社会主义实践已经清晰地证明了，坚持对外开放政策是中国得以实现跨越式发展的重要保障。

二、深入推进经济体制改革，不断融入世界经济市场化进程

经济市场化是当代全球范围变革的根本趋势与特征之一，它构成世界

---

① 邓小平：《建设有中国特色社会主义》（增订本），北京：人民出版社1987年版，第105页。

② 邓小平：《建设有中国特色社会主义》（增订本），北京：人民出版社1987年版，第87页。

③ 邓小平：《建设有中国特色社会主义》（增订本），北京：人民出版社1987年版，第84页。

④ 邓小平：《建设有中国特色社会主义》（增订本），北京：人民出版社1987年版，第31页。

各国调整经济社会结构、体制、政策的主要部分。历史地看，市场经济发源于资本主义国家，最初推行经济市场化的只有发达资本主义国家。冷战结束以后，随着“两个平行市场”的消失，真正意义上的全球市场开始形成。这不仅“冲击了各民族国家的经济活动，要求其在统一世界市场的框架中调整原有的种种行为，而且造成了广泛而深刻的政治、文化影响”①。在此背景下，以经济市场化为主要内容，以建设市场经济制度为目标，成为世界绝大多数国家发展经济的战略选择。而世界经济发展史的经验也表明，“现代化是一种普世文明，现代化的发展有一条普遍规律，即建立市场经济是实现现代化的客观要求，是治国、富国、强国的现实途径，是对现代化发展起决定性作用的制度因素”②。正因为如此，从 20 世纪 80 年代起，广大发展中国家大都历史性地矫正了原有的排斥市场的发展战略，改弦易辙，放弃自给自足和进口替代战略，转向改革与开放。放松政府对经济运行的管制、引入市场竞争机制、实行不同程度的经济自由化成为大多数发展中国家的共同做法。

历史经验也证明，要解放和发展生产力，必须推动以市场为取向的经济体制改革。“二战”后，德国奉行社会市场经济，日本搞东方式市场经济，弹指一挥间，它们就从废墟中崛起，成为世界经济大国；亚洲“四小龙”在模仿日本出口导向市场战略的指导下也实现了经济上的飞跃。而反观以苏联为代表的传统社会主义国家，则一味强调单纯的公有制、严格的计划经济和高度集权的行政管理。虽然高度集中的计划经济体制也造就了苏联“高速发展”的奇迹，但随着历史的发展和环境的变化，这种高度集中的计划经济的弊端也逐渐暴露出来。正如法国学者托尼·安德烈阿尼指出的那样：“建立在高度集中管理上的国家社会主义——斯大林模式隐藏着危机。现实社会主义阵营曾相当强大，足以改变其发展道路。但五六十年代的一切改革都羞羞答答，受到旧制度的束缚。教条主义、怀疑主义、宗派主义、体制弊病都与高度集权的体制密切相关，这种体制窒息了人们

---

① 蔡拓：《国际关系学》，天津：南开大学出版社 2005 年版，第 41 页。

② 陈勤：《中国现代化史纲》（下卷），南宁：广西人民出版社 1998 年版，第 169 页。

的思想和首创精神。”① 以毛泽东为代表的第一代中国共产党领导人虽然力图摆脱苏联模式的影响，但限于当时的历史条件，还难以全面把握苏联模式与马克思主义基本原理的关系，因此也就没能完全冲破苏联模式的束缚，没能进一步深化对中国社会主义建设规律的认识，反而在很多方面重蹈了苏联走过的路，在经济建设中强调党和政府的绝对支配地位，排除市场经济，不承认价值规律的作用。

惨痛的历史教训使得中国共产党开始重新审视计划经济与市场经济的关系，并逐渐将市场调节引入社会经济生活。在经过十多年的理论探索和实践创新，1992 年党的十四大明确确立了社会主义市场经济体制的改革目标。1993 年党的十四届三中全会围绕建立社会主义市场经济体制作出了专门规划和部署。党的十六届三中全会通过的《关于完善社会主义市场经济体制若干问题的决定》，对建成完善的社会主义市场经济体制又进行了全面的部署，强调要更大限度地发挥市场在资源配置中的基础性作用，增强企业活力和竞争力，健全国家宏观调控体系，完善政府社会管理和公共服务职能，健全现代市场体系，为全面建设小康社会提供强有力的体制保障。党的十八届三中全会通过的《中共中央关于全面深化改革若干重大问题的决定》，旗帜鲜明地理顺了政府和市场的关系，强调“经济体制改革是全面深化改革的重点，核心问题是处理好政府和市场的关系，使市场在资源配置中起决定性作用和更好发挥政府作用。市场决定资源配置是市场经济的一般规律，健全社会主义市场经济体制必须遵循这条规律，着力解决市场体系不完善、政府干预过多和监管不到位问题”②。这一系列重大决定，使我国经济体制改革坚定地沿着社会主义市场经济的方向不断前进和深入发展。30 多年的经济体制改革，顺应了世界经济市场化的趋势，使中国经济成功步入世界经济的发展轨道。中国以市场经济为取向的经济体制改革不仅从实践上极大地解放和发展了社会生产力，使中国的经济实力和综合国力得到显著增强，而且从理论上突破了将市场经济等同于资本主义，将计划经济等同于社会主义的理论桎梏，成功解决了如何建设社会主

① ［法］托尼·安德烈阿尼著，顾锦屏译：《法国学者安德烈阿尼谈社会主义的历史命运》，《国外理论动态》，1998 年第 10 期。

② 《中共中央关于全面深化改革若干重大问题的决定》，《人民日报》，2013 年 11 月 16 日。

义市场经济、社会主义基本经济制度如何与市场经济体制相结合的问题，极大地丰富和发展了世界市场经济理论，完成了世界经济思想史上的一次重大飞跃。

三、奉行互利共赢战略，促进世界共同繁荣发展

自1978年始，中国通过改革开放，积极参与经济全球化的进程，建立了市场经济体制，结束了长期封闭的状态。中国的改革开放经历了一个从"部分让利"到"互利"，从单纯的数量扩张到注重开放质量，从在国内引入竞争机制到主动参与国际竞争与合作，从特区试点到全面利用两种资源、两个市场的不断深化和深入的发展进程。与此同时，中国与世界的关系也经历了一个"中国的发展离不开世界"到"中国的发展离不开世界，世界的发展也需要中国"的阶段。"当代中国同世界的关系发生了历史性变化，中国的前途命运日益紧密地同世界的前途命运联系在一起。"① 伴随着经济全球化的不断发展和中国改革开放的深入推进，2005年，在《中共中央关于制定国民经济和社会发展第十一个五年规划的建议》里，中国第一次提出将"互利共赢"作为中国对外开放新战略。"互利"，是国际经济交往的基础，体现了国际经济交往中资源配置效率提升所带来的非零和博弈的结果，它是交易各方愿意长期交易的经济保障；"共赢"，则在互利的基础上更进一步，它是指交易各方能够更加公平地共享开放红利，实现双方协调发展的要求。互利是开放的基础，而共赢则是开放的理想目标。② 互利共赢战略是中国和平发展的唯一选择。推行互利共赢战略的中国给世界的发展提供了机遇。

中国经济的快速增长为世界经济发展提供了强大的推动力。中国是亚太许多经济体的最大贸易伙伴、最大出口市场、主要投资来源地。2012年，中国对亚洲经济增长的贡献率已经超过50%。截至2012年底，中国累计批准外商投资企业76万多家，外商直接投资约1.3万亿美元。中国已

---

① 胡锦涛：《高举中国特色社会主义伟大旗帜　为夺取全面建设小康社会新胜利而奋斗》，北京：人民出版社2007年版，第47页。

② 胡艺、陈继勇：《迈向互利共赢的开放之路》，《亚太经济》，2008年第6期。

经同20个国家和地区签署了12个自由贸易协定，正在谈判的有6个，其中大多数自由贸易伙伴是亚太经合组织成员。此后5年，中国进口商品将超过10万亿美元，对外投资将超过5 000亿美元，出境旅游将超过4亿人次。随着中国国内需求特别是消费和投资需求扩大，将给国外投资者带来更多合作机会。①

中国经济实力的壮大维护了世界经济的稳定。作为一个拥有13亿人口的大国，中国经济的快速增长，为中国人民提供了充分的就业机会，使占世界人口超过五分之一的中国人民的生活水平迅速提高，这本身就是对世界经济的稳定和繁荣乃至人类进步的巨大贡献。同时，中国经济实力的壮大也为世界经济的稳定发展作出了重要贡献。1997年亚洲金融危机时，正是中国采取了避免人民币贬值和扩大内需的政策，才遏制了金融危机进一步蔓延的趋势。1998年的八国集团首脑会议承认："世界上这个最大的发展中国家和增长速度最快的国家在维护地区和世界经济稳定方面发挥了关键作用。"② 面对2008年爆发的全球金融风暴，中国顺利实现8%的增长目标，经济率先复苏。走出低谷的中国经济，不仅在实现自身的复苏，而且也在驱散笼罩在全球经济上的阴霾，"同有关国家和地区签署了总额达6 500亿元人民币的双边货币互换协议，共同应对国际金融危机冲击。设立100亿美元的中国—东盟投资合作基金，向东盟国家提供150亿美元信贷支持……维护地区金融形势稳定。向上海合作组织其他成员国提供100亿美元的信贷支持。向非洲国家提供100亿美元优惠贷款，免除非洲重债穷国和最不发达国家债务，逐步给予非洲同中国建交的最不发达国家95%的产品免关税待遇"③。美国《华尔街日报》认为，中国是世界经济免于陷入"深渊"的一大因素。韩国媒体则报道，"韩国经济复苏是搭上了中国经济便车"。进入21世纪的第二个十年，中国又适时提出"一带一路"战略。"中国将继续全面对外开放，推进同世界各国的互利合作，推动建设丝绸之路经济带和21世纪海上丝绸之路，实现各国在发展机遇上的共创共享。

① 习近平：《深化改革开放，共创美好亚太——在亚太经合组织工商领导人峰会上的演讲》，《人民日报》，2013年10月8日。

② 黄忠清：《中国应在富国俱乐部有一个席位》，《香港虎报》，1998年5月26日。

③ 胡锦涛：《同心协力，共创未来——在二十国集团领导人第四次峰会上的讲话》，《人民日报》，2010年6月28日。

中国将以更加开放的胸襟、更加包容的心态、更加宽广的视角，大力开展中外文化交流，在学习互鉴中，为推动人类文明进步作出应有贡献。”①

中国的发展推动了世界的和平与发展。当今世界的主题是和平与发展，维护和平、谋求发展是时代的潮流，也是世界各国人民的共同心愿。面对中国的崛起，一些国家对于中国经济的快速发展以及中国实力的迅速增强表现出某种程度的担忧。担心中国实力的增强会改变世界的权力结构，从而造成世界的不稳定。实际上，“中华民族是热爱和平的民族，中国始终是维护世界和平的坚定力量。我们坚持把中国人民的利益同各国人民的共同利益结合起来，秉持公道，伸张正义。我们坚持国家不分大小、强弱、贫富一律平等，尊重各国人民自主选择发展道路的权利，不干涉别国内部事务，不把自己的意志强加于人。中国致力于和平解决国际争端和热点问题，推动国际和地区安全合作……中国奉行防御性的国防政策，不搞军备竞赛，不对任何国家构成军事威胁。中国反对各种形式的霸权主义和强权政治，永远不称霸，永远不搞扩张”②。中国的发展受益于和平的国际环境，崛起的中国不仅不会破坏和平的环境，反而会为世界的长久和平提供有力的保证。“随着中国发展，中国将更好发挥负责任大国作用。我们将更加积极有为地维护世界和平，倡导共同、综合、合作、可持续的安全观，致力于通过协商谈判和平解决争端。我们坚定维护以联合国为中心的战后国际秩序，积极参与联合国维和行动和地区安全对话合作。我们将更加积极有为地参与国际事务，致力于推动完善国际治理体系，积极推动扩大发展中国家在国际事务中的代表性和发言权。我们将更多提出中国方案、贡献中国智慧，为国际社会提供更多公共产品。”③

---

① 习近平：《在中国国际友好大会暨中国人民对外友好协会成立60周年纪念活动上的讲话》，《人民日报》，2014年5月16日。

② 胡锦涛：《高举中国特色社会主义伟大旗帜　为夺取全面建设小康社会新胜利而奋斗》，北京：人民出版社2007年版，第47～48页。

③ 《习近平接受拉美四国媒体联合采访》，《人民日报》，2014年7月16日。

第二节　顺应世界政治文明的走向，促进了中国政治与世界政治的科学对接

所谓政治文明，是人们改造社会所获得的政治成果的总和，一般表现为人们在一定的社会形态中关于民主、自由、平等、解放的实现程度。政治文明在很大程度上反映了整个社会、国家的文明水平，也是人类社会文明的主要标志。为了追求政治文明，人类社会经历了漫长而艰难的探索过程。从社会的发展阶段看，人类的政治文明可分为奴隶社会、封建社会、资本主义社会和社会主义社会四个阶段。在以公有制为主的经济基础上，建立起来的社会主义政治文明是一种新型文明。① 在世界历史时代，人类正呈现出不断跨越民族和国家界限，超越制度和文化障碍，在全球范围内实现充分地交流、对话、协调与沟通的趋势。社会主义政治文明作为人类政治文明的最先进部分，只有融入全球历史发展进程，始终代表世界历史的文明发展方向，才能获得全面发展，才可能通过国际社会的制度创新，实现世界性和全球性契约民主治理，推进全球经济繁荣、民主进步和文明发展。我们建设社会主义政治文明必须站在全球化、现代化的高度，用人类历史发展的眼光和世界的视野来学习与借鉴人类在政治生活中创造的文明成果，并以此确定自身发展的目标和任务。

一、适应政治民主化的世界历史进程，不断加强中国的民主政治建设

民主是人类社会政治文明的结晶，现代政治文明的核心内容就是政治民主化，追求政治民主化是一切进步人类的共同目标。然而，政治民主化作为一个世界历史的进程是极为曲折的。

随着经济全球化的发展，以往制约着各国政治民主化进程的个别因素（包括社会制度的不同、世界市场的狭小、中产阶级的弱小、民族文化的

---

① 《中国大百科全书·政治学卷》，北京：中国大百科全书出版社 1992 年版，第 504～505 页。

差异、不断爆发的各种战争等)，已越来越融合为世界性的综合因素。“社会制度不同的各国正在经历着趋同的结构更替；世界市场的任何起伏都在各国引起连锁反应；以白领化为特征的新中产阶级在各国现代化过程中社会地位迅速上升；信息革命大大缩短了世界的空间距离，加速了跨国界的社会流动；‘核恐怖均势’使世界大战可能性的概率出现负增长；各民族文化互相渗透并正在产生一种人类共有的世界文化。”① 所有这些综合因素推动着各国不断地改变现存秩序，以在世界上找到自己的位置。改革是各国政治的主要话题，开放是各国发展的首要条件，对话和协商在国际、国内政治中日益成为解决冲突和对抗的方式。这些变化意味着政治民主化在广度和深度上的空前推进。在广度上，政治民主化不仅在资本主义心脏地区形成了完整的体制，在拉丁美洲、非洲和亚洲等资本主义外围地区也出现了一股强大的，被亨廷顿称作是“第三波”的民主化潮流。在深度上，现代民主政治已不仅仅是选民的投票权和政党政治，而是以民众参与和决策科学化相结合为特征的、立体交叉的多元化政治，并因此产生了一系列新的民主形式。虽然在政治民主化的进程中，一些国家受外部压力的影响和自身条件的限制而一味模仿西方的民主形式，这带来了一系列的消极后果（如政党之间因争权夺利导致国家战乱、政变持续不断，这严重影响了政权的稳定和经济的发展)，但不可否认的是政治民主化成为当代世界历史潮流。对此，担任过联合国秘书长的加利曾作过这样一番描述：“今天，民主的基本观念正在赢得跨越了不同文化、社会和经济界限的拥护者。”“从拉丁美洲到非洲、欧洲和亚洲许多地方，许多权威政体业已让位于民主力量、日趋对人民负责的政府和日趋开放的社会。不少国家及其人民已经开启了史无前例的民主化进程。还有一些国家和人民已经行动起来，以重建其民主的根基。”②

民主是人类的共同理想，是当代世界的历史潮流，更是社会主义的本质要求和生命所在。中国共产党自成立之日起，就把争取和实现人民当家做主作为自己的历史责任，并为此进行了长期不懈的努力，在实践中成功开辟出一条中国特色社会主义民主政治发展道路。作为人类民主政治发展

---

① 黄仁伟：《政治民主化是世界历史的必然进程》，《世界历史》，1988 年第 2 期。

② 刘军宁编：《民主与民主化》，北京：商务印书馆 1999 年版，第 305 页。

史上前无古人的创造，中国特色社会主义民主政治的发展道路并非一帆风顺。在新中国成立后的民主政治建设中，我们强调权力的集中和统一，却忽视了对民主程序和民主保障机制的建设；我们强调民主的本质，却忽视了民主的实现机制和具体形式。这种理论和实践上的偏差，致使我国的社会主义民主政治建设走了一条曲折发展的道路。历时 10 年的“文化大革命”更是严重破坏了社会主义法制、削弱了党的领导，使中国的民主政治走了大弯路。20 世纪 70 年代，随着经济全球化趋势的发展，政治民主化的世界潮流开始兴起。同时，我国的国际环境也发生了很大变化，与世界上大多数国家建立了外交关系，并恢复了在联合国的合法席位。邓小平顺应世界政治文明进步的潮流，拨乱反正，纠正了“文化大革命”的错误，强调“民主是社会主义的本质要求，没有民主就没有社会主义，就没有社会主义现代化”，把社会主义民主建设提到关系到社会主义事业兴衰成败的高度来认识，使中国的政治实现了由过去的僵化、封闭、禁锢、“个人迷信”走向开放、开明、民主的转变。

党的十三届四中全会以来，以江泽民为核心的第三代中央领导集体继续探索和推进社会主义民主政治建设，并明确地提出了建设社会主义政治文明的要求，进一步深化了对社会主义民主政治的认识。我国社会主义民主的根本制度和基本制度得到了进一步的完善和发展，城乡基层民主得到了巩固和充实，执政党的党内民主、政府民主和司法民主全面推进，中国民主政治建设进入一个新的阶段。21 世纪以来，以胡锦涛为总书记的党中央在新的历史起点上，继续大力推进民主政治建设，我国民主政治建设进一步制度化、规范化、程序化。人民代表大会制度进一步完善，立法速度加快、质量提高、过程公开，人大代表的作用进一步发挥；共产党领导的多党合作和政治协商制度得到加强；民族区域自治制度建设进一步推进；基层群众自治制度不断扩大，人民群众依法实行民主选举、民主决策、民主管理、民主监督，各项制度不断充实完善。十八大以后，以习近平为总书记的党中央以国家治理体系和治理能力现代化为目标，紧紧围绕坚持党的领导、人民当家做主、依法治国有机统一，不断深化政治体制改革，全国人大及其常委会着力提高立法质量，全国政协坚持召开双周协商座谈会，改革社会组织管理制度、推进四类社会组织直接登记……一系列改革举措，进一步发展了人民民主，提高了国家治理能力。

可以说，新中国成立60多年来，特别是改革开放30多年来，中国人民在中国共产党领导下成功地建立了适合中国国情的社会主义民主制度，走上了一条富有中国特色的社会主义民主政治发展道路。实行社会主义民主，使13亿中国人民迸发出极大的建设社会主义现代化国家、建设美好幸福生活的积极性、主动性和创造性。古老的中国焕发了青春，今天的中国充满活力，经济持续快速增长，政治昌明，社会稳定，人民安居乐业，呈现出一派兴旺的景象。

二、适应国家法治化的世界历史趋势，不断推动依法治国方略的深入进行

政治文明作为人类社会的进步形态，不仅表现为政治理念先进、政治制度民主、政治行为理性，也表现为要通过法律确立为具体的政治制度，演化为现实的政治秩序。在现代社会，法律的地位和作用是道德、政策、宗教等其他社会规范所不能替代的。法治全面地体现了现代政治文明的理念，因而是迄今为止人类所发现的最为理想、最为优越的体系。事实上，法治对政治文明具有极为重要的价值，是政治文明不可或缺的重要组成部分，离开了法治，政治文明是残缺的，离开了法治，政治文明难以维系，其发展进步更是不可能的。正如美国著名法学家庞德所言："法律是和一定时间、空间的文明联系的。从过去来看，法律是文明的产物；从现在看来，法律是维护文明的手段；在将来看来，法律是促进文明的手段。"①

人类社会最初的法治实践产生在奴隶制时期的古雅典。在伯里克利时代的雅典，法律是社会生活的普遍准则。法律受到崇拜，法律的至高地位获得民众的认同。但是奴隶制毕竟属于等级特权社会，奴隶被当作会说话的工具，因此古希腊人的法治有其局限性，还不是真正意义上的法治。而在"上帝主宰一切，世俗的生活必须服从于精神的生活，政治必须隶属于宗教，人法必须依附于神法，君权必须受命于教权"② 的封建社会，不但

---

① 沈宗灵：《现代西方法理学》，北京：北京大学出版社1992年版，第288页。

② 张宏生、谷春德：《西方法律思想史》，北京：北京大学出版社1990年版，第49页。

没有真正意义上的法治，甚至奴隶社会的朴素法治也走向衰微。真正意义上的法治是伴随近代资产阶级政治文明的产生而产生的，是作为资产阶级政治文明的组成部分而出现的。“人类社会只有发展到资本主义社会的历史阶段，法治原则、民主原则才能成为法制的普遍的、基本的原则。”① 洛克、卢梭、孟德斯鸠等资产阶级启蒙思想家们的法治理论，既是资产阶级用以批判封建专制主义的强大思想武器，也是指导资产阶级在革命胜利后建立新政治体制和治理国家的“立国之本”和“治国之道”。资产阶级夺取政权后，在治国的实践中不断推进国家法治化进程。20 世纪以来，随着国与国之间关系的日益紧密，发端于西方国家的法治化理念和制度在世界范围内蔓延渗透，而全球化的发展加速了这一进程，许多国家以各种不同的方式由前法治社会进入法治社会。从世界文明史的发展规律看，法治已经成为不可逆转的时代潮流，是政治文明的重要组成部分和重要标志。

实现民主和法治是当代中国社会主义国家性质的内在要求，没有民主就没有社会主义，没有法治也没有社会主义。相对于民主而言，中国人对于法治的意义的认识似乎要晚一些，人们对于法治的诉求也显得和缓些。尽管早年梁启超曾大声疾呼“法治主义是今日救时之惟一主义”②，但直至国民党政府时期，中国的法治建设并没有明显的进展。随着新中国的诞生，建构革命法制体系的任务迫切地被提了出来，然而，“反右派”斗争的扩大化和“文化大革命”的爆发使本来就很微弱的法治呼声很快就被“人治”的声浪所淹没。鉴于中国历史上缺乏法治传统的弊病和“文化大革命”的深刻教训，邓小平在改革开放之初就强调了加强社会主义法制的重大意义。“为了保障人民民主，必须加强法制。必须使民主制度化、法律化，使这种制度不因领导人的改变而改变，不因领导人的看法和注意力的改变而改变。”③ 历史的发展和现实的逻辑推动着中国共产党人对法治理论认识的发展。在中共十五大上，江泽民郑重地提出了“依法治国，建设社会主义法治国家”的治国方略。2000 年 10 月，中共中央在《关于制定

---

① 俞敏声：《中国法制化的历史进程》，合肥：安徽人民出版社 1997 年版，第 11 页。

② 梁启超：《中国法理学发达史论》，《饮冰室合集》第 15 卷，北京：中华书局 1936 年版，第 93 页。

③ 《邓小平文选》第 2 卷，北京：人民出版社 1994 年版，第 146 页。

国民经济和社会发展的第十个五年计划的建议》中进一步将“建设社会主义法治国家”作为社会主义现代化的奋斗目标提了出来，说明党对社会主义法治国家的认识又有了新的进展。进入21世纪，中国的法治建设继续向前推进。2004年，根据党的十六大精神，第四次宪法修正案将“国家尊重和保障人权”“国家对全体公民合法的私有财产给予保护”载入宪法。这意味着中国在依法治国的道路上又迈出了坚实的一步。2007年，党的十七大明确提出，全面落实依法治国基本方略，加快建设社会主义法治国家，并对加强社会主义法治建设作了全面部署。党的十八大以来，党中央高度重视依法治国，强调落实依法治国基本方略，加快建设社会主义法治国家，必须全面推进科学立法、严格执法、公正司法、全民守法进程，强调坚持党的领导，更加注重改进党的领导方式和执政方式。依法治国，首先是依宪治国；依法执政，关键是依宪执政；新形势下，党要履行好执政兴国的重大职责，必须依据党章从严治党、依据宪法治国理政；党领导人民制定宪法和法律，党领导人民执行宪法和法律，党自身必须在宪法和法律范围内活动，真正做到党领导立法、保证执法、带头守法。

在中国的法治建设史上，党的十八届四中全会及其通过的《中共中央关于全面推进依法治国若干重大问题的决定》具有里程碑意义。《决定》旗帜鲜明地提出要坚持走中国特色社会主义法治道路、建设中国特色社会主义法治体系、建设社会主义法治国家，阐述全面推进依法治国的重大意义、指导思想、总目标、基本原则，阐述中国特色社会主义法治体系的科学内涵，阐述党的领导和依法治国的关系等重大问题，并从目前法治工作的基本格局出发，对科学立法、严格执法、公正司法、全民守法进行论述和部署，为在新的历史起点上全面推进依法治国方略提供了根本依据。

三、科学对待政治文明的普遍性与特殊性特征，坚持走中国特色社会主义政治发展道路

与任何事物都具有其内在的基本特性一样，政治文明也是普遍性与特殊性相统一的。作为整个人类政治智慧的结晶，政治文明并非哪个国家的专利，它具有普遍性特征。“我们之所以将产生于某一国家的某种政治制度或政治设施称之为政治文明，只是因为这种政治制度或政治设施代表了

人类政治发展的方向，是一种进步的政治制度或政治设施，而不是因为它产生于或存在于某一个国家。正是由于政治文明始终代表着人类社会政治的进步状态，所以政治文明才成为人类共同追求的目标，具有普遍性的特点和可资借鉴的意义。"[①] 然而，由于经济发展水平、历史和文化传统等方面的差异，各国在政治理念、政治制度模式和政治行为方式等方面不可能完全一样，这体现了政治文明的特殊性。

对于当代中国来说，政治文明的普遍性和特殊性的关系，亦即全球政治发展的共性与中国政治发展的个性的关系。两者虽然有着区别，但又是相互联结的。由于当代中国的政治发展是在全球化这一宏观背景下发生的，因此应当吸纳全球政治发展特别是西方政治文化的有益经验，遵循全球政治发展的普遍规律，如规范化、制度化的政治运作，科层化的政治体系，扩大化的政治系统职能范围，大众化的政治参与，民主化、法制化的政治生活，受监督和制约的政治权力，开放化、透明化的政治舆论氛围，丰富多样化的政治文化等。如果以中国国情的特殊性为理由，丝毫不理会全球政治共性中的合理和积极的成果，是不利于当代中国政治发展的。正是在这样的认识基础上，邓小平才提出："社会主义要赢得与资本主义相比较的优势，就必须大胆吸收和借鉴人类社会创造的一切文明成果。"[②] 江泽民也强调，建设社会主义政治文明的思想，内在地包含着大胆吸收和借鉴人类创造的一切文明成果，也应该大胆吸收和借鉴人类社会包括资本主义发达国家创造的一切政治文明的成果。

全球化背景下的中国政治文明建设在要求具有世界历史眼光的同时，还必须立足基本国情，坚持社会主义方向。"全球化正在冲破传统的民族国家的壁垒，随之而来的是越来越多的国际性标准和国际规范为世界各国所共同接纳和遵守。但是，各国在接纳和遵守这些普遍的国际准则时，没有忘记本国的传统和本国的特征，而是将国际准则与本国传统结合起来，使国际准则本土化。"[③] 政治文明建设只有适合本国国情，并深深扎根于本国国情的深厚土壤中，文明的种子才能生根发芽，长成参天大树。对此，

---

① 虞崇胜：《政治文明论》，武汉：武汉大学出版社 2003 年版，第 214 页。

② 《邓小平文选》第 3 卷，北京：人民出版社 1993 年版，第 373 页。

③ ［德］赖纳·特茨拉夫著，吴志成等译：《全球化压力下的世界文化》，南昌：江西人民出版社 2001 年版，第 98 页。

习近平旗帜鲜明地反复强调："以什么样的思路来谋划和推进中国社会主义民主政治建设，在国家政治生活中具有管根本、管全局、管长远的作用。古今中外，由于政治发展道路选择错误而导致社会动荡、国家分裂、人亡政息的例子比比皆是。中国是一个发展中大国，坚持正确的政治发展道路更是关系根本、关系全局的重大问题。""在前进道路上，我们要坚定不移走中国特色社会主义政治发展道路，继续推进社会主义民主政治建设、发展社会主义政治文明。"①

全球化是一个国际化与本土化并进的过程。在这个过程中，西方国家企图借全球化之机，将自己的本土政治与文化价值推广成全球的普遍价值，这实际上是以自己的本土化来否定他国的本土化和真正的全球化。社会主义制度的建立是现代中国政治文明的真实起点。社会主义作为取代资本主义的一种更高阶段的文明，创造出满足广大人民群众需要的新的文明成果。工人阶级领导的、以工农联盟为基础的人民民主专政制度、人民代表大会制度、共产党领导的多党合作制度和政治协商制度、民族区域自治制度等，都是适合中国国情的独创，在世界上别无他例。这些富有中国特色的政治成果，只能在实践中不断巩固和完善，而绝不能借与全球政治接轨而否定之。所以，邓小平在打开中国对外开放大门的同时，始终强调对外开放"是在社会主义这个主题这个前提下进行的"②。也正是在这样认识的指导下，我们党领导人民通过积极稳妥地推进政治体制改革，不断打破旧体制对人的束缚，不断使人们从旧的不合理的政治、经济和社会关系中解脱出来，不断使我国的政治文明建设踏上新台阶。

---

① 习近平：《在庆祝全国人民代表大会成立60周年大会上的讲话》，《人民日报》，2014年9月6日。

② 邓小平：《建设有中国特色社会主义》（增订本），北京：人民出版社1987年版，第93页。

第三节　遵循文化的发展规律，实现了中国文化与世界文化的双向交流

世界文化丰富多彩，每一个国家和民族的文化都有自己的优势，不同文化之间的相互学习和借鉴是文化发展的必要条件。各种文化的命运将由其开放、兼容和更新能力的强弱决定。“文化的开放兼容是全球化时代世界上所有国家和民族丰富文化内涵，提高文化水平，实现文化创新的必由之路，是文化发展的普遍形式和规律。”① 当代中国文化的发展，需要遵守全球化时代文化发展的开放兼容规律，把本土文化发展同世界文化发展互动联系起来。面对文化发展规律的客观要求，党的十七大报告作出了积极回应：“加强对外文化交流，吸收世界各国优秀文明成果，增强中华文化国际影响力。”② 当代中国文化都是在坚持社会主义方向的前提下，在继承中华民族文化的基础上，对世界各民族优秀文化进行批判吸收和整合的结果。

一、以建构现代性为动力，不断推动中国传统文化的现代转换

所谓现代性是指欧洲文艺复兴以来，在资本主义现代化运动中形成的一种社会价值体系。它推崇人道主义、理性主义和科学主义，强调人的主体性地位。尽管现代性与以往帝国文明的扩张或大宗教文明的扩张具有某些相似之处，但由于其总是涉及经济、政治、文化、心理、价值观、意识形态等方面并呈现出持续长久的力量，因此，它比历史上大多数重大的社会—文化扩展现象都更持久强烈，意义深远。它通过一系列制度安排，最大限度地刺激了制度效能、资本效能、科技效能和人的效能，使“资产阶级在它的不到一百年的阶级统治中所创造的生产力，比过去一切时代创造的全部生产力还要多，还要大”③。就此而言，现代性

---

① 周薇：《开放兼容是文化发展的普遍形式和规律》，《广东社会科学》，2006年第2期。

② 胡锦涛：《高举中国特色社会主义伟大旗帜　为夺取全面建设小康社会新胜利而奋斗》，北京：人民出版社2007年版，第36页。

③ 《马克思恩格斯选集》第1卷，北京：人民出版社1995年版，第277页。

蕴含的生产方式、生活方式和思维方式，是实现社会现代化的必要条件。虽说现代性产生于西欧，一开始就依附于资本主义制度，从而使它呈现鲜明的意识形态属性，并且在社会实践中也暴露出“理性过度膨胀”“社会畸形发展”等弊端，但在认识现代性局限的同时，我们不能否定其具有的“共享性”。“现代性不仅是一种新型的文明，而且还是人类共享的文明。它是一种由地方性到世界性，逐渐为人们认识和不同程度接受的具有普遍主义原则的文明。”① 像现代社会所倡导和弘扬的科学、理性、民主、自由、平等的精神，追求个性解放和人的自由发展的精神等，都是现代性的基本特征或共性。离开了这些基本精神，社会现代化将失去基本的动力支撑。现代性的启蒙，现代性所蕴含的科学精神、人文精神和理性精神等对处于现代化建设阶段的中国来说意义重大。当然，现代性的建构并不意味着全盘吸收、一切皆用。我们绝不能把现代性看作一成不变的万能钥匙，而应将其看作时代发展对人们认识和改造客观世界提出的一种要求，一种开放进取的现代精神。我们吸收西方现代性，主要是通过对其蕴含的现代精神的吸收，建构符合中国国情和发展需要的现代性。如果说在西方，现代性与现代化是相互推动的，那么在中国，由于国情的特殊、传统文化的深厚，决定了中国现代性的建构对推进现代化具有更加重要的现实意义。

民族文化是一个民族的根，是一个民族存在的重要标志。作为中华民族文化重要组成部分的中国传统文化，是推动中华文明发展的重要动力，必须加以继承和发扬。但是，继承不等于照搬，发扬不等于重复。诞生于封建土壤、适应小农经济的中国传统文化既塑造了中华民族醇厚中和、刚健有为的人文品格和道德风范，但其中所蕴含的官僚主义、等级观念、特权思想、家长制作风、封建迷信等也是阻碍中华民族进一步发展的障碍。中国传统文化在今天要继续发挥其作为中华民族发展推动力的作用，就必须在实践的基础上，通过与不同文化思潮的接触和交流，实现自身的现代转换。今天，现代性已成为当代各种问题研究与争论的重要话语背景。推进中国传统文化的现代转换，既需要我们高举马克思主义的旗帜不动摇，也需要我们具有现代性

① 苏国勋、张旅平、夏光：《全球化：文化冲突与共生》，北京：社会科学文献出版社 2006 年版，第 126 页。

的理论视野。现代性在冲破封建神学和宗教束缚的过程中，在科学与民主、理性与主体性、个体自由与社会进步等方面取得了长足的发展。而这些恰恰是中国传统文化所缺失的。当现代性日益成为当代中国发展的重要时代背景时，推动中国传统文化的现代转换，就更需要深入研究现代性的话语体系，不断赋予中国传统文化以新的生命力和号召力。

但要指出的是，推动中国传统文化的现代性转换必须具备自觉的民族意识。在全球化时代，自觉的民族意识对于文化的发展意义重大，它意味着世界先进文化成果与民族本土文化相结合，以更具深度的民族智慧理解和阐释世界先进文化，使“外域文化”不断实现本土化。中国传统文化虽然有其无法解决的“短板”，并在近代中国的历史实践中尽遭“怀疑”。但不可否认的是，中国传统文化有着其他民族文化无法比拟的厚重历史、独到的价值追求和几千年的光辉历史实践。因此，毛泽东历来主张：对于传统文化，一定要用唯物辩证法的两点论进行分析，采取批判继承的态度，反对食古不化。改革开放以来，我们党反复强调，要积极继承和发扬中华民族的优秀传统文化，肃清封建主义残余，努力用先进的文化改造落后的文化。因此，推动中国传统文化的现代性转换，必须以自觉的民族意识为前提，更好地实现现代性与中国具体实际相结合，与中国传统文化相融合，通过当前实践来建构适应中国环境的现代性。

二、积极借鉴世界优秀文化成果，有力地促进了社会主义文化的创新发展

建设民族文化，必须借鉴和吸收世界文化的共同成果；建设社会主义文化，当然也离不开对世界优秀文化成果的借鉴和吸收。从本质上讲，社会主义文化是一种开放的文化，社会主义文化建设不能割裂与整个人类文明发展历史的联系而孤立的进行。恰恰相反，它必须继承和借鉴人类历史上一切有价值的优秀文化成果，来为自己的发展所用。这应当成为社会主义文化的内在品格和机制。

列宁指出：“马克思主义这一革命无产阶级的思想体系赢得了世界历史性的意义，是因为它并没有抛弃资产阶级时代最宝贵的成就，相反地却

吸收和改造了两千多年来人类思想和文化发展中一切有价值的东西。”①“只有确切地了解人类全部发展过程所创造的文化，只有对这种文化加以改造，才能建设无产阶级文化。”② 然而，在新中国成立后的很长一段时间，由于受“左”倾思想的影响，在文化建设领域过分夸大了文化的阶级属性，把社会主义文化看成是唯一的进步文化，而将其他文化特别是资本主义文化看作是毫无用处的“毒草”。社会主义文化在封闭的空间内艰难地发展。就在这一时期，西方国家正在进行着一场新的科技革命，我国同西方国家在科技、文化、经济领域的差距进一步拉大。这一段历史时期的文化建设，启示我们必须以开放的、发展的眼光看待社会主义文化理论与实践。否则，理论上的教条主义，实践上的固守僵化，必然会给社会主义文化的发展带来巨大的危害。改革开放的推进，带来了我国社会主义文化建设的新局面，带来了社会主义文化的大发展。经过30多年的改革开放，人们的文化心理空间渐渐拓展，开始摆脱那种把中国文化看成人类唯一进步文明、把中国生活方式看成唯一正确生活方式的传统文化心理，看到了世界的广阔性和文化的多样性，产生了强烈的不满足感和积极进取的心理。在对待外来文化的态度上，人们逐渐变得辩证和科学，逐渐学会把外来文化中那些具有全人类共享性、继承性、融合性的先进文明成果与外来文化中的消极成分加以区分，分别对待，为世界优秀文化与中国社会主义文化的有机融合提供了可能性。

随着对外开放的扩大和深入发展，我国与世界各国的文化交流和合作日益深入，文化的碰撞和融合得以在更大的范围和更深的层次上展开，这对于我国发展社会主义文化，加快社会主义现代化建设具有重大的意义。在开展对外文化交流的过程中，我国始终“坚持从我国国情出发，坚持以我为主、为我所用，辩证取舍、择善而从，积极吸收借鉴国外文化发展的有益成果，更好地推动我国文化的发展繁荣”③ 的原则，积极吸收借鉴凡是有利于加强我国社会主义文化建设的有益经验，有利于提高我国人民精神境界的文化成果，有利于发展我国社会主义文化事业和文化产业的管理

---

① 《列宁选集》第4卷，北京：人民出版社1995年版，第299页。

② 《列宁全集》第39卷，北京：人民出版社1986年版，第299页。

③ 胡锦涛：《始终坚持先进文化的前进方向，大力发展文化事业和文化产业》，《人民日报》，2003年8月13日。

方式，极大地满足人民群众的文化生活需要，促进了我国文化事业的发展，拓宽了人们的文化视野。当然，在“引进来”的过程中，我们并没有丢弃中华民族的根本和社会主义的价值标准，而是始终牢记“中华优秀传统文化是中华民族的精神命脉，是涵养社会主义核心价值观的重要源泉，也是我们在世界文化激荡中站稳脚跟的坚实根基”①，始终强调先进文化的前进方向，坚持凡是对“我”无“用”的，特别是对“我”有“害”的，我们就不去做的文化发展底线。总之，我们一方面积极学习发达国家的先进科学技术、管理经验和有益的思想观念，同时又对其腐朽文化进行坚决的斗争，社会主义文化发展呈现蓬勃生机。马克思主义的指导地位不断巩固，国家文化软实力得到不断提升，人民精神世界日益丰富，全民族文明素质明显提高，中华民族的凝聚力和向心力显著增强。

三、坚持“走出去”战略，不断推动中国文化走向世界

坚持对外开放，在吸收借鉴人类有益文明成果的同时，努力推进中国文化走向世界，是我国文化发展的必由之路，也是世界文明和谐发展的内在要求。从文化的功能讲，“与他国人民进行文化交往是实施政治影响的一种途径，也是加速向其他社会进行经济渗透的催化剂。禁止或限制向其他社会输出本国文化的国家将使自己在争夺国际影响力的竞争中处于劣势。增加在国外的文化活动将增强国家实力；防止，则削弱影响”②。只有实现不同文化之间的互动，才能获得更广泛的理解、信任和支持，才能推动世界文明的和谐发展。

改革开放以来，为能尽快地消除我国文化建设与世界文明进程之间的差距，为推进我国现代化建设提供智力支持，我国引进了大量的国外学术成果和先进技术，这对于推动我国思想解放、观念更新、理论创新和文化现代化程度的提高起到了积极的推动作用。尤其在文化产业领域，现代先

---

① 习近平：《坚持以人民为中心的创作导向，创作更多无愧于时代的优秀作品》，《人民日报》，2014 年 10 月 16 日。

② ［美］傅立民著，刘晓红译：《论实力：治国方略与外交艺术》，北京：清华大学出版社 2004 年版，第 34 页。

进技术和文化产业理念的引进，不仅极大地丰富了我们对于文化的理解，而且在产业形态上迅速地建立起初具规模的文化产业体系，并且在消化吸收引进先进技术的过程中迅速地实现文化产品的规模化生产。但必须指出的是，此时中外文化的互动，主要是单向流入性的。在我国与外来文化的交流互动中，存在着巨大的文化“逆差”。随着我国改革开放的深入发展，综合国力的提高，推动中华文化迈出国门走向世界，实现由“逆差”向“顺差”的转变日益成为推动中国文化发展的战略要求。江泽民在1997年12月召开的全国外资工作会议上，首次把“走出去”和“引进来”作为同等重要的战略问题提出来，强调“‘引进来’和‘走出去’，是我们对外开放基本国策两个紧密联系、相互促进的方面，缺一不可”①。“走出去”，不仅经济要走出去，文化也要走出去。2010年8月，胡锦涛在中共中央政治局第二十二次集体学习时强调，要精心打造中华民族的文化品牌，提高我国文化产业的国际竞争力，推动中华文化走向世界。2014年1月，习近平在中共中央政治局第十二次集体学习时强调：“提高国家文化软实力，要努力传播当代中国价值观念。当代中国价值观念，就是中国特色社会主义价值观念，代表了中国先进文化的前进方向。我国成功走出了一条中国特色社会主义道路，实践证明我们的道路、理论体系、制度是成功的。要加强提炼和阐释，拓展对外传播平台和载体，把当代中国价值观念贯穿于国际交流和传播方方面面。”② 中国文化发展实施“引进来”和“走出去”相结合的战略，不仅意味着中国可以更好地从全球吸收和借鉴优秀文化成果，更意味着中华文化开始再次走向世界，并成为影响世界文化发展走向的重要力量。此时的中国不仅是先进文明的“接收者”，也将再次成为世界文明的“创造者”。

中国文化的“走出去”战略集中体现在中国传统文化不断走向世界。勤劳的中华民族曾创造了世界上最为辉煌的物质文明和精神文明，但鸦片战争以后，面对西方文化的侵入，中国人对自身文化的评价越来越低，从感觉器物的不足到制度的不足，再到文化的不足，每一次对西

---

① 《江泽民文选》第2卷，北京：人民出版社2006年版，第92页。

② 习近平：《建设社会主义文化强国着力提高国家文化软实力》，《人民日报》，2014年1月1日。

方文化认识的深入都伴随着对自身文化否定的加深，每一次民族危机的加重也加剧了人们对自身文化的失望。中国人在屡遭顿挫中产生了对自身文化的自卑，这种文化自卑心理在五四运动中就集中表现为对中国文化的彻底否定。中华文化似乎成了中国封闭落后的“原罪”。“在后来的一个世纪里，国人对于传统文化始终没有一个准确的定位，认同感也与日俱淡，对于优秀的传统文化也没有了自信。”① 新中国成立后的数次“全面反传统”运动，以及不时泛起的文化虚无主义思潮，使本来就被边缘化的传统文化几乎走上绝境。尽管中国传统文化有许多糟粕，但更多的是精华。在五千年的文明史上，我们的先人了留下了浩如烟海的文化典籍，贡献了众多泽及人类、深刻改变世界面貌的发明创造。古代中国在天文历法、地学、数学、农学和人文科学的许多领域，都曾独步一时。直到 15 世纪，中国的科学技术在世界上保持了千年的领先地位。中国传统文化不仅对中国的经济和社会发展发挥了巨大作用，为中国人的文化性格和行为方式的形成奠定了历史基础，而且对人类文明的发展已经产生并将继续产生重要影响。其所蕴含的自强不息、刚健有为的进取精神，以和为贵、和而不同的和谐精神，民为邦本、民贵君轻的民本思想，天人合一、民胞物与的人与自然相统一的思想，对于消除当代人类社会发展所面临的各种困境无疑具有积极的启示意义。中国传统文化特别是其中的优秀基因绝不会随历史的流逝而淡去其具有的色彩，它是我们开展中外文化交流的重要资源，失去了中国传统文化的中外文化交流将缺乏与中国古代伟大的心灵对话，淡忘中国传统文化的中外文化交流将是不完整的交流、缺乏魅力的交流。继 20 世纪 80 年代出现了“文化热”以后，从 20 世纪末期到现在，随着中国经济的强劲发展，在文化上又出现了一浪高过一浪的“国学热”。“国学热”的出现反映了当代中国在新的历史条件下，经过 30 多年的改革开放，人们开始找回对传统文化的自信，中国开始把将传统文化传播到世界各地视为提升国家影响力的重要手段。自 2004 年 11 月全球首家孔子学院在韩国成立以来，已有百余家孔子学院遍布全球 40 多个国家，成为传播中国文化和推广汉语教学的全球品牌和平台。迄今为止，海外传授汉语和中华文化的孔子学院和

---

① 孔寒冰：《中美正在分享全球化》，《环球时报》，2006 年 4 月 18 日。

孔子课堂有300多所，全世界有超过3 000万外国人在学习汉语。随着中国的崛起，中国传统的道家文化、佛教文化、养生文化、医学文化、气功文化、武术文化等也逐渐在国际上产生了重要影响。在对外文化交流过程中，中国文化产品的对外输出逐步增加，中国的影视、出版物、绘画等文化产品逐渐受到世界各地人们的欢迎与认可。

但与此同时，我们也要看到，在如何看待社会主义先进文化能否“走出去”的问题上，无论是政界还是学界大都讳莫如深。以马克思主义研究为例，随着我国对外开放的推进，一些西方学者对马克思主义的研究著作被引进来，并在一定程度上影响了中国政界、学界对马克思主义的理解；但我国学者对马克思主义的最新理解以及有关马克思主义中国化研究的成果却只能在中国的大地上开花结果，很少能够跨出国门。中华文化是一个复合体系，既包括几千年积淀下来的传统文化，也包括以马克思主义为指导的社会主义先进文化。“走出去”的中华文化，不应仅仅只是传统文化，也应包括中国社会主义先进文化。中国社会主义文化虽然根植于中国、从属于社会主义，但其所蕴含的和平共处五项原则、世界文明多样性思想、构建和谐世界理念以及科学发展观等，不仅是推动当代中国社会发展的指导理论，也是解决当代世界发展困境的思想资源。当然，我们将社会主义文化推向世界，输出的是符合人类发展需要的文化精神，并不是输出“革命”。虽然由于意识形态的差异，世界对中国社会主义文化的广泛认识和接受还存在一定困难。但是，只要是先进的、符合人类社会根本利益的文化，终究会得到世界的广泛认同。在推动中国社会主义文化“走出去”的过程中，要善于跨越以前的认识局限，注意着力打造先进文化独有的感染力和亲和力，共同树立人类公认的文化新标准。

在推动中华文化走出去的形式上，既要继承传统模式，也要不断创新寻求发展新模式。要适应时代发展要求，创新对外宣传方式方法，积极稳妥地回应外部关切，展现文明、民主、进步的良好国家形象，增强我国在世界上的话语权；要拓宽中华文化走出去的渠道，继续办好孔子学院这一重要文化传播平台，向世界推广中华文化，继续积极举办、参与世界文化活动，向世界展示我国文化成果，扩大中华文化的全球影响；要借助我国迅速发展的文化产业，利用国际市场文化创意产品进出口迅速增长的形势，积极开拓国际文化市场。

第八章 中国特色社会主义与世界文明和谐发展

一个世纪以前，年轻的马克思就以敏锐的洞察力，判断人类发展的步伐已经跨越民族历史的门槛而进入“世界历史”时代。在这个时代，一个民族的变迁也越来越具有世界历史的意义。自1978年始，中国通过改革开放，积极参与经济全球化的进程，踏上了一条崭新的中国特色社会主义现代化建设之路。经过30多年持续不断的改革开放，“当代中国同世界的关系发生了历史性变化，中国的前途命运日益紧密地同世界的前途命运联系在一起”①。作为一场影响广泛而深远的伟大实践活动，中国特色社会主义不仅是中国的，也是世界的。它既展现了中华民族自强不息、顽强奋进的壮丽画卷，也谱写了中国共产党人开拓社会主义道路、探索人类社会发展规律、推动世界文明和谐发展的历史篇章。

第一节 推动中华民族的伟大复兴，促进了世界文明的繁荣进步

德国哲学家雅斯贝尔斯在《历史的起源和目标》一书中认为，从公元前8世纪至公元2世纪，是“人类文明发展的轴心时期”。在这个时期，中国、印度和西方这三个地区几乎同时而又独立地出现了精神发展的繁荣景象，许多伟大的哲人和诸多哲学派别首次涌现，产生了我们至今仍在思考的种种根本的哲学思想和文化。在此基础上，雅斯贝尔斯对人类文明发展作了进一步考察，他认为，到1400年，欧洲、印度和中国整个生活达到了大致相同的文化水平。然而，1500年以后，当欧洲迈出其前所未有的步

① 胡锦涛：《高举中国特色社会主义伟大旗帜 为夺取全面建设小康社会新胜利而奋斗》，北京：人民出版社2007年版，第47页。

伐时，中国和印度却同时进入了文化衰退。[1] 在雅斯贝尔斯看来，自17世纪以来，“一种在本质上于各方面都是新颖的独特现象出现了：科学及其技术后果。自从有记载的历史开始以来，没有一个事件像它那样里里外外地彻底改变了世界”[2]。自此以后，人类文明进入了一个“科学技术时期”。正是近代科学技术的发展，使得欧洲逐步超越中华文明和印度文明成为世界文明的中心，内涵于西方文明血液中的扩张主义在先进科学技术和工业化生产力的支撑下得到了释放。而同为世界古老文明的中华文明在西方列强的坚船利炮下割地赔款，备受屈辱。一个个不平等条约卷走了中国人民数以亿计的财富，也羞辱了一个古老文明应有的尊严。中华民族面临的危机激起了国人自强自立的民族精神，先进的中国人慨然把睁眼看世界和追赶西方列强提到历史使命的高度。现代化理想承载着中国未来的命运，寄托着中华民族伟大复兴的希望。

新民主主义革命的胜利与社会主义基本制度的建立，为实现国家现代化、复兴伟大中华民族奠定了根本政治前提和制度基础。世界现代化的历史进程表明：国家主权的独立和完整是任何国家、任何民族实现现代化都必需的历史条件，没有这个历史条件，再美妙的现代化蓝图都是海市蜃楼。依傍在腐朽封建王朝下的洋务运动、戊戌变法尝到的只能是失败的苦果，依托软弱资产阶级所进行的辛亥革命虽然推翻了统治中国几千年的君主专制制度，但为中华之崛起打开的仅仅是一扇窗。马克思主义的传入为中华崛起之梦指明了方向，中国共产党的成立为中华民族的复兴提供了组织保证。以毛泽东为代表的中国共产党人在深刻总结近代中国改良、革命经验教训的基础上，逐渐形成了通过“革命化”实现“现代化”的路线。新民主主义革命的胜利，彻底解决了中国现代化建设所必需的国家主体身份问题。社会主义基本制度的建立为中国的一切发展进步奠定了制度基础。如何在一个经济文化相对落后的东方大国建设社会主义，实现现代化，成为摆在中国共产党人面前的全新课题。正是在这个背景下，新中国确立了工业化的目标，继而又提出实现“四个现代化”的思想，成功地完

① ［德］卡尔·雅斯贝尔斯著，俞新天译：《历史的起源与目标》，北京：华夏出版社1989年版，第66、88页。

② ［德］卡尔·雅斯贝尔斯著，俞新天译：《历史的起源与目标》，北京：华夏出版社1989年版，第73页。

成社会主义改造，建立了社会主义制度。遗憾的是，由于客观环境的影响和主观上的误判，毛泽东晚年中断了先前在现代化问题上的有益探索，把国家工作重心逐渐从现代化建设转向阶级斗争，试图仍以“革命”和“阶级斗争”的形式实现中国的现代化。“文化大革命”的发生标志着这种实现方式的失败，留下了深刻的历史教训。

改革开放开辟了中国特色社会主义道路，使中华民族迎来了复兴的春天。恩格斯曾经说过：“从人类发展的历史来看，没有哪一次巨大的历史性灾难不是以历史的进步为补偿的。”① 鉴于近代中国历次模仿西方现代化模式均无果而终，以及传统社会主义现代化方案弊端的凸显，以十一届三中全会为标志，党的第二代领导集体带领中国人民毅然走上了通过改革开放建设社会主义现代化的新道路。30 多年来，从农村改革到城市改革，从国有企业改革到宏观管理体制改革，从所有制结构改革到分配体制改革，从经济领域到政治、文化和社会等方面的改革，全面改革的进程势不可当地展开；从沿海到沿江沿边，从东部到中西部，对外开放的大门毅然决然地打开。这场历史上从未有过的大改革、大开放，极大地调动了亿万人民的积极性，极大地解放和发展了社会生产力，极大地推进了先进文化的大发展大繁荣，极大地改善了人民群众物质文化生活水平，极大地促进了每个人的全面发展。这一切，彰显了中国特色社会主义的强大生机与活力，预示着中华民族伟大复兴的光明前景。正如胡锦涛在纪念党的十一届三中全会召开 30 周年大会上所指出的那样：“今天，13 亿中国人民大踏步赶上了时代潮流，稳定走上了奔向富裕安康的广阔道路，中国特色社会主义充满蓬勃生机，为人类文明进步作出重大贡献的中华民族以前所未有的雄姿巍然屹立在世界东方。”② 实现中华民族的伟大复兴，不仅意味着解决世界五分之一人口的生存与发展问题，而且这本身也是对整个人类社会发展进步的一个重大贡献。

---

① 《马克思恩格斯全集》第 39 卷，北京：人民出版社 1974 年版，第 149 页。

② 胡锦涛：《在纪念党的十一届三中全会召开 30 周年大会上的讲话》，《人民日报》，2008 年 11 月 19 日。

第二节 揭示世界文明的发展规律，为发展中国家的现代化提供了有益借鉴

经济的快速发展使中国成为全球的焦点，现代化建设的成就使“中国模式”成为“世界的经验”。从“华盛顿共识”到“北京共识”，从“欧美模式”到“中国模式”，这种转变反映了世人对中国特色社会主义道路的高度认可和广泛关注。“中国模式”的最成功之处，就是依靠自身的积极探索、大胆实践，逐步形成一条既符合经济发展规律又适应本国具体国情的发展道路。作为多种发展模式之一的“中国模式”，其所揭示的世界文明发展规律，对于发展中国家的现代化建设有着积极的借鉴意义。

从发展生产力层面看，应自觉汇入经济全球化的潮流中去。当今时代，是一个大改革、大变化、大发展的时代。由此，必然带来大转型，经济全球化进程加快，传统民族国家的地域性历史迅速向世界历史转变；必然带来大跨越，信息技术日新月异，新科技革命的发展推动工业社会向信息社会转变。在科技革命、知识经济迅猛发展，综合国力竞争愈演愈烈的背景下，选择全面参与经济全球化，是世界各国发展的必由之路。在要不要参与以及怎么样参与经济全球化的问题上，中国走过了一条曲折的探索之路。邓小平在总结历史经验教训的基础上，深刻认识到坚持改革开放，积极投入经济全球化的大潮是实现中华民族复兴的必由之路。“对外开放具有重要意义，任何一个国家要发展，孤立起来，闭关自守是不可能的。”① “要实现我们的第一步目标和第二步目标，不开放不行，不加强国际交往不行，不引进发达国家的先进经验、先进科学技术成果和资金不行。”② 经过30多年的奋斗，中国形成了全方位、多层次、宽领域的开放局面。从建立经济特区到开放沿海、沿江、沿边、内陆地区再到加入世界贸易组织，从大规模“引进来”到大踏步“走出去”，利用国际国内两个市场、两种资源的水平显著提高，实现了从封闭、半封闭到全方位开放的

---

① 《邓小平文选》第3卷，北京：人民出版社1993年版，第117页。

② 邓小平：《建设有中国特色社会主义》（增订本），北京：人民出版社1987年版，第105页。

历史性转变。中国特色社会主义实践已经清晰地证明了，坚持对外开放，积极投入经济全球化进程是中国得以实现跨越式发展的重要保障。对于广大发展中国家来说，世界经济全球化大势不可违，违背了就会失去同时代对话的机会；科技发展潮流不可逆，逆了就会失去发展的推动力；本国国情不可忘，忘记了就会迷失前进的方向；除旧布新的勇气不可丢，丢了就会导致发展的步伐重新缓慢起来。

从调整生产关系层面看，应主动融入世界经济市场化的进程。经济市场化是当代全球范围变革的根本趋势与特征之一，它构成世界各国调整经济社会结构、体制、政策的主要部分。历史地看，市场经济发源于资本主义国家，最初推行经济市场化的只有发达资本主义国家。冷战结束以后，随着“两个平行市场”的消失，真正意义上的全球市场开始形成。这不仅“冲击了各民族国家的经济活动，要求其在统一世界市场的框架中调整原有的种种行为，而且造成了广泛而深刻的政治、文化影响”①。在此背景下，以经济市场化为主要内容，以建设市场经济制度为目标，成为世界绝大多数国家发展经济的战略选择。而世界经济发展史的经验也表明，“现代化是一种普世文明，现代化的发展有一条普遍规律，即建立市场经济是实现现代化的客观要求，是治国、富国、强国的现实途径，是对现代化发展起决定性作用的制度因素”②。在经过十几年理论探索和实践创新的基础上，1992 年党的十四大明确确立了社会主义市场经济体制的改革目标。1993 年党的十四届三中全会围绕建立社会主义市场经济体制作出了专门规划和部署。党的十六届三中全会通过的《关于完善社会主义市场经济体制若干问题的决定》，对建成完善的社会主义市场经济体制又进行了全面的部署，强调要更大程度地发挥市场在资源配置中的基础性作用，增强企业活力和竞争力，健全国家宏观调控体系，完善政府社会管理和公共服务职能，健全现代市场体系，为全面建设小康社会提供强有力的体制保障。这一系列重大决定，使我国经济体制改革坚定地沿着社会主义市场经济的方向不断前进和深入发展。20 多年的经济体制改革，顺应了世界经济市场化

---

① 蔡拓：《国际关系学》，天津：南开大学出版社 2005 年版，第 41 页。

② 陈勤：《中国现代化史纲》（下卷），南宁：广西人民出版社 1998 年版，第 169 页。

的趋势，革除了旧体制高度集中、政企不分、排斥市场、缺乏竞争等弊端，使中国经济成功融入了世界经济的发展轨道。中国以市场经济为取向的经济体制改革不仅从实践上极大地解放和发展了社会生产力，使中国的经济实力和综合国力得到显著增强，而且从理论上突破了将市场经济等同于资本主义，将计划经济等同于社会主义的桎梏，成功解决了如何建设社会主义市场经济、社会主义基本经济制度如何与市场经济体制相结合的问题，极大地丰富和发展了世界市场经济理论，完成了世界经济思想史上的一次重大飞跃。历史发展到今天，适应时代要求推进体制机制创新，已经成为世界各国的共同发展趋势。广大发展中国家应顺应世界经济市场化的趋势，从生产关系对生产力有着巨大反作用的角度，调整与生产力发展不相适应的经济社会结构、体制和政策，导入市场机制，通过发挥比较优势，振兴民族经济，增强国际竞争力。

从完善上层建筑层面看，应不断推动国家的民主政治建设。民主是人类社会政治文明的结晶，现代政治文明的核心内容就是政治民主化，追求政治民主化是进步人类的共同目标。回顾过去百年历史，世界政治发展的一个最显著特征就是政治民主化，推行民主政治的国家日益增多。对此，担任过联合国秘书长的加利曾作过这样一番描述：“今天，民主的基本观念正在赢得跨越了不同文化、社会和经济界限的拥护者。”“从拉丁美洲到非洲、欧洲和亚洲许多地方，许多权威政体业已让位于民主力量、日趋对人民负责的政府和日趋开放的社会。不少国家及其人民已经开启了史无前例的民主化进程。还有一些国家和人民已经行动起来，以重建其民主的根基。”① 但与此同时，我们也必须看到，不少国家由于政党政治不成熟，制度化程度不高，在推行民主政治时，没能很好地考虑其与西方国家在政治、经济、文化方面的差异，结果导致越出民主政治常规的政党之间争权夺利，使国家战乱和政变持续不断，严重影响了国家的稳定和经济的发展。而中国共产党秉持“没有民主就没有社会主义，就没有社会主义现代化”的信念，立足基本国情，着眼世界政治文明发展大势，以保证人民当家做主为根本，以增强党和国家活力、调动人民积极性为目标，大力加强社会主义民主建设，不断发展社会主义政治文明，使社会主义民主政治展

① 刘军宁编：《民主与民主化》，北京：商务印书馆1999年版，第305页。

现了旺盛的生命力。对于广大发展中国家来说，民主是文明进步的体现，是激发人民创造性的力量之源，是国家现代化建设的一个重要方面；民主的道路是多样的，民主的进程是渐进的，疾风暴雨式的激进改革，不察国情的生搬硬套，带来的大多是国家的战乱、政变的持续不断和经济的停滞不前，民主政治体制改革须依据国情积极稳妥进行。

从改善发展环境层面看，应坚持走可持续的发展道路。生态文明是人类在克服工业文明发展危机过程中，形成的一种全新的、更加全面的发展观，它不是主观臆想，而是历史发展的必然。20 世纪 70 年代以前，人类发展观主要关注物质财富增加和经济增长。实践证明，这种单一追求经济增长的发展，并不必然带来社会文明的全面发展和进步。在反思国内外发展经验的基础上，中国共产党提出了一系列关于解决生态问题的新思想。特别是提倡以人为本，全面、协调、可持续的科学发展观的提出，在更广泛、更深刻的意义上体现了中国特色社会主义的优越性。科学发展观无疑反映了人类生态文明的最新成果，它不仅对解决中国在发展过程中遇到各种生态问题具有指导作用，也对其他国家解决发展中的类似问题具有借鉴意义，即要把经济增长同社会全面进步结合起来，把建设资源节约型、环境友好型社会放在工业化、现代化发展战略的突出位置，摒弃传统的以大量能源和资源消耗、以生态环境破坏为代价的发展，代之以经济、社会、生态全面、协调、可持续的发展，从而形成“人—自然”的整体价值观和生态经济价值观。

第三节　开拓社会主义发展的新局面，展现了社会主义文明振兴的希望

我国改革开放和现代化建设所取得的伟大成就，给处于低潮期的世界社会主义运动带来了希望，给处于迷惘中的各国共产党人指明了方向。它使人们从社会主义在中国欣欣向荣的发展中看到了世界社会主义事业复兴的希望。

引领世界社会主义运动走出低谷。作为前无古人、充满艰辛的伟大事业，社会主义的发展不是一帆风顺的。一百多年来，社会主义运动既经历了从理论到现实、从一国到多国胜利前进的时代，又经历了在错误、挫

折、挑战、风险中曲折发展甚至局部失败的时期。20 世纪 90 年代初的东欧剧变使社会主义运动陷入了低潮。随之，有关“社会主义失败了”“社会主义历史已经终结”的说法甚嚣尘上。在世界社会主义处于最低潮之时，身处资本主义喧嚣之下的中国共产党始终保持清醒的头脑，领导中国人民披荆斩棘，坚持改革开放，经受住了国内政治风波和东欧剧变带来的严峻挑战。中国特色社会主义的大旗不仅没倒，反而更加光彩夺目。它扭转了“20 世纪后半期世界社会主义运动陷入低潮的趋势”，拯救了“社会主义在全世界的威望”，挽救了“要失事的社会主义大船”。特别是中国政府和中国人民在 2008 年的一系列卓越表现，和在应对席卷全球的国际金融危机中所显示的“独有的竞争力、高效率和适应性”，更使许多外国政治家、学者看到了中国特色社会主义的优越性，认为它“凸显了中国的制度优势”。而这也恰恰证明了邓小平曾经提出的“只要中国不垮，世界上就有五分之一的人口在坚持社会主义”①“只要中国社会主义不倒，社会主义在世界将始终站得住”② 的科学判断。

再现了社会主义的生机和活力。作为一种社会形态，社会主义社会在本质上具有一致性、共同性，但各国人民走向社会主义、建设社会主义的实践，由于历史条件、文化背景的不同，从根本上说，又是各自独立的、具体的运动，不可能套用统一公式或固定模式。作为普遍性和特殊性的有机统一，建设和发展社会主义，必然要求把马克思主义的普遍原理与本国具体实际结合起来。在最初的社会主义实践中，各个国家都不同程度地仿效了苏联的做法，照搬了苏联的模式，但最终带来的只是社会主义生机和活力的丧失。当代中国共产党坚持解放思想、实事求是、与时俱进，积极应对全球化浪潮的冲击，开创了适应实践需要、符合具体国情、反映时代要求的中国特色社会主义道路，成功实现了从高度集中的计划经济体制转到充满活力的社会主义市场经济体制，从封闭、半封闭到全方位开放的伟大历史转折，出色地解决了如何解放和发展生产力、如何走向共同富裕、如何促进社会全面发展、如何加快实现社会主义现代化等问题。中国特色社会主义道路的成功，不仅在于它突破了传统社会主义模式的束缚，恢复

---

① 《邓小平文选》第 3 卷，北京：人民出版社 1993 年版，第 321 页。

② 《邓小平文选》第 3 卷，北京：人民出版社 1993 年版，第 346 页。

了社会主义的生机和活力，还在于它打破了“唯我独马”“唯我独社”的教条主义观念的束缚，为马克思主义执政党独立探索社会主义建设规律提供了有益借鉴。

重塑了社会主义与资本主义的关系。伴随着俄国十月革命的炮声，人类进入了社会主义和资本主义“双制”共存的历史时代。自社会主义制度出现以来，社会主义与资本主义之间就始终存在着激烈的斗争。经过热战的反复较量与冷战的长期对峙，虽然发生了东欧剧变这样重大的事件，但是，当代世界一个不争的历史事实是：社会主义与资本主义两种制度将会长期共存。资本主义通过自身的不断调整，仍然可以释放出生产力和生命力；而社会主义则将走出低潮，重新焕发生机和活力。在这样的背景下，处于弱势的社会主义既要有必胜的信心，也要采取灵活的战略，学会与发达资本主义打交道。中国特色社会主义正是基于当前“一球两制”以及资本主义在“两制”中占据优势地位的客观现实，提出了与世界生产力发展相适应，与经济全球化相对应，与世界共同发展相呼应的改革开放政策。改革外开放使中国的社会主义焕发了勃勃生机，这不仅在一定程度上改变了社会主义与资本主义的力量对比，也改变了长期以来人们在看待社会主义和资本主义关系问题上的“对立”思维，重新思考两者的关系。在两种制度的国家的交往中，意识形态的差异是不容回避的，但这种差异并不完全意味着过去那种你死我活的零和博弈，而是在尊重世界多样性的前提下服务于本国的生存与发展利益。社会主义国家必须通过改革开放使自己能够在一个更宏大的时空中与世界各国，尤其是发达资本主义国家进行经济、政治、外交、社会和文化的全面互动。在中国的影响下，包括越南、古巴在内的社会主义国家都在不同程度上打开了国门，在坚持面向世界中大胆吸收各种文明成果，开拓了从挫折中奋进的社会主义新局面。

初步解决了怎样建设社会主义的问题。列宁指出：“我们的革命是开始容易，继续比较困难，而西欧的革命是开始困难，继续比较容易。”① 这里所说的“开始”主要是指夺取政权；而“继续”，则主要是指社会主义建设。20 世纪，社会主义运动面临两大历史难题：一是无产阶级夺取政权的难题；二是经济文化比较落后国家建设社会主义的难题。政权问题解决

---

① 《列宁全集》第 34 卷，北京：人民出版社 1985 年版，第 343 页。

了，怎样建设、巩固和发展社会主义就成了马克思主义执政党必须面对的首要问题。从苏联到中国，从斯大林到毛泽东，社会主义国家和共产党人进行了许多艰辛的探索，也取得了一定的成绩，获得了不少宝贵的经验。但从总体上看，如何建设社会主义的问题始终未能得到很好地解决，既没有在实践上找到一条稳妥可行的发展道路，也没有在理论上形成比较完善和成熟的系统认识。20 世纪 90 年代发生的东欧剧变使这一问题更加突出。中国特色社会主义理论体系在回答“什么是社会主义”的基础上，初步回答和解决了经济文化落后国家“怎样建设社会主义”这一历史难题。一方面，社会主义建设必须把解放和发展生产力作为社会主义的根本任务，把实现人民生活的共同富裕作为建设社会主义的根本目的。邓小平曾明确指出：“世界上一些国家发生问题，从根本上说，都是因为经济上不去。”① “社会主义的首要任务是发展生产力，逐步提高人民的物质和文化生活水平。”② 另一方面，社会主义建设必须紧跟时代发展，不断改革、不断创新。恩格斯指出，社会主义社会“不是一种一成不变的东西”，而是一个“经常改革和变化的社会”。③ 社会主义要发展，就必须通过改革和创新为自己开辟通向更高境界的道路。要敢于冲破本本、教条的束缚，大力推进理论创新和实践创新；要敢于通过政治经济体制改革解放生产力，通过扩大开放，吸收世界各国先进的科学技术和管理经验来发展生产力。中国是世界上人口最多的国家和世界上最大的发展中国家，对于在经济文化相对落后的条件下探索社会主义建设道路，显然具有突出的典型性和相当的普遍意义。可以说，中国特色社会主义理论体系正是在回答经济文化落后国家如何建设社会主义的问题中，开始了自身的理论建构，并为社会主义现代化建设提供了宝贵经验。

---

① 《邓小平文选》第 3 卷，北京：人民出版社 1993 年版，第 354 页。

② 《邓小平文选》第 3 卷，北京：人民出版社 1993 年版，第 116 页。

③ 《马克思恩格斯全集》第 37 卷，北京：人民出版社 1971 年版，第 443 页。

参考文献

[1]［英］阿诺德·汤因比著，刘北成、郭小凌译：《历史研究》（插图修订本），上海：上海人民出版社 2005 年版。

[2]［美］丹尼尔·贝尔著，张国清译：《意识形态的终结》，南京：江苏人民出版社 2001 年版。

[3]［德］奥斯瓦尔德·斯宾格勒著，齐世荣等译：《西方的没落》（上册），北京：商务印书馆 1991 年版。

[4] 陈启能等：《文明理论》，福州：福建教育出版社 2010 年版。

[5] 陈筠泉：《文明发展战略》，福州：福建教育出版社 2010 年版。

[6] 陈乐民、周弘：《欧洲文明扩张史》，上海：东方出版中心 1999 年版。

[7]［美］杜维明：《对话与创新》，桂林：广西师范大学出版社 2005 年版。

[8]［法］费尔南·布罗代尔著，肖昶等译：《文明史纲》，桂林：广西师范大学出版社 2003 年版。

[9]［法］费尔南·布罗代尔著，顾良、张慧君译：《资本主义论丛》，北京：中央编译出版社 1997 年版。

[10]［美］费正清著，陈仲丹等译：《中国：传统与变革》，南京：江苏人民出版社 1992 年版。

[11]［美］弗朗西斯·福山著，黄胜强、许铭原译：《历史的终结和最后的人》，北京：中国社会科学出版社 2003 年版。

[12]［德］弗里德里希·尼采著，黄明嘉译：《查拉图斯特拉如是说》，桂林：漓江出版社 2000 年版。

[13]［德］哈拉尔德·米勒著，郦红、那滨译：《文明的共存：对亨廷顿“文明冲突论”的批判》，北京：新华出版社 2002 年版。

[14]［德］黑格尔著，范扬、张企泰译：《法哲学原理》，北京：商

务印书馆 1961 年版。

[15] [德] 黑格尔著，贺麟、王太庆译：《哲学史讲演录》第 1 卷，北京：商务印书馆 1983 年版。

[16] 黄宗良、孔寒冰：《社会主义与资本主义关系：理论、历史和评价》，北京：北京大学出版社 2002 年版。

[17] [法] 基佐著，程洪达、沅芷译：《欧洲文明史》，北京：商务印书馆 1998 年版。

[18] [英] 马丁·阿尔布劳著，高湘泽、冯玲译：《全球时代：超越现代性之外的国家和社会》，北京：商务印书馆 2001 年版。

[19] [德] 马克斯·韦伯著，林荣远译：《经济与社会》（上卷），北京：商务印书馆 1997 年版。

[20] [意] 尼科洛·马基雅维里著，潘汉典译：《君主论》，北京：商务印书馆 1985 年版。

[21] 彭树智：《文明交往论》，西安：陕西人民出版社 2002 年版。

[22] 阮炜：《地缘文明》，上海：上海三联书店 2006 年版。

[23] [美] 塞缪尔·亨廷顿著，周琪、刘绯、张立平、王圆译：《文明的冲突与世界秩序的重建》，北京：新华出版社 2002 年版。

[24] [美] 塞缪尔·亨廷顿、劳伦斯·哈里森著，程克雄译：《文化的重要作用——价值观如何影响人类进步》，北京：新华出版社 2002 年版。

[25] 沈福伟：《中西文化交流史》（第 2 版），上海：上海人民出版社 2006 年版。

[26] 宋则行、樊亢：《世界经济史》，北京：经济科学出版社 1993 年版。

[27] [古希腊] 修昔底德著，谢德风译：《伯罗奔尼撒战争史》，北京：商务印书馆 1985 年版。

[28] [英] 亚当·斯密著，郭大力、王亚南译：《国民财富的性质和原因的研究》（下卷），北京：商务印书馆 1974 年版。

[29] [保] 亚历山大·利洛夫著，马细谱等译：《文明的对话：世界地缘政治大趋势》，北京：社会科学文献出版社 2007 年版。

[30] 杨耕：《东方的崛起：关于中国式现代化的哲学反思》，北京：

北京师范大学出版社 2009 年版。

[31] 姚介厚、王逢振、杨深：《国外文明理论研究》（上、下），福州：福建教育出版社 2010 年版。

[32] [德] 约恩·吕森著，綦甲福、来炯译：《历史思考的新途径》，上海：上海人民出版社 2005 年版。

[33] [美] 约翰·奈斯比特著，林蔭庭译：《亚洲大趋势》，北京：外文出版社 1996 年版。

[34] 王缉思主编：《文明与国际政治——中国学者评亨廷顿的文明冲突论》，上海：上海人民出版社 1995 年版。

[35] 张岱年、方可立：《中国文化概论》，北京：北京师范大学出版社 1994 年版。

[36] 左玉河：《中华文明、中国近代文明通论》，福州：福建教育出版社 2010 年版。